금융세무
가이드북
2023

금융세무 가이드북 2023

초판 1쇄 발행 2022년 12월 9일

지은이 김철훈, 김영선
펴낸이 장길수
펴낸곳 지식과감성#
출판등록 제2012-000081호

교정 이혜지
디자인 이은지
편집 이은지
검수 서은영, 이현
마케팅 고은빛, 정연우

주소 서울시 금천구 벚꽃로298 대륭포스트타워6차 1212호
전화 070-4651-3730~4
팩스 070-4325-7006
이메일 ksbookup@naver.com
홈페이지 www.knsbookup.com

ISBN 979-11-392-0805-4(13320)
값 25,000원

- 이 책의 판권은 지은이에게 있습니다.
- 이 책 내용의 전부 또는 일부를 재사용하려면 반드시 지은이의 서면 동의를 받아야 합니다.
- 잘못된 책은 구입하신 곳에서 바꾸어 드립니다.

지식과감성ˇ
홈페이지 바로가기

금융회사 종사자가 반드시 알아야 할

금융세무 가이드북 2023

김철훈, 김영선 공저

목차

추천사 (유안타증권 Retail사업부문 대표 신남석)	12
추천사 (서울시립대학교 세무전문대학원 교수 정지선)	13
발간사 (김철훈)	14
발간사 (김영선)	15

제1장 국내주식

PB와의 대화	18
제1절 핵심요약	**20**
1. 주식취득 시 고려사항	20
2. 주식보유 시 고려사항	20
3. 주식양도 시 고려사항	21
제2절 기본내용	**22**
1. 국내주식 관련 22년 세제개편안	22
2. 주식거래단계별 대표적 세무이슈	24
3. 주식 취득단계	25
4. 주식 보유단계	31
5. 주식 양도단계	37
6. 대주주 판정 시 합산되는 특수관계자의 범위	41
제3절 국내주식 관련 FAQ	**45**
제4절 국내주식 절세방안	**60**
1. 국내·해외주식 직접투자 (종합소득세 및 건강(지역)보험료 절감목적)	61
2. 기존 국내 상장 대주주는 고액주주 100억 원 과세기준 활용	62

3. 국내 및 해외주식 매매차손익 상계를
　활용하기 위한 포트폴리오 확립　　　　　　　63
4. 대주주 시가총액 기준 회피전략(연도 말 매도 후 재매수)　64
5. 계좌별 종목 분산전략　　　　　　　　　　　65
6. 대체투자자산 활용(ETF, 공모집합투자기구, CFD)　66
7. 증여재산공제 활용, 증여 후 매도 전략　　　68
8. K-OTC 및 벤처기업 비과세 활용　　　　　69

제2장 해외주식

PB와의 대화　　　　　　　　　　　　　　　72

제1절 해외주식 핵심요약　　　　　　　　　74

제2절 해외주식 본문　　　　　　　　　　　75
1. 해외주식 핫이슈 I　　　　　　　　　　　75
2. 해외주식 핫이슈 II　　　　　　　　　　　76
3. 해외주식 투자관련 기본사항 요약　　　　77
4. 해외주식 양도소득세(개인편)　　　　　　78
5. 법인: 법인세로 과세(별도 해외주식 신고의무 無)　81

제3절 해외주식 관련 FAQ　　　　　　　　83

제4절 해외주식 관련 자산관리전략　　　　98
1. 해외주식 증여를 통한 양도소득세 절세방안　98
2. 해외주식 증여를 통한 장기투자　　　　　99
3. 자금원천 확보를 위한 증여　　　　　　　101
4. 국내주식 및 해외주식 매매차손익 통산(상계)전략　101
5. 종합소득세 및 건강보험료 회피전략　　　103

제3장 금융상품 (주식 외)

    PB와의 대화   106

제1절 금융상품(주식 외) 핵심내용   108
    1. 증권업 주요 상품분류별 세금요약   108
    2. 은행업 주요 상품분류별 세금요약   110
    3. 보험업(방카슈랑스) 주요 상품분류별 세금요약   111
    4. 절세상품리스트   112

제2절 금융상품(주식 외) 기본내용   114
    1. 22년 적용 금융상품 관련 개정세법   115
    2. 증권업 금융상품   120
    3. 은행업 금융상품   153
    4. 보험업 금융상품   155
    5. 기타 보험과 법인의 세무핵심내용   159

제3절 금융상품(주식 외) FAQ   163

제4절 금융상품(주식 외) 자산관리전략   192
    1. 금융투자소득세 대비 최선의 선택, 중개형 ISA 상품 제안   192
    2. 틈새절세 상품 즉시연금 등 저축성 보험   193
    3. 세제 혜택 상품 적극적 투자 제안   194
    4. 고객별 맞춤형 상품 제안   196
    5. 고배당 금융상품 증여 Vs 평가손실 금융상품 증여   197
    6. 벤처기업 투자 세제혜택 활용   198
    7. 사업자 고객 포함 연금저축펀드 납입한도 확대 활용   199

제4장 금융투자소득세편

PB와의 대화	202
제1절 금융투자소득세 핵심내용	**205**
1. 금융투자소득세 기본구조	205
2. 금융투자소득세의 절세 포인트	205
3. 금융투자소득세 핵심요약표	206
제2절 금융투자소득세 기본내용	**207**
1. 금융투자소득세 22년 개정세법	207
2. 현행 및 개정 소득세법의 상품별 과세방식 비교	209
3. 금융투자소득의 범위	210
4. 금융투자소득의 소득금액 계산방법	212
5. 금융투자소득의 과세표준 및 세율	215
6. 금융투자소득의 신고 및 납부	218
제3절 금융투자소득세 FAQ	**221**
제4절 금융투자소득세 자산관리전략	**239**
1. 금융투자소득세 대비, 중개형 ISA 적극활용은 필수	239
2. 5천만 원 공제금액 확보를 위한 사전 증여전략	240
3. 절세매매 생활화	241
4. 그룹별 공제한도 최대 이용	242

제5장 금융소득종합과세와 건강보험료

  PB와의 대화   246

제1절 금융소득종합과세와 건강보험료 핵심내용   249

제2절 금융소득종합과세와 건강보험료 기본내용   251
  1. 건강보험료(국민건강보험법)   251
  2. 종합소득세 개요   256
  3. 금융소득종합과세   259
  4. 금융소득종합과세로 인한 고객 파급효과   264

제3절 금융소득종합과세와 건강보험료 FAQ   266

제4절 금융소득종합과세와 건강보험료 자산관리전략   284
  1. 금융소득의 소득유형 변경
    (금융소득(종합과세) → 양도소득(분류과세))   284
  2. 과세대상 금융소득 축소
    (비과세, 분리과세 금융상품 집중투자)   285
  3. 금융소득 분산(이자 및 배당소득의 귀속시기 조절)   288
  4. 금융소득 이전(증여를 통한 이전)   289
  5. 법인전환(개인자산의 법인 이전, 법인을 통한 투자)   290

제6장 금융상품의 세대간 이전 I (상속편)

  PB와의 대화   294

제1절 상속 핵심내용   296

제2절 상속 기본내용   297
  1. 상속관련 22년 세법개정   297
  2. 상속컨설팅은 왜 필요한가?   298
  3. 민법상 상속에 관한 기본내용   299

4. 상속세 및 증여세법상 상속세 기본내용　　　308
　　　5. 상속세 계산사례　　　322
　　　6. 상속 개시 이후 처리절차　　　323

제3절 상속 FAQ　　　325

제4절 상속 자산관리전략　　　339
　　　1. 사전증여 상속 컨설팅: 사전증여를 통한 상속세 절세　　　339
　　　2. 상속 납부재원 대비:
　　　　　상속세 납부재원 확보를 위한 금융상품 제안　　　340

제7장 금융상품의 세대간 이전 II (증여편)

　　　PB와의 대화　　　344

제1절 증여 핵심내용　　　346

제2절 증여 기본내용　　　348
　　　1. 최근 증여관련 세무이슈　　　348
　　　2. 증여세의 기본개념　　　350
　　　3. 실제 금융권 고객들에게 자주 발생하는 증여이슈　　　360
　　　4. 증여세 대납분에 대한 증여세　　　371

제3절 증여 FAQ　　　375

제4절 증여 자산관리전략　　　392
　　　1. 주식 평가손실 상태에서 증여, 지금이 제철　　　392
　　　2. 주식 평가익(+) 종목의 자산 증여 전략　　　393
　　　3. 부동산 다방면 증여전략의 적극적 활용　　　394

제8장 법인의 금융투자 및 가업승계 편

PB와의 대화   398

제1절 법인의 금융투자 및 가업승계 핵심내용   400
    1. 법인의 금융투자 핵심내용   400
    2. 가업승계 핵심내용   402

제2절 법인의 금융투자 기본내용   404
    1. 법인의 금융투자   404
    2. 법인과 개인의 금융상품 과세상 차이점   405
    3. 법인의 금융상품 회계기준 및 회계처리 사례   412
    4. 법인과 관련된 자산관리의 주요이슈   417

제3절 가업승계 기본내용   427
    1. 가업승계의 이해   428
    2. 가업상속공제에 대한 주요 내용   429
    3. 가업승계주식에 대한 증여세 과세특례   434
    4. 창업자금증여특례   434

제4절 법인의 금융투자 및 가업승계 FAQ   438

제5절 법인의 금융투자 자산관리전략   459
    1. 양도 및 종합소득세 회피를 위한 법인투자   459
    2. 비상장법인의 상장시기 및 방법 조정   460
    3. 개인사업자의 법인전환   461
    4. 법인자금의 상시유출 등에 따른 해결방안   462
    5. 명의신탁(차명)주식 환원 전략   462

제9장 비거주자의 금융투자와 국제조세

  PB와의 대화   466

제1절 비거주자의 금융투자와 국제조세 핵심요약   469
  1. 역외탈세방지의 개념   469
  2. 국가간 금융정보교환(FATCA(한-미), CRS(다자간))   470
  3. FY2022 미국, 캐나다, 일본, 홍콩, 대만 주요세율   472

제2절 비거주자의 금융상품투자와 국제조세 기본내용   473
  1. 금융권 고객이 겪을 수 있는 국제조세 관련 이슈   474
  2. 역외탈세방지를 위한 국가간 금융정보교환   476
  3. 국내세법상 해외금융계좌 신고의무   477
  4. 국외 출국세(전출세)(Exit tax)   479

제3절 비거주자의 금융상품투자와 국제조세 FAQ   482

제4절 비거주자의 금융투자와 국제조세 자산관리전략   496
  1. 금융계좌 자진 신고 권유(영주권 및 시민권 보유 고객)   496
  2. 해외금융계좌 신고 및 당사 계좌 투자 권유   497
  3. 세금회피 목적 비거주자 계좌 개설 금지   497

  참고문헌(References)   499

추천사
(유안타증권 Retail사업부문 대표 신남석)

'금융세무 가이드북'의 발간을 진심으로 축하하며,

치열한 증권 실무현장에서 저자들과 긴 시간을 함께 호흡해 왔습니다.
 전국의 유안타증권 지점을 누비며, 수많은 우수 고객들과의 세무컨설팅 과정에서 최적의 솔루션을 제공하고자 많은 밤을 고민하면서 쌓아 온 노하우를 이 책 안에 담은 열정에 박수를 보냅니다.

최근 거시적으로 어려운 증권시장이 지속되고 있으며 당장의 금융투자소득세 도입 등 제도적인 투자환경 또한 안갯속에 있습니다.
 우리의 환경은 늘 그래왔듯이 위기와 기회가 공존하였고 위기 속에서 준비하는 자만이 시장을 선점해 왔습니다.
 승리는 우연을 기대해서는 안 되며, 철저한 준비와 분석이 무엇보다 선행되어야 합니다.

이 책은 특히 금융회사 종사자 및 금융투자자의 눈높이에 맞춰 금융 투자를 하는데 필수적인 세무 지식을 전달하는 데 익숙한 실전 언어로 기술되어 있어 지금의 위기를 넘어 기회를 쟁취하는 데 큰 도움이 될 것이라 의심치 않습니다.

사랑하는 유안타증권 가족들과 모든 투자자 여러분들에게 좋은 지침서가 되길 바랍니다.

추천사
(서울시립대학교 세무전문대학원 교수 정지선)

'금융세무 가이드북' 발간을 축하합니다.

최근 증권업계와 금융투자자들은 최고 27.5%의 세율로 모든 상품의 매매차익에 대해 과세하는 이른바, '금융투자소득세'에 대하여 큰 관심을 가지고 있습니다.

기존에는 매매차익(Capital gain)에 대하여 주권상장법인 대주주, 비상장주식 등 일부 제한적인 자본이득에 대하여 과세했지만, 신설되는 '금융투자소득세'는 모든 소득을 과세대상으로 하므로, 투자자들에게 다소 반감이 있는 것도 사실입니다.

이렇게 금융투자와 관련된 세제가 급변하고 있는 상황 속에서 이 책은 오랜 기간 증권회사에서 실무경력을 쌓은 두 명의 세무전문가가 실제로 VIP 고객들과의 자문을 통해 고민하고 얻은 노하우를 모든 독자분에게 제공하고자 하는 의지가 돋보이는 책입니다.

세무지식을 전파하는 데 주력을 두는 기존 서적과 달리 실제 고객이 마주치는 실전상황 속에서 그 해답을 찾아가는 과정을 담아 일반 독자들이 접근하기에 매우 유용한 책으로 생각됩니다.

모쪼록 이 책을 통하여 모든 투자자 여러분들에게 금융투자와 관련된 세무지식을 쌓고, 안전한 자산관리 길잡이가 되기를 희망합니다.

발간사

(김철훈)

지난 십수 년간 수많은 고객들에게 세무컨설팅을 제공하면서 항상 드는 생각은 '세법을 어떻게 하면 쉽게 안내를 할까'라는 그 의구심이었습니다.

금융실무 현장에서 세법의 가이드를 해 주고자 하는 순수한 취지에서 작성된 글이 이렇게 출판까지 하게 되어 감회가 새롭습니다.
미약하지만 이 책이 투자자 및 금융계 종사분들에게 조금이나마 도움이 되길 바랍니다.

제 분수에 맞지 않게, 살아오면서 저한테 도움을 주신 분들을 일일이 열거하기엔 너무나 많아 저랑 인연이 닿았던 모든 분들과, 그리고 그 가정이 건강하고 행복하시길 진심으로 기도드립니다.

마지막으로 부족한 저를 챙겨 주는 현명하고 지혜로운 배우자에게도 감사드리며, 규연이와 신혁이가 지금처럼 밝고 긍정적으로 자라서 건강한 사회구성원이 되길 바랍니다.

사랑하고 감사합니다.

발간사
(김영선)

투자를 하면서 중요한 것은 결국엔 세후소득(after tax income)이며, 금융투자도 그렇습니다.

지금까지의 투자패턴은 매매차익에 세금을 부과하지 않는 비과세 섹터에 집중되어 온 것이 사실입니다. 즉, 특정 단일종목을 10억 원 이하로 유지하면서 상장주식을 매매하거나, 채권을 매매하거나, 주식형펀드(ETF) 등을 환매하는 패턴이 유효했습니다.

하지만, 최근 몇 년 전 이미 개인투자자들의 매매차익(Capital gain)에 대하여 모든 상품을 과세대상으로 하는 '금융투자소득세' 입법이 완료되었고, 근 시일 내에 시행될 것이므로 이제는 새로운 셈법에 적응해야 할 시기가 도래했습니다.

금융투자소득세가 시행되면 기존 방식에서 벗어나 다양한 금융상품을 통해 포트폴리오를 구성하여 상품 간 손익 상계를 적극적으로 도모할 필요가 있으며, 나아가 손실이 실현된 경우 적극적인 세금신고를 통해 과거 손실을 추후 이익에 반영하여 절세하는 적극적인 노력이 필요합니다.

본서는 실제 증권사 세무컨설팅과정에서 고객 및 PB분들과의 실전 상담과정에서 자주 문의해 주시고 이슈가 될 수 있는 중요한 부분을 엄선하였습니다.

제1장 국내주식, 제2장 해외주식, 제3장 금융상품 편에서 현행 세법 체

계하에서의 절세방안을 담았고, 제4장 금융투자소득세 편에서는 예정대로 23년 1월 1일 이후 금융투자소득세가 시행되었을 경우 기존 과세제도가 어떻게 상품별로 바뀌는지를 설명하였습니다. 금융투자소득세는 특히 매매차익에 대한 과세제도인바, 기존과 동일하게 과세되는 이자소득, 배당소득 등에 대하여는 제5장 금융소득종합과세 편에서 어떻게 과세가 되는지, 건강보험료와 어떻게 연계되는지 설명하였습니다.

제6장 상속 및 제7장 증여 편에서는 금융상품을 자녀에게 증여하거나, 상속하는 경우 발생할 수 있는 세무이슈에 대하여 다양한 사례를 바탕으로 집필하였고, 제8장에서는 개인투자자가 아닌 법인의 시선에서 금융투자를 하였을 때 개인투자자와 어떻게 다른 방식으로 세금을 계산해야 하는 지 기술하였습니다. 마지막으로 제9장 비거주자의 금융투자와 국제조세 편에서는 우리나라 세법상 거주성이 없는 '비거주자'가 한국에서 금융투자를 하였을 때 발생할 수 있는 내용을 담았습니다.

모쪼록 이 책이 금융회사 종사자분들 및 독자 여러분들의 책상 앞에 두고 필요하실 때 마다 손쉽게 찾아볼 수 있는 책이 되길 바라며, 이제 개업 세무사로 발돋움하는 과정에서 많은 도움을 주시고, 조언해 주시는 모든 지인분들께도 감사하다는 인사를 꼭 드리고 싶습니다. 항상 마음에 큰 보물로 간직하고 표현하면서 살아가겠습니다.

끝으로 늘 저를 응원해 주는 사랑하는 아내 심유리 세무사, 이쁜 네 살 김재희, 낳아 주시고 길러 주신 존경하는 부모님 이하 가족분들께 감사인사를 드리며 무뚝뚝하지만 늘 가슴 한편엔 사랑하고 있다는 말을 전하고 싶습니다.

제1장
국내주식

PB와의 대화

"피눈물 흘렸는데" 개미들 반대에도… 민주당 '금투세법 꼼수'

한국경제 22-11-06

PB: 올해 연말은 단일종목기준 10억인가요? 100억인가요? 지분율은 어떻게 되지요? 고객분들 문의가 엄청 오는데 큰일이네요

세무사: 지난 7월 발표된 세법개정안에 따르면, 23년 이후 양도 분부터는 지분율 기준이 삭제되고, 시가총액 100억 원 기준 하나만 남습니다. 또한, 현행 10억 원의 대주주 시가총액 과세기준은 본인뿐만 아니라 직계존비속, 배우자까지 대주주의 범위를 확장 및 합산하여 판단했으나, 내년부터는 본인 1인 기준만으로 판단합니다. 따라서 사실상 상장주식을 거래하여 양도소득세가 과세되는 대상이 대폭 감소될 것으로 생각됩니다.

PB: 그렇군요, 그럼 올해 연말에는 고객 단일 기준 100억 원으로 알고 있으면 될까요?

세무사: 아직은 미지수입니다. 일단 12월 초에 국회 본 회의에서 세제개편안이 통과되어야 하며, 그 이전에 국회 기획재정위원

회 조세소위에서 윤곽이 드러날 것으로 보입니다. 당초 세법개정안 입법취지가 범세계적 인플레이션에 따른 금리인상기조 및 대내·외 시장여건이 악화됨을 고려하고 있고, 당장 금융투자소득세를 시행하기에는 투자자 보호 정비가 필요하다는 점에 무게가 실릴 것으로 예상되지만, 야당의 반대로 불투명한 것이 사실입니다.

절차적인 이슈로 우선 과거 몇 차례 세법개정을 통해 이미 금융투자소득세가 23년 1월 1일 이후부터 시행되는 것으로 입법 완료되었기 때문에, 금융투자소득세와 관련된 모든 법안의 시행시기를 25년으로 연기한다는 법안(부칙)의 국회 통과가 필요합니다.

In-depth Topic. 위 주제는 두 가지 이슈가 맞물려 있습니다.
첫 번째로는 이미 23년 시행될 것으로 입법 완료된 '금융투자소득세'가 금년('22) 세법개정안에 따라 25년 시행으로 2년 유예될 것인지 여부입니다. 기존 국내주식 과세에 대한 소득세법 조문은 이미 정비되어 삭제되었지만, 경과규정(부칙)으로 금년까지만 유효합니다. 따라서 올해 안에 국회 법률개정을 통하여 금융투자소득세 2년 유예를 확정 지어야만 현행 대주주 과세체계가 유지될 수 있습니다.

두 번째로는 이미 조문 정비(삭제)된 기존 주식에 대한 양도소득 과세에 관한 법률을 부활시키고, 시행령에 위임되어 있는 대주주의 범위를 수정하는 사항인데, 기존 10억 원에서 100억 원으로 대주주의 범위를 완화하는 것은 국회의 동의가 필요하지 않은 부분이므로, 결론적으로는 금융투자소득세 시행유예에 관한 법률이 국회의 문턱을 넘는 것이 관건입니다.

1절 핵심요약

1. 주식취득 시 고려사항

구분	내용	소관
취득자금 출처	▸ 주식취득자금 원천 불분명 → 국세청 취득자금 세무조사 발생 ▸ 미성년자, 가정주부 등 자금원천이 없거나, 소득신고자료 대비 큰 자금을 운용하는 경우	국세청
5% Rule	▸ 주식 등 5% 이상 취득 시 금융위원회 주식 취득 현황보고 (주식대량보유신고)	금융위원회
간주취득세	▸ 비상장·코스닥: 과점주주(지분율 50% 초과)는 해당 법인이 취득한 부동산 등에 대하여 '부동산*지분율'에 상당하는 취득세(2.2%,농특세포함)를 별개로 자진신고·납부 해야 함	지자체 (시군구청)

2. 주식보유 시 고려사항

구분	내용
배당	▸ 국내주식 현금배당, 주식배당에 대하여 15.4% 원천징수 후, 세전(세금차감전)배당액 기준 연간 2,000만 원 초과시 금융소득종합과세 ▸ 후강(선강)퉁의 현금배당의 경우 14.4%, 주식배당의 15.4% 원천징수 후 (국내 금융소득과 합산하여) 2,000만 원 초과시 종합과세 ▸ 미국주식의 경우 15% 미국 현지 원천징수 후(국내 금융소득과 합산하여) 2,000만 원 초과 시 종합과세
계좌대체 출고	▸ 증여목적: 대체일의 말일로부터 3개월 이내 증여세 자진신고·납부 ▸ 양도목적: 잔금지급일이 속하는 '반기'의 말일로부터 2개월 이내 양도소득세 및 증권거래세 자진신고·납부
계좌대체 출고	▸ 증여목적 外: 거래내역이 금융회사로부터 국세청에 분기별 통보되며, 국세청은 '장외양도'로 추정하여 증권거래세 소명자료로 파생됨 (서면조사) (신용대출 담보 목적 등 단기간 반환예정인 경우 반드시 3개월 내 반환)

3. 주식양도 시 고려사항

구분	내용	
과세 대상	**상장주식 장내거래는 대주주(23년 이후 '고액주주')만 과세** (대주주판단 지분율 및 시가총액기준: 이상) 	구분	현행 지분율	현행 시가총액	23년 이후 지분율	23년 이후 시가총액
---	---	---	---	---
KOSPI	1%	10억 원	삭제	100억 원
KOSDAQ	2%			
KONEX	4%				 * 시가총액: 종목별 직전회계연도말 시점만 판단, 지분율: 해당 즉시 과세 상장주식 장외거래 매매차익 전부 과세 (소액주주 포함) 비상장주식 매매차익 전부 과세 (소액주주 포함) 단, K-OTC 등 예외	세제개편안 (22.7月) 통과전제
필요 경비	매매수수료(매도,매수), 증권거래세(증권사 원천징수), 세무대리인 신고수수료 등	
세율		구분	상장주식 대주주(보유기간) 1년미만	상장주식 대주주(보유기간) 1년이상	상장주식 소액주주(거래구분) 장외	상장주식 소액주주(거래구분) 장내	비상장주식 대주주(보유기간) 1년미만	비상장주식 대주주(보유기간) 1년이상	비상장주식 소액주주**
---	---	---	---	---	---	---	---
대기업	33%	22% (27.5%)*	22%	비과세	33%	22% (27.5%)*	22%
중소기업	22% (27.5%)*		11%		22% (27.5%)*		11% (비과세)	 * 대주주의 과세표준 3억 원 초과분 27.5% ** K-OTC 종목 & 소액주주(지분율 4% 미만) & '중소·중견기업': 비과세	** 중소·중견기업 여부 확인: 금융감독원 전자공시시스템 (DART)내 사업보고서 참고
신고 기한	**국내주식: 매도일이 속하는 반기의 말일로부터 2개월 이내** ('22 상반기: '22.8월 말, '22 하반기: '23.2월 말 이내) 해외주식: 매도일이 속하는 연도의 익년도 5월 **국내·해외 손익통산:** 국내주식 분은 반기 별 예정신고 하되, 해외주식 손익과 통산을 위해서는 익년 5월 추가 확정신고 必	국내주식 동일

제2절 기본내용

1. 국내주식 관련 22년 세제개편안

당초 내년('23)부터 적용될 예정이었던 금융투자소득세의 시행이 25년부터 시행으로 2년 유예되었고, 현행 단일종목 기준으로 본인 및 특수관계자 합산 ①10억 원 이상 보유하거나 ②각 시장 별 지분율 기준을 넘어서는 경우 대주주로서 양도소득세 과세하던 것을 대폭 완화하였습니다.

다만, 최근 야당의 금융투자소득세 강행 분위기가 감지되고 있어 올 연말 국회 통과여부를 면밀히 살펴봐야 합니다.

구분	현행	세제개편안(案)	적용시기
금융투자소득세 도입 2년 유예	■금융투자상품*으로부터 실현된 소득을 합산과세하는 금융투자소득세 도입 *주식, 채권, 펀드, 투자계약증권, 파생결합증권, 파생상품 등 ▷(시행일) '23.1.1.	■ 시행시기 유예 ▷(시행일) '25.1.1.	
국내상장주식 양도소득세 대주주 기준 완화	■'대주주'에 대해 국내상장주식 양도소득세 과세 ▷과표 3억 원 이하 20%, 3억 원 초과분 25% 등 ■상장주식 '대주주' 과세기준 ▷(판정) 종목별 일정 지분율 또는 일정 보유금액 이상	■ '대주주'를 '고액주주'로 명칭변경 ▷(좌동) ■ '고액주주' 과세기준 완화 ▷보유금액 기준 인상 등	'23.1.1. 이후 양도분

구분	현행	세제개편안(案)	적용 시기
국내상장 주식 양도 소득세 대주주 기준 완화	-(지분율) 코스피 1%, 코스닥 2%, 코넥스 4% 이상 -(보유금액) 10억 원 이상 | 구분	지분율	보유금액 | |---|---|---| | 코스피 | 1% | 10억 원 | | 코스닥 | 2% | | | 코넥스 | 4% | | ▷(범위) 본인 및 기타주주* 합산 *최대주주: 친족, 경영지배 관계 최대주주 아닌 경우: 직계존비속, 배우자, 경영지배관계	-(삭제) 지분율 삭제 - 100억 원 이상 | 구분	지분율	보유금액 | |---|---|---| | 코스피 | 삭제 | 100억 원 | | 코스닥 | | | | 코넥스 | | | ▷본인(기타주주 합산 제외)	'23.1.1. 이후 양도분
증권 거래세 조정	■'23년부터 세율 인하 ▷(코스피) '22 0.23% → '23 0.15% ▷(코스닥) '22 0.23% → '23 0.15% ※코넥스, 기타(비상장, 장외 거래 등) 현행 유지 | 구분	'22년	'23년~ | |---|---|---| | 코스피 | 0.23% | 0.15% | | 코스닥 | 0.23% | 0.15% | *코스피 농특세 0.15% 포함	■코스피, 코스닥 세율 인하 시기 조정 ▷(코스피) '22 0.23%→'23 0.2%→'25 0.15% ▷(코스닥) '22 0.23%→'23 0.2%→'25 0.15% ※(좌동) | 구분	'22년	'23~4년	'25년~ | |---|---|---|---| | 코스피 | 0.23% | 0.2% | 0.15% | | 코스닥 | 0.23% | 0.2% | 0.15% | *(좌동)	

2. 주식거래단계별 대표적 세무이슈

[국내 주식 취득]
(1) 주식취득에 따른 자금출처 근거 마련
(2) 주식 등 대량보유 상황보고(5% Rule)
(3) 과점주주 간주취득세
(4) 주식매수선택권(Stock option) 행사
(5) 차명주식 취득 및 운용 시

[국내 주식 보유]
(1) 현금배당, 주식배당 등에 따른 금융소득 종합과세
(2) 주주 불균등 차등배당 발생 시
(3) 주식매수청구권 발생 시
(4) 타인명의 주식 대체(현물)출고 명의 변경 시
(5) 평가손실 중인 주식을 증여하는 경우

[주식 매도]
(1) 매도 시 양도소득세 이슈(상장 대주주, 기타)

> **Notice**
>
> 주식 취득·보유 관련 세무이슈는 금융소득종합과세, 증여편에서 보다 자세하게 다루고 있으며, 본 편에서는 주식 매도에 따른 양도소득세 문제를 보다 집중적으로 다루고 있습니다.

3. 주식 취득단계

(1) 자금출처 근거 마련

주식은 기본적으로 명의개서(등기, 등록)가 되는 자산이기 때문에 국세청은 다양한 루트로 취득 내역을 파악할 수 있습니다. 즉, 자금출처가 없거나, 출처를 소명할 수 없는 자금으로 주식을 취득한다면, 필연적으로 자금출처조사가 발생할 수 있음을 항상 유념해야 합니다.

> **조금 더 알아봅시다!**
>
> 주식에 대한 세무조사는 자금출처, 상속·증여조사 외에 주식변동조사라는 명칭으로 실시되는데, ① 증권회사 주식대체(현물출고 포함)거래내역, ② 양도소득세 신고내역, ③ 주식발행법인 주식변동상황 명세서, ④ 예탁결재원의 실질 주주명부 등 관련 주식 DB를 수집하여 주식변동 과세 시스템을 운영하여 주식의 대한 변칙적 증여거래를 과세하고 있습니다.

(2) 주식 등 대량보유상황보고(5% Rule)

5% Rule은 자본시장과 금융투자업에 관한 **법률**[1](이하 약칭 자본시장법)에 근거하여 개인(특별관계자 포함)이 주식 등을 5% 이상 보유하

---

1) DART, 기업공시 길라잡이(http://dart.fss.or.kr/info/main.do?menu=310)

거나 이후 1% 이상 변동된 경우 또는 보유목적 등 중요한 사항이 변경된 경우에는 5영업일 이내에 그 보유상황 및 변동 및 변경내용을 보고하는 제도를 말합니다.

의결권 행사가능여부를 기준으로 보통주 외 일정범위의 증권(워런트, 신주인수권증서, 전환사채, 신주인수권부사채 등)으로 범위가 확대되며, 본인과 특별관계자의 합산 보유비율이 5% 이상인 경우 그 본인에게 보고 의무가 있습니다.

보고의무 위반 시 행정처분으로 거래정지 및 금지, 임원 해임권고, 고발 및 수사기관 통보 등의 조치를 당할 수 있으며, 미보고, 중요사항에 관한 허위기재 또는 누락은 형사 처벌 및 과징금 부과대상에 처해질 수 있으므로 유의해야 합니다.

(3) 과점주주 간주취득[2]

비상장(코스닥 포함) 법인의 주주가 특수관계자 지분을 합산하여 50%를 초과 소유한 경우, 법인이 소유한 취득세 과세대상(부동산 등) 물건 등 가액에 2.2%의 취득세를 납세의무성립일로부터 60일 이내에 과세물건 관할 지자체(시군구청)에 자진 신고·납부해야 합니다.

이 부분은 주식 취득 당시 간과하기 쉬운 이슈이므로 유의해야 할 필요가 있고, 상장시장에서 거래되는 주식의 경우 빈번한 사례는 아니

---

[2] 강진철, 2022 지방세 실무해설과 사례, 씨에프오아카데미, 2022.03.21., 301p.

지만, 특히 비상장법인의 주식 양수도 계약이나 장외거래에서는 반드시 검토해야 되는 부분입니다. 간주취득세는 주로 해당 법인의 지방세 세무조사 시 관할 지자체에서 미비사항을 점검하며 부과합니다.

구분	내용
취지 (대법원92누11138, 1994.5.24.)	과점주주*가 되어 법인의 재산을 처분하거나 관리 운영할 수 있는 지위에 있게 되면 실질적으로 그 재산을 직접 소유하는 것과 다를 바가 없음 * 주주1명과 그의 특수관계인들의 소유주식(출자액)합계가 해당 법인의 발행주식 총수의 50% 초과 & 실질적으로 권리 행사하는 자들
대상법인 (코스피 非대상)	비상장법인, 코스닥시장, 코넥스시장 상장법인
유형별 취득세 납세의무	a. 최초 과점주주(단, 법인설립 시 발행주식 취득으로 과점주주가 된 경우 배제) b. 과점주주의 주식 추가취득(추가취득 분 과세) c. 일반주주가 된 자가 다시 과점주주가 된 경우(과거 과점주주 당시보다 추가취득 분) Cf. 과점주주간의 내부거래행위 취득세 납세의무 미발생
성립시기	주식을 취득하는 때(주식 취득하여 최초 과점주주가 되는 때, 과점주주의 소유주식 비율이 증가하는 때)

(4) 주식매수선택권(Stock Option) 행사로 인한 취득 시 세무이슈

최근 플랫폼 스타트업 회사 등에서 유능한 임직원을 채용하고 동기부여하기 위해 스톡옵션을 제공하고 있으며 스톡옵션 행사로 크게는 수십억 원까지 차액을 실현했다는 기사도 어렵지 않게 찾아볼 수 있습니다.

주식매수선택권(Stock Option)이란 미리 정한 행사가액으로 임직원이 주식을 매입할 수 있는 권리를 의미하며, 행사일 당시의 시가가 행사가격보다 높을 경우 행사자는 그 차액만큼의 행사이익을 얻을 수 있습니다.

스톡옵션으로 인한 과세는 2단계로 구분되는데 우선 1단계로 행사 단계에서는 행사가액과 행사 당시의 '시가'의 차액에 대하여 재직 시 행사할 경우 '근로소득'(해당 법인에서 연말정산 시 근로소득 처리)으로, 퇴직 후 행사 시에는 '기타소득'으로 과세합니다.

구분	내용
재직 중 행사 시	근로소득으로 간주하여 간이세율을 적용하여 소득세 원천징수
퇴직 후 행사 시	기타소득으로 간주하여 22% 원천징수 후 종합과세 합산

2단계로 행사 시 취득한 주식을 매도할 경우 매도 시점의 '시가'와 행사 시점의 '시가'(취득가)의 차액에 대해서는 '양도소득'으로 과세됩니다. 여기서 중요한 점은 스톡옵션 행사로 취득한 주식이 코스닥 등 상장되어 장내에서 매매된 경우 현행 세법상 소액주주라면 비과세되며, 비상장주식 상태로 매도할 경우 22% 양도소득세가 과세되기 때문에 상장 후 차익 실현하는 것이 가장 바람직할 수 있습니다.

예시) 행사 당일 시가 500,000원인 스톡옵션을 300,000원에 행사하여 600,000원에 매도할 경우 세금은?

※ 실제매매차익: 600,000원 - 300,000원(행사가) = 300,000원

① 근로소득(기타소득): 500,000원 - 300,000(행사가) = 200,000원 → 행사시점 과세

② 양도소득: 600,000원 - 500,000(취득가) = 100,000원*1) → 양도시점 과세

나아가 우리나라 세법은 벤처기업에 한해서는 특히 아래와 같이 강력한 세제혜택[3]을 주고 있습니다.

연번	구분	내용	시행시기
1	비과세	▷ 연간 5천만 원 한도로 행사이익 비과세 ▷ 벤처기업의 '자회사'(지분율 30% 이상) 임직원까지 확대(기존 해당기업만)	24년 말까지 (기존 21년 말)
2	분할납부	▷ 5천만 원 초과액에 대한 행사이익에 대한 소득세 5년간 분할납부(기존 3천만 원)	-
3	과세특례	▷ 행사이익에 대하여 근로소득으로 과세하거나, 주식 양도 시 양도소득(23년 이후 금융투자소득세, 기본공제 배제)으로 과세	대주주, 상장여부 불문

(5) 차명주식 취득 및 운용 시

과거 상법[4]상 주식회사를 설립하기 위해서는 최소 7인 이상의 발기인이 필요했기 때문에 대부분의 비상장회사에서는 친인척을 동원하여 발기인 수를 충족하는 명의신탁 행위가 빈번하였습니다.

---
[3] 조세특례제한법 제16조의2(벤처기업 주식매수선택권 행사이익 비과세 특례), 제16조의3(벤처기업 주식매수선택권 행사이익 납부특례), 제16조의4(벤처기업 주식매수선택권 행사이익에 대한 과세특례)
[4] 상법 제288조 1995.12.29. 법률 제5053호로 개정되기 이전의 것

하지만 최근에는 발기인 수의 제한이 없기 때문에 관계법률 요건 충족을 위해서가 아닌, 실무상으로는 다양한 니즈로 차명주식을 취득하는 일들이 빈번하게 발생합니다. 예를 들면, 소득세법의 과세방법이 '인별'과세를 채택하고 있기 때문에 명의를 분산하여 투자하게 되면 소득분산으로 인한 세금회피를 도모할 수 있으므로 자산가들은 배우자 및 자녀들, 지인들의 명의를 빌려 차명으로 투자를 할 유인이 있는 것입니다.

하지만 세금회피목적으로 차명주식을 운용하게 되면 명의대여자의 자금출처 등 혐의로 인해 필연적으로 국세청 서면조사 등이 수반되며 이 경우 국세청은 명의신탁증여의제 **증여세로 세금을 추징함과 동시에** 금융실명제법 및 자본시장법 위반 행위 처벌 가능하기 때문에 차명주식은 다양한 세무상 이슈를 야기할 수 있으므로 지양해야 합니다.

조금 더 알아봅시다.
차명계좌에서 발생한 이자배당은 99%가 과세가 되었습니다.

법원 "차명계좌, 비실명 금융자산 아니다… 90% 과세 위법"

조세금융신문 21.12.23

지난 18년 금융위원회는 금융실명법 제5조에 따라 차명계좌는 비실명계좌로 보아 금융자산에서 발생하는 소득에 대하여는 15.4%가 아닌 99%의 과세를 하도록 되었고 차명계좌로 발각된 고객에게는 이자배당소득에 99%세율을 적용해 세금을 추징했습니다.

하지만 최근 차명계좌는 비실명계좌가 아니라는 판단이 나와 99% 과세는 위법하다는 항소심 결과가 나와, 차명계좌에 대한 이자배당 99% 과세되었던 부분은 추후 환급이 가능할 수 있습니다.

4. 주식 보유 단계

(1) 현금·주식배당, 의제배당 과세

회사의 영업활동으로 인한 소득이 발생하는 경우 회사는 주주에게 투자(출자)비율에 따라 잔여이익(잉여금)을 분배하는데 이를(이익)배당이라고 하며, 주로 현금 및 주식배당의 형태로 지급하게 됩니다. 위탁계좌에 나도 모르게 현금이 쌓여 있다면 그것이 바로 현금배당이며, 주식잔고가 조금 늘었다면 주식배당입니다.

현금배당 및 주식배당 모두 거래하는 증권회사 등에서 15.4%의 세금을 원천징수하게 되며, 고객의 연간 금융소득(배당, 이자 등)이 연간 2천만 원을 넘어서게 되면 타 소득과 합산하여 금융소득종합과세 대상이 됩니다.

다소 생소할 수 있지만 현금배당 및 주식배당처럼 직접 회사에서 지급하는 배당과 달리 회사가 감자, 해산, 합병 등의 사유가 발생했을 때와 회사의 잉여금을 자본금으로 대체했을 때처럼 실질이 법인의 이익을 주주들에게 분배한 효과가 발생하는 경우에는 '의제배당'이라고 하여 역시 배당소득으로 과세합니다. 실무상 의제배당에 대한 부분은 깊숙이 들어갈 필요는 없고 금융회사의 원천징수내역을 확인해 보시는 것으로 충분합니다.

조금 더 알아봅시다. 무상증자시의 과세

법인이 잉여금을 자본 전입하는 경우에는 회사는 신주를 주주들에게 무상으로 교부하게 되는데 이를 '무상증자'라고 하며, 이 경우 주주들의 입장에서 과세여부가 달라질 수 있습니다. 주식발행법인의 잉여금 재원에 따라 과세여부가 달라지는데 신주발행의 재원이 이익잉여금이라면 법인의 잔여이익을 분배하는 것으로 볼 수 있으므로 과세대상이 되고, 자본잉여금이 재원이라면 이는 처음부터 과세대상 잉여금에 해당하지 않으므로 의제배당 과세대상에도 해당하지 않습니다.

구분	주식수	액면가	주주 의제배당 과세여부
현금배당	-	-	과세
주식배당	**증가**	-	과세
무상증자	**증가**	-	△(재원에 따라 달라짐)
주식분할	증가	감소	과세제외

예시) 김안타 씨는 국내 상장기업 L전자 주식 30,000주, P정유 주식 10,000주를 보유 중이며, L전자는 이익잉여금 재원 15% 무상증자, P정유는 주식발행 초과금 재원 20% 무상증자를 결의하였음. 이후 다음 달 추가 상장 후 주식이 입고됨(L전자 및 P정유의 1주당 액면가액은 5,000원) 김안타 씨의 배당소득 과세표준 및 세액은?

구분	계산
L전자 무상주 과세표준	30,000주×15%×5,000원 = 22,500,000원
P정유 무상주 과세표준	10,000주×20%×0원 = 0원
원천징수 배당소득세	22,500,000원×15.4% = 3,465,000원

(2) 불균등 차등배당 발생 시

상법[5]상 주주평등의 원칙에 따라 주주는 회사와의 법률관계에 있

---
5) 상법 제369조(의결권) 제1항

어 그가 가진 주식수에 따라 평등한 취급을 받아야 하며, 이익배당 또한 동일합니다. 원칙적으로는 차등배당은 주식회사의 기본원리이며 강행규정이기 때문에 정관이나 주주총회의 결의에 의하여도 달리 정할 수 없는 것이 원칙이며, 불평등한 취급을 당한 주주가 동의한 경우에도 특별한 사정이 없는 한 무효에 해당하게 됩니다. 하지만 대법원 판례에 따라 대주주가 자발적으로 배당을 받지 않고 소액주주에게 배당하도록 동의한 일부의 예외적인 경우에는 가능하다고 판시하고 있습니다.

이 점을 활용하여 가족법인처럼 소규모 폐쇄적인 회사는 최대주주인 부친이 자신의 지분을 포기하고 소수 지분을 가진 자녀 등에게 배당을 몰아주는 방식을 통해 과거 부의 세대 간 이전의 한 수단으로 자주 활용되었던 것도 사실입니다. 과거 세법상으로는 초과배당금에 대하여 부과하였을 소득세 상당액과 해당분만큼의 증여세를 비교하여 둘 중 큰 금액이 증여세 과세대상으로 보아 추가분만 증여세를 과세하였기 때문에 증여세가 과세되지 않는 접점을 모색하여 증여세를 내지 않았습니다.

하지만 21년 1월 1일 이후부터는 초과배당에 대한 소득세 및 소득세를 뺀 나머지 금액에 대한 증여세를 모두 과세하는 방향으로 상속세 및 증여세법이 개정되었기 때문에 증여세를 회피하는 콘셉트로는 메리트가 적어 보입니다.

(3) 주식매수청구권 발생 시

회사가 영업양수도, 중요한 일부의 양수도, 합병 등 중대한 변화를 초래하는 결정을 할 때, 이에 반대하는 소액주주들이 본인의 주식을 해당 회사에 매수해 줄 것을 요구할 수 있는 권리를 말하며, 이는 상법[6]에서 다수결의에 반대하는 소액주주를 보호하는 제도입니다. 이 경우 소액주주는 본인의 주식을 '장외양도'형태로 대상회사에 대체 출고해야 하기 때문에 세법상 필연적으로 증권거래세(장외양도 0.43%) 및 양도소득세 과세대상이 됩니다.

하지만 예외적으로 상법 제360조의2 등 주식의 포괄적 교환·이전에 따른 소액주주의 주식교환 및 주식매수청구권 행사의 경우 '18.1.1. 이후 양도 분부터 양도소득세 비과세 대상에 해당하므로, 회사의 공시자료를 면밀히 살펴보아 비과세 대상인지 여부를 우선 확인해야 합니다.

(4) 타인 명의 주식 대체(현물)출고

실무상 빈번하게 발생하는 부분이며, 특수관계자를 포함하여 타인의 담보부족으로 대체출고(입고)하는 경우, 상장주식 대주주 회피목적으로 연말에 잠시 타인 명의로 대체하였다가 반환하는 경우 등이 있을 수 있습니다.

중요한 점은 어떠한 목적으로 인해 위탁계좌 간 주식이 대체되는 경우 증권회사는 해당 출고내역을 분기의 말일로부터 2달 이내 국세청에 통보할 법적의무가 있기 때문에 국세청은 해당 내역을 입수할 수 있으며, 다음과 같은 세무이슈가 발생할 수 있습니다.

---

[6] 상법 제374조의2 반대주주의 주식매수청구권

구분	세무이슈	비고
증여목적 없는 타인명의 대체	국세청은 '장외양도'로 추정하여 '증권거래세 소명안내문'을 출고한 자에게 발송하게 되며 해당 내역에 대한 소명을 요구하게 됨	거래내역 국세청 점검 대상
증여목적의 타인명의 대체	대체일이 속하는 달의 말일로부터 3개월 이내 국세청 증여세 자진신고납부	증여세 자진신고必
대차거래목적 타인명의대체	대여자의 주식대여소득은 '기타소득(22%)'으로 과세되며, 연간 기타소득 300만 원 초과 시 종합소득세 합산신고	종합소득 과세가능

따라서 주식을 타인 간 대체출고 할 시에는 반드시 국세청의 후속 소명요구가 뒤따름을 인지하고 대응방안을 모색한 후에 실행해야 합니다.

> 조금 더 알아봅시다. 금융회사의 증권계좌 간 이체내역 제출의무 신설로 대가 없는 증여성 대체출입고는 특히 주의하세요.
>
> ## ['21 조세소위] 증권계좌 간 '주식 이체' 내역, 국세청에 제출 의무 생긴다
>
> 2021.11.18 세정일보
>
> 금년부터 증권계좌 간 대체출입고 거래가 발생할 경우 해당 거래가
> 무상거래일 경우 증권사가 국세청에 증여 거래내역을 제출하도록 하는 법안이 상속세 및 증여세법에 신설되어 22년 1월 1일부터 시행 중에 있습니다.
>
> 과거에는 증권계좌 간 거래 발생 시 증권거래세법상 금융투자업자의 의무이행사항으로 이체한 날이 속하는 분기의 말일로부터 2개월 이내 이체내용 등을 제출하도록 하였고, 해당 자료로 일선세무서는 주식 등이 대체 출입고되는 경우 '증권거래세소명자료'를 통지하여 해당 거래의 성격을 소명토록 하여 증권거래세 및 증여세 혹은 양도소득세를 추징해왔습니다. 이제 무상거래에 해당하는 증여성 거래를 사전에 탐지하고 과세당국에 의무 제출해야 하기 때문에 대체출입고 거래가 '증여성' 거래라면 반드시 사

전 증여세 신고를 통해 세무당국과의 마찰을 줄일 필요가 있습니다.

(5) 평가손실 중인 주식을 증여하는 경우

최근 지속되는 금리인상 기조에 따라 금융시장 자산가격도 요동치고 있으며, 당초 투자자 관점에서 손실을 확정 짓기보다는 장기적인 호흡으로 자식들에게 증여를 생각해 볼 수 있습니다. 세법상 증여재산의 평가는 당초 취득시점이 아닌 '증여 시점'의 평가액을 기준으로 산정하기 때문에, 평가손실을 계상하고 있다면 증여를 받은 자녀 세대들은 낮은 가격으로 취득하는 셈이 되며, 증여세도 절세할 기회로 전환할 수 있는 것입니다. 세법상 증여재산의 평가방법은 아래와 같습니다.

구분	증여일	증여재산가액 산정
국내 상장주식	대체 출고일	증여(대체출고)일 기준 전후 2달 즉, 총 4달 종가평균액
해외 상장주식		증여(대체출고)일 기준 전후 2달 즉, 총 4달 원화환산 종가평균액
비상장 주식		38, K-Otc등 참고[7], 최근의 거래된 시가기준

---

7) K-otc(Korea Over-the-Counter) 시장은 비상장주식의 매매거래를 위하여 한국금융투자협회가 「자본시장과 금융투자업에 관한 법률」에 따라 개설 및 운영하는 제도화, 조직화된 장외시장임(www.k-otc.or.kr)

5. 주식 양도 단계

(1) 증권거래세

증권거래세는 주식 등을 양도하는 행위 자체에 대하여 부과하는 세금으로서 양도소득세 외에 주식 매도금액에 아래의 증권거래세를 부과합니다.

시장구분	현행	증권거래세율 23~24년[*1]	25년 이후[*1]
비상장 (K-OTC제외)		4.3/1,000	
코스피 코스닥 K-OTC	2.3/1,000 ※KOSPI:거래세0.08% +농특세0.15%	2.0/1,000 ※KOSPI:거래세0.05% +농특세0.15%	1.5/1,000 ※KOSPI:거래세0% +농특세0.15%
코넥스		1/1,000	

[*1] 22년 세법개정안 반영

(2) 양도소득세 개념 및 산출구조

▷정의 및 과세대상: 개인이 주식 및 부동산 등을 '유상'으로 양도하여 얻은 매매차익에 대하여 부과하며, 부동산, 부동산에 관한 권리, 국내주식, 해외주식, 파생상품 등 소득세법상 열거된 대상에 한하여 과세합니다.

Cf. 주식의 평가이익은 과세되지 않으며, 무상으로 재산을 이전하는 경우 증여세 과세하며, 법인이 주식을 양도하는 경우 '법인세'로 과세합니다. (양도소득세 과세는 개인만)

▷양도소득세 계산흐름

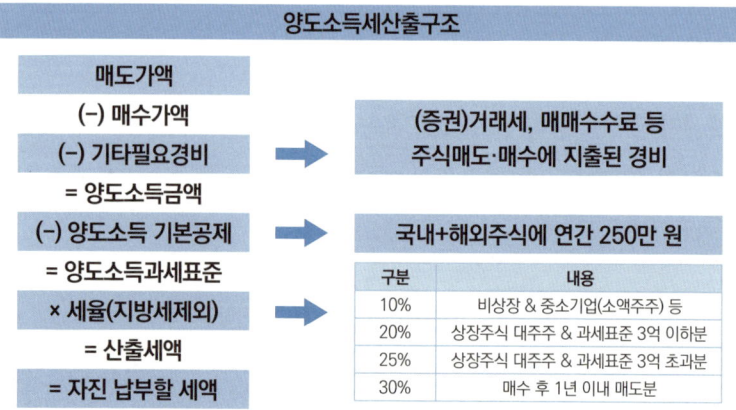

▷양도소득세 신고기한

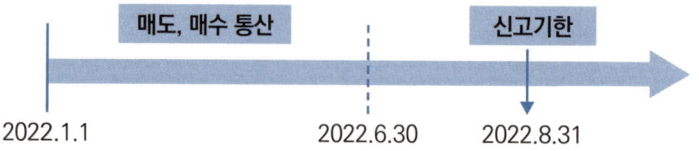

구분	내용	비고
~2017.12.31	분기가 끝나는 달의 말일로부터 2달 이내	2월, 5월, 8월, 11월
2018.01.01~	반기가 끝나는 달의 말일로부터 2달 이내	2월, 8월

매도, 매수 통산   신고기한

2022.1.1   2022.6.30   2022.8.31

(3) 주식에 대한 양도소득세 과세방법

【(주식매매차익에 대한) 양도소득세 과세 대상 판정표(현행)】

구분			대상	장내거래	장외거래
개인	국내	상장	대주주*1)	과세	과세
			소액주주	비과세	과세
		비상장	모든 주주	과세	과세
			K-OTC 거래 중소·중견기업 &소액주주	K-OTC 거래분 비과세	K-OTC외 종목 등 과세
	국외	상장		과세	
		비상장			
법인	국내	상장		법인세 과세	
		비상장			
	국외	상장			
		비상장			

*1) 대주주는 본인, 본인의 배우자, 본인의 직계존비속, 본인이 법인의 영향력을 지배할 경우 법인의 지분을 포함함

* 축소된 특수관계자 범위

2016.3.31 이전	2016.4.1 이후
배우자, 6촌 이내 혈족, 4촌 이내 인척	**배우자, 직계존비속**

(4) 상장주식 대주주 양도소득세

구분	내용	비고
특수관계인 범위	본인 및 배우자, 직계존비속	외가(인척), 형제, 자매 등 제외
지분율 기준	초과 시 즉시 대주주	초과 시점~해당사업연도말까지
시가총액 기준	단일종목 회계연도 말 기준 (우선주 등 포함)	종목별 회계연도 말 확인 (연중 결산법인)
신고여부	무조건 신고 必(소명자료 파생)	선입선출법
신고일	반기가 속하는 달의 말일로부터 2개월	매 2월, 8월 말
무신고 시	신고불성실가산세 및 납부지연가산세 발생	

(현행세법) 22년 말까지 매도 시

【현행 대주주 판정 기준표】

구분	대주주(지분율 또는 시가총액 기준: '이상')	
	지분율	시가총액
코스피	주식 합계액 1% 이상 소유	주식 시가총액 **10억 원 이상** 소유
코스닥	주식 합계액 2% 이상 소유	
코넥스	주식 합계액 4% 이상 소유	

※ 단, 대차거래 시 대여자의 주식은 대주주 판정 주식에 합산됨.

(개정세법) 23년 이후 매도 시(22년 세법개정안 반영)

구분	대주주(지분율 또는 시가총액 기준: '이상')	
	지분율	시가총액
코스피		
코스닥	삭제	주식 시가총액 100억 원 이상 소유
코넥스		

대주주 판정: 본인 1인 한정(특수관계인 미합산)

6. 대주주 판정 시 합산되는 특수관계자의 범위

Notice
회계연도 종료일(연말)을 기준으로 판단해야 합니다.
대주주 판정 시 지분율 기준과 시가총액 기준은 판정시기가 매우 중요합니다.
① 지분율
② 기준은 직전 사업연도 종료일뿐만 아니라 **연중에도 장중에 지분율을**
③ 단 **0.001%라도 넘길 경우 해당 시점부터 당해 연도 말까지** 대주주에 해당합니다.
④ 시가총액 기준은 매도 종목의 '직전 회계연도 말'에만 기준금액 이상으로 보유하고

있는지 여부를 판정하면 됩니다.
⑤ (시가총액 기준) 2022년1월 1일 이후 양도하는 경우에도 대주주 해당여부 판단기준일은 2021년 12월 31일(12월 말 법인 기준)입니다.

※대주주 판정 예시

[CASE1] 2021년 김OO 고객이 12월 결산법인의 코스피(KOSPI) 상장 A종목(지분율 1% 미만)을 최초 취득하였고, 21년 말 기준 김OO 고객 가족이 보유중인 A종목 시가총액은 총 10.5억 원이었습니다. 22년 3월 및 9월 김OO 고객이 코스피 주식 A종목의 50%를 각각 6억 원, 8억 원에 분할 장내매도하여 22년도 매매차익 얻은 경우 양도소득세가 과세됩니다(∵직전사업 연도 말 10억 원 이상)

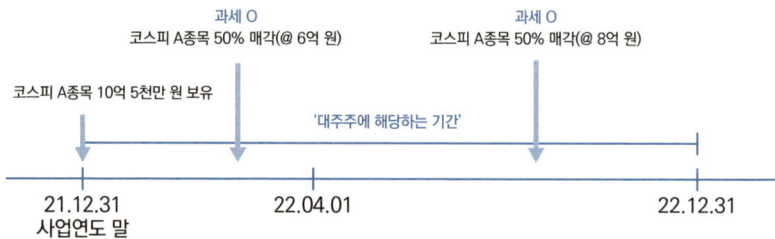

Case 1) KOSPI 12월 말 법인 예시

[CASE2] 21년 최초 코스피 C주식을 취득하여 보유 하고 있었던 박OO고객은 21년 8월 중 동일종목을 추가 취득하여 8월 1일 현재(결재일) 지분율 1%를 초과하였고, 22년의 양도소득세를 회피하기 위하여 2021년 11월 보유중인 C주식을 일부 매도하였고 21년 말 현재 시가총액 잔고는 9.9억 원에 해당하며, 이후 22년 연중 잔여 주식 전부를 15억 원에 매도하였습니다.
→ ∴ 연중 지분율 1%를 넘어선 시점이 21년 8월 1일 이기 때문에 21년 말까지 대주주에 해당되므로 2021년 11월 매도분에 대하여는 대주주 과세분으로 양도소득세 과세되지만, 21년 말 10억 원 미만으로 22년 매도분에 대해서는 과세되지 않습니다.

Case 2) KOSPI 12월 말 법인 예시

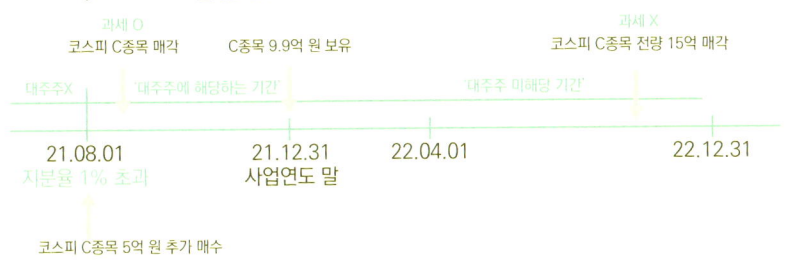

[CASE3] 박OO고객이 코스닥 주식 D종목(12월 결산법인)을 2022년 연중 100억 원 (지분율 1.8%)을 최초취득하고 22년 4월 1일 현재 보유하고 있는 코스닥 주식 D종목의 시가총액은 120억 원이며, 이후 2022년 8월에 150억 원에 전량 매도하였습니다.
→ 박OO 고객의 50억 원의 매매차익에 대해서는 양도소득세가 과세되지 않습니다. (※대주주 판단시점은 21년 말이며, 동 시점에 보유 잔고가 없었기 때문에 22년 연중에는 지분율을 초과하지 않는 이상 시가총액 기준과 관계없이 대주주에 해당하지 않음)

Case 3) KOSDAQ 12월 말 법인 예시

조금 더 알아봅시다.
순매매차익 계산 방법은 선입선출법이 원칙입니다.

증권회사의 HTS 또는 MTS 상 평가이익계산은 평균법을 적용하지만 세법에서는 평균법을 인정하지 않고 선입선출(예외적 후입)을 원칙으로 매매차익을 계산하도록 규정하고 있습니다. 평균법은 물 타기를 통해 단가조정이 가능하지만 세법상 원칙인 선입선출법은 그렇지 않기 때문에 장기투자로서 최초 매입단가가 낮은 고객은 세법상 매매차익이 예상과 다르게 차이가 발생하는 경우가 종종 발생합니다. 즉, 고객이 실제 얻는 수익과 세법상 수익이 다를 수 있음을 반드시 상기해야 합니다.

제3절 국내주식 관련 FAQ

Q1. KONEX, K-OTC 주식을 보유중인데, 양도세를 내야 하나요?

A1. KONEX는 중소기업 전용 상장시장이기 때문에, 지분율이 4% 이상이던지 시가총액 10억 원 이상인 대주주만 양도소득세 과세대상에 해당되므로, 소액주주는 세금을 내지 않습니다. 한편, 비상장 K-OTC 장내거래는 소액주주이면서 중소 or 중견기업인 경우에 양도소득세가 비과세 됩니다. 그 외 장외사이트(38커뮤니케이션 등)에서 거래되는 비상장주식, 증권사별 HTS 비상장중개 거래 시 모두 양도세 과세 대상입니다.

Q2. 비상장주식 양도소득세 신고를 하려 하는데, 취득내역(취득가액)이 없습니다. 이 경우 매매차익은 어떻게 산정하나요?

A2. 비상장주식을 증권회사 중개시스템을 통해 매수했다면 거래원장으로 취득내역을 증빙할 수 있기 때문에 크게 신고과정에서 문제될 것은 없습니다. 하지만 장외거래로 당사자 간 주식을 거래한 경우에는 매매계약서 및 금융증빙을 통해 거래내역을 입증해야 하는 것이 원칙입니다.

> **Tax Tip**
> **매수당시 계약서는 없고 취득 대금을 지급한 금융거래내역만 있는 경우**
>
> 매수 계약서가 없고 취득대금을 지급한 금융거래내역만 있을 경우, 거래상대방이 표기된 금융거래내역이 있으면 취득가격을 계약서가 없어도 인정받을 수 있습니다. 한편, K-OTC 시장은 제 3자간 공개 시장이며, 증권거래세는 증권회사 등이 원천징수 하기 때문에 실무상 K-OTC 종목을 매매하는 경우 증권거래세 신고를 하지 않아도 되고(증권회사가 원천징수로 종결), 주권매매계약서가 없어도 거래사실이 입증되기 때문에 편리합니다.

Q3. 브로커 중개를 통해 비상장주식을 매수했습니다. 브로커가 양도소득세 신고를 안해도 무방하다고 하는데 맞나요?

A3. 반드시 양도소득세 신고를 해야 하며 미신고내역 적발 시 세무조사로 파생될 수 있습니다. 브로커로부터 매수한 고객은 계약서가 없어도 반드시 브로커 등에게 지출한 금융거래내역 증빙을 갖춰 추후 매도 시 양도소득세 신고를 하시기 바랍니다(지출 금융증빙을 취득가액으로 갈음 가능).

Q4. 대주주 지분을 합산하는 특수관계자의 범위는 어디까지 인가요?

A4. 일반투자자로서 대주주인 경우 배우자+직계존비속만이 대주주 합산대상이 되며, 본인이 최대주주로 회사의 경영상 중대한 영향력을 행사하는 법인이 본인과 동일종목의 상장주식을 보유하는 경우 해당 법인도 특수관계자에 포함됨에 유의해야 합니다.

다만, 예외적으로 상장법인의 최대지분을 소유하고 경영에 영향력을 행사하는 지배주주인 경우 특수관계자 범위가 6촌 이내 혈족, 4촌 인척까지 대주주범위가 확대됨으로 오너 일가 등 특수한 대주주의 판단 범위는 별도로 세무사의 검토가 필요합니다.

한편, 금년 세법개정안이 확정된다면 23년 이후 매매분부터는 본인 1인의 주식만 가지고 대주주(23년 이후 '고액주주')를 판정하게 됩니다.

Q5. 직전연도 말 본인은 주식을 보유 하지 않았는데, 대주주 범위에 속하는 가족이 직전사업연도 종료일 현재 대주주에 해당되면 '주주가 아닌 본인'도 대주주에 해당되어 과세대상이 되나요?

A5. 그렇습니다. 예를 들어, 부친이 작년 말('21末) 12월 결산법인인 A종목을 10억 원 넘게 보유하여 대주주에 해당되었고, 동 시점에 A종목을 보유하지 않았던 자녀가 금년도 A종목을 매매할 경우 대주주 과세대상이 되어 양도소득세를 부담해야 합니다.

Q6. 특수관계자의 판정은 시가총액 판단기준일인 '직전사업연도 말' 현재를 기준으로 하나요?

A6. 아닙니다. 특수관계자 판단은 '매도일 기준'으로 판단하므로 매도일 이전 이혼, 사망 등의 사유 발생 시 매도일(결제일)을 기준을 각각 판단해야 합니다.

Q7. 대주주 판정 시 시가총액 기준 10억 원 기준은 개인투자자의 모든 종목을 합산한 총 잔고로 판정하는지? 종목별로 판정하는지?

A7. 종목별로 10억입니다. 우선주를 포함한 각 종목별 사업연도 말 시가총액이 10억 원을 넘어서면 대주주에 해당됩니다.

> 조금 더 알아봅시다. 우선주, 신주인수권도 합산하여 대주주를 판단하셔야 합니다. 대주주 판단 시 우선주를 누락하는 경우가 종종 발생합니다.
> 반드시 우선주를 고려해서 대주주합산범위를 판단하시기 바랍니다.
>
> | 구분 | 양도소득세 과세여부 | 비고 |
> |---|---|---|
> | 우선주 | O | 주식양도소득세 |
> | 신주인수권 | O | 주식양도소득세 |
> | 신주인수권부사채 | X | 채권 |
> | 전환사채 | X | 채권 |
> | 주식워런트증권 | O | 파생상품 양도소득세 |
>
> ※ 주식워런트증권은 대주주 범위에는 합산되지 않으나, 별도 파생상품 양도소득세 과세대상임

Q8. 시가총액 기준은 사업연도 말(결산)로 판정하는 데, 모든 종목에 대하여 연말인 12월 31일을 기준으로 해야 하나요?

A8. 사업연도 말이라 함은 해당 종목(주식발행법인)의 회계연도를 의미하는 것임으로 각 종목의 회계연도를 별도로 파악하셔야 합니다. 사업연도 말은 주식을 발행한 법인의 '회계연도(사업연도) 종료일'입니다. 예를 들어 3월 말 법인의 주식을 보유하고 있는 경우라면 매년 3월 31일 기준으로 보유하고 있는 시가총액을 기준으로 대주주 여부를 판정합니다.

조금 더 알아봅시다. 금융업을 제외한 상장법인의 사업연도 말 현황은 다음과 같습니다.
(금융감독원 DART 19년 1Q 기준)

구분	2월 말 법인	3월 말 법인	6월 말 법인	12월 말 법인
대주주 판정시점 (결제일 기준)	2월 말일	3월 말일	6월 말일	12월 말일
주요 종목명	JTC	3S, 기신정기, 대동전자, 대신정보통신, 동원금속 등	리켐, 마이크로텍	삼성전자 외 1,957개사

Q9. 12월 사업연도 말 종목의 경우 시가총액 기준 10억 원 이하로 총액을 조절하여 대주주 회피를 하기 위해서는 휴장일 전까지 해당 종목을 매도하면 되나요? 만일 매도주문 후 결제일까지의 시간동안 예상치 못하게 주가가 급등하는 경우는 어떻게 될까요?

A9. 주문일이 아닌 결제일(주문일+2일)로 판단하셔야 합니다.
2021년을 기준으로
* 시가총액 계산 예시 2021년 12월 30일은 폐장일(12.31. 휴장일)

수량 ×종가 = 시가총액	☞ 결제기준. 따라서 2021.12.28까지 매도주문이 체결이 되어야 함 ☞ 폐장일(마지막 거래일) 2021.12.30 종가 적용

한편, 매도주문체결시점과 결제시기가 2영업일 시차가 존재하기 때문에 결제일까지의 주가상승을 감안하여 반드시 여유롭게 시가총액 조절을 해야 합니다.

Q10. 3월 말 결산법인의 경우 22년 대주주 적용사례(시가총액기준, 지분율 1% 미만 보유 가정)에 대해서 설명해 주세요.

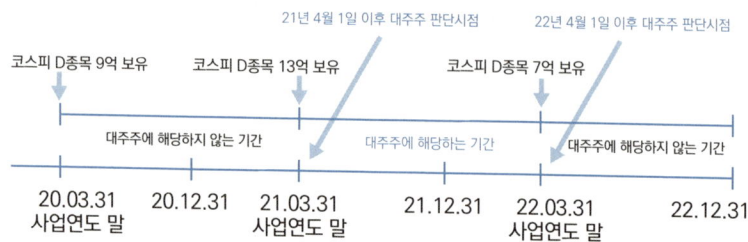

A10. (3월 말 법인) 직전 사업연도 말('20년 3월 31일) 현재 코스피 D종목을 10억 원 미만으로 보유했다면 20년 4월 1일에서 21년 3월 31일까지는 대주주에 해당하지 않습니다. 마찬가지로 22년 4월 1일 이후 대주주에 해당하지 않기 위해서는 21년 3월 31일을 기준으로 시가총액 10억 미만으로 설정해야 합니다.

Q11. 대주주 종목을 신탁(사모펀드 등), Wrap 등 Vehicle을 통해 소유하게 되면 대주주에서 분리될까요?

A11. 분리될 수 없습니다. 해당 주식에 대한 실질적인 권리가 있기 때문에 여전히 투자자 본인의 지분으로 판정됩니다. 공모펀드가 아닌 사모펀드는 폐쇄성으로 인해 대주주에서 회피할 수 있다고 생각하는 경우가 많은데, 사모집합투자기구를 통해 주식을 취득한 경우에도 사모펀드를 소유한 투자지분비율로 안분하여 지분율만큼 대주주 판정주식으로 보는 유권해석이 있습

니다. 따라서 이 부분도 감안하여 운용해야 합니다.

> **In-depth topic 대주주 판정 시 사모펀드 간접지분 포함여부**
>
> 서면자본거래 2022-2757(2022.08.31)
> [제목] 대주주 판정 시 사모펀드 간접지분 포함 여부
> [요약] 거주자가 「자본시장과 금융투자업에 관한 법률」에 따른 사모집합투자기구를 통하여 법인의 주식등을 취득하는 경우 그 주식등은 해당 거주자의 소유로 보아 「소득세법시행령」제157조 제4항부터 제7항까지의 규정을 적용하는 것입니다.

Q12. 고객이 상장주식 대주주에 해당되어 양도소득세 신고를 해야 하는데, 거래내역이 너무 많습니다. HTS에서 보이는 매매차익이 세법상 매매차익으로 신고하면 되나요?

A12. HTS 상(이동평균) 매매차익이 아닌 별도로 선입선출법 등으로 매매차익을 재계산해야 합니다. 증권회사 매매차익은 이동평균법을 적용하여 산정되지만, 세법상 매매차익 산정 시에는 이동평균법을 인정하지 않습니다. 양도소득세 신고를 위한 일반적 매매차익 산정에는 선입선출법 적용을 권유 드립니다.

Q12. 연도 말 특정인에게 주식을 양도하고 이듬해 초에 바로 재매입하는 방법(자전거래 포함)을 통하여 대주주가 되는 것을 회피하거나 주식의 취득가액을 높이는 것이 가능한가요?

A12. 특정인과 사전에 약정한 바에 따라 주식을 매도하고 일정시간 후에 같은 종목의 주식을 같은 수량만큼 재매입하는 것을 자전거래라고 하며, 국세청은 이러한 자전거래를 실제매매가 아닌 취득가액을 높이기 위한 변칙거래로 보고 있습니다.

In-depth topic 선입 Vs 후입선출법

국세청 법령과 예규상은 원칙적 선입선출법을 적용하도록 하지만 판례 등에서 증권회사의 주식물량흐름이 후입선출법을 적용하면 후입선출법을 세무서가 인정하도록 되어 있습니다.
선입이냐 후입이냐는 교통정리가 된 사항은 아니지만, 증권회사 주식물량 흐름을 감안할 경우 후입선출법을 통한 양도소득세 신고도 가능할 수 있습니다(단, 동일 종목에 대한 매매가 빈번할 경우 후입선출법 적용으로 인한 대주주
1년 이내 단기양도 시 매매차익에 33% 세율이 적용됨을 고객에게 추가적으로 고지하시길 바랍니다.) 또한 한번 고객이 선택한 매매차익 계산방법(선입 Or 후입)은 지속적으로 유지하셔야 합니다.

조금 더 알아봅시다.

비상장주식 주식평가비용 등은 경비로 인정되지 않습니다. 실지거래가액에 의한 양도차익을 계산함에 있어 비상장주식의 양도가액 결정을 위한 주식평가비용(주식실사비용), 법률 및 재정자문비용은 경비로 공제되지 않습니다. (서일 46014-10338.2001.10.31)

Q13. 국내 주식(대주주, 장외 포함) 양도소득세율은 어떻게 되나요?

A13. 상장주식 대주주의 장내거래인 경우 모든 종목이 단기매매가 아닌 경우 3억 이하 22%, 3억 초과 27.5%이며, 비상장인 경우 중소기업은 11%, 비중소기업은 22%입니다(K-OTC 거래

중소중견기업 비과세) 세부사항은 아래 표를 참고하시길 바랍니다.

- 상장주식 양도소득세율 상세

구분		세율
중소기업	소액주주	장내양도: 과세제외, 장외양도: 11%
	대주주	3억 원 이하: 22%, 3억 원 초과: 27.5%
일반기업	소액주주	장내양도: 과세제외, 장외양도: 22%
	대주주	1년 미만: 33%, 1년 이상 3억 원 이하: 22% / 3억 원 초과: 27.5%

- 비상장주식 양도소득세율 상세

구분	① K-OTC 거래	② K-OTC 外 비상장거래		비고
		소액주주	대주주	
중소기업	비과세*1) (소액주주 限)	11%	3억 이하: 22% 3억 초과: 27.5%	'20.1.1 이후 양도분부터 중소기업 대주주 과표 3억 초과분 세율인상 (22%→27.5%).
중견기업	비과세*1)		① 1년 미만 보유: 33% ② 1년 이상 보유 3억 이하: 22% 3억 초과: 27.5%	과표 3억 원 초과분 27.5% ('18.1.1. 이후 매각분)
일반기업 (중소, 중견기업 外)	과세*2)	22%		

*1) '18.1.1. 이후 매각분부터
*2) K-OTC 거래라도 해당 종목이 중소·중견기업이 아닌 경우 과세되며, 이때 세율은 K-OTC 外 비상장거래의 표를 적용

Q14. 주식 양도소득세 계산 시 특히 주의해야 할 부분이 있나요?

A14. 올해 22년 주식 매도분에 대하여는 변동사항이 없습니다. 상장주식 대주주의 투자 종목이 중소기업법상 중소기업인지 여부에 관계없이 대기업과 동일하게 하여 매매차익 3억 이하 22%, 3억 초과 27.5%로 과세됩니다.

> **Notice**
> **상장주식 대주주 투자종목이 중소기업이면, 세율차이가 발생하는 것은 한 가지입니다.**
>
> 단기매매에서 차이가 발생합니다. 1년 이상 보유분은 대기업, 중소기업이 똑같이 22%, 27.5%를 적용받고, 취득 후 1년 이내 단기매매인 경우에 대기업만 매매차익에 33%에 부과됩니다.

Q15. 중소기업기본법상 중소기업 여부는 자체적으로 판단해야 하나요?

A15. 올해 세법개정으로 매도 당시가 아닌 직전사업연도 말 시점의 사업보고서, 감사보고서 등을 통해 중소기업여부를 확인하시면 됩니다. 중소기업법상 중소기업은 국세청과 마찰이 자주 발생되니,(공시자료가 없는 경우) 주식발생회사 IR 또는 재무팀에 반드시 재확인을 하시길 바랍니다.

① 금융감독원 전자공시시스템(dart.fss.or.kr)에 접속하여 기업 검색
② 반기(분기)보고서 열람
③ 회사의 개요 확인

> **Tax Tips**
> **대주주 판정시점과 중소기업판정시점은 '직전사업연도 말'**
>
> '20년 2월 이후부터 중소기업 여부를 판단할 경우 판단시점이 양도일 시점에서 '직전사업연도 말' 시점으로 개정 시행됩니다. 따라서 대주주 판정시점과 동일하게 직전사업연도 말 시점의 기준으로 판단하시기 바랍니다.

Q16. 주식과 관련 양도소득세 계산 시 국내 주식과 해외주식 매매차손익이 정산되나요?

A16. 네. 국내 주식 양도소득세 대상인 대주주, 장외, 비상장주식 매매차손익과 해외주식 매매차손익이 20년 매도분부터 손익상계가 가능합니다. 주의하실 건 양도소득세가 과세되지 않는 일반(소액주주) 상장주식 매매차손익은 손익통산대상이 아닙니다.

> **Notice**
> **신고 시기 및 환급정산 방법**
>
> 세법상 국내주식은 반기별로 2달 이내 각 신고의무, 해외주식은 1년치 정산 후 매년 5월 신고입니다.
> 지금처럼 국내주식은 매 반기별로 신고하되, 해외주식 신고기간에 기존에 신고되었던 국내주식과 해외주식의 손익정산 하여 5월에 정산최종신고를 하고 5월 이후에 환급을 받는 구조임을 확인하시기 바랍니다.

Q17. 국내주식의 양도소득세 신고는 언제 하나요?

A17. 매도일이 속하는 반기 말일로부터 2개월 이내 매도자 주소지 관할 세무서에 신고·납부해야 합니다(상반기분 8월 말, 하반기분 2월 말)

> **조금 더 알아봅시다.**
>
> 국내주식과 해외주식 손익통산을 통한 양도소득세 정산을 위해서는 국내주식이라도 익년도 5월에 다시 한번 신고해야 합니다.
> 국내 주식의 경우 연간 2회(반기 종료일로부터 2개월 이내), 해외주식의 경우 연간 1회(익년도 5월) 양도소득세 신고를 하는데, 국내 주식의 경우 반기별로, 해외주식은 연말이 되어야 손익이 확정되기 때문에, 국내주식에서 양도차익이 발생하는 경우 우선 반기별로 세금을 납부하고 익년도 5월에 해외주식에서 손실이 확정되었다면 그때 가서 세금을 환급받을 수 있는 구조입니다(만일 국내주식에서 손실이, 해외주식에서 이익이 나는 포지션이라도 신고는 동일하게 신고해야 해외주식 손익에서 통산하여 절세가능).

Q18. 국내외 매매손익이 상계하여 최종 결손금(매매차손)이 발생했을 경우 차년도로 이월하여 차년도 이익에서 상계할 수 있나요?

A18. 이월해서 사용이 불가합니다. 매년 1.1~12.31 기간 내 매매차손익만 통산됩니다.

Q19. '22년 상반기에 양도차익 10억 원이 발생하여 양도소득세를 2.5억 원을 '22년 8월 말까지 납부하였고, 하반기에 양도차손 10억 원이 발생했습니다. '23년 2월 세금신고 시 상반기 기

납부한 세금을 환급받을 수 있나요?

A19. 1.1~12.31 매매차손익에 대해서는 상계가 가능하며 납부한 세금도 환급 가능합니다. 국내주식의 경우 상반기, 하반기 연간 2회 양도소득세 예정신고 제도를 통해 세금신고를 하게 되어 있고, 연간 2회 이상 주식매매차익이 발생한 경우의 양도소득은 1년간 발생한 소득을 통산하여 계산하도록 되어 있습니다.

Q20. 합병등 사유로 주식매수청구권(Stock Option)을 행사할 경우 세금문제는 어떻게 될까요?

A20. 원칙적으로 주식매수청구권 행사 시 장외거래로 보아 양도소득세 신고를 자진신고를 해야 합니다. 일부, 소액주주로 법인의 주식의 포괄적 교환 등 일정한 사유의 경우에만 양도소득세 비과세가 적용되는 사례가 있습니다. 실무상 주식매수청구권 비과세 여부는 해당 법인 IR 또는 재무팀에 문의하시길 바랍니다.

Q21. 환매청구권(Put-back option)을 행사하는 경우 세금문제는 어떻게 되나요?

A21. 풋백옵션이란 인수시점에 자산가치가 불명확하거나 추후 자산가치 하락이 예상될 경우 투자자에게 손실보전을 약속하는 계

약으로서 일종의 투자자 보호장치입니다. 행사가능기간 내에 풋백옵션을 행사하게 되면 주식을 장외 유상양도 하는 것으로 간주하여 행사일이 속하는 반기의 말일로부터 2개월 이내에 증권거래세(0.43%, 장외양도) 및 양도차익(차손포함)에 대하여 양도소득세 신고를 반드시 해야 합니다.

Q22. 우리사주를 통해 받은 주식을 매도하는 경우 세금은 어떻게 되나요?

A22. 우리사주로 받은 상장주식을 장내에서 소액주주 상태로 매도할 경우 양도소득세 비과세이며, 대주주이면 양도세 과세대상입니다. 당연 해외, 비상장 시장에서 매각한 경우는 일반적으로 양도소득세가 부과됩니다(우리사주조합 매도 케이스 제외).

Q23. 고객이 보유한 주식을 교환하고자 합니다. 문제가 될까요?

A23. 교환거래도 양도소득세 과세 거래이며 양도소득세 신고를 하셔야 합니다.

Q24. 주식 대주거래로 주식대여소득이 발생했습니다. 어떤 세금인가요?

A24. 대여자의 소득은 기타소득으로서 당사가 22% 원천징수하고 대여자에게 지급합니다. 기타소득금액(주식대여소득 전액)이 300만 원을 초과할 경우 그 다음 해 5월 달에 종합소득세 신고를 반드시 하셔야 합니다.

Q25. 시간 외 매매는 양도소득세를 내야 하나요?

A25. 시간 외 매매는 장내거래로 간주하기 때문에 소액주주의 경우 양도소득세 과세대상이 아닙니다.

제4절 국내주식 절세방안

국내주식을 운용함에 따라 발생하는 세금 중 가장 중요한 부분은 매매차익의 크기에 따라 11%에서 최대 33%(지방소득세 포함)의 세율로 과세하는 양도소득세인데, 앞서 살펴본 것처럼 상장주식 장내매매의 경우 '대주주'(23년 이후 '고액주주'로 명칭변경)의 양도차익, 모든 상장주식 장외양도 매매차익, 모든 비상장주식(K-OTC 등 일부 예외)의 양도차익을 과세대상으로 합니다.

매도가액에서 매수가액 차감하고 여기에 더하여 취득 및 양도 시에 발생하는 증권사 수수료(매수, 매도), 증권거래세, 세무사 신고대행 수수료 정도를 차감한 잔액이 과세표준이 되기 때문에 사실상 세금을 줄이는 경우의 수가 적어 보이는 것이 사실입니다.

하지만 비교적 세금부담이 적은 특정 섹터로 투자처를 변경하든지, 한 종목에만 투자하는 지엽적인 기존 시각에서 벗어나 국내 및 해외까지 포트폴리오를 확대하여 손익통산을 도모하는 등 현행 세법의 사각지대를 활용한 발상의 전환을 통해 주식 관련 세금을 절세할 수 있습니다.

1. 국내·해외주식 직접투자
(종합소득세 및 건강(지역)보험료 절감목적)

(1) 종합소득세 및 건강보험료 절감을 위한 소득의 유형전환(금융소득(종합과세) → 양도소득(분류과세))

우리나라에서 종합소득세의 최고세율은 '과세표준'이 10억 원을 초과할 경우 초과분에 대하여 49.5%(21년 세법개정)의 세금을 부과하고 있으며, 과거 수년간 주택 가격의 급격한 상승으로 공시가격 또한 비례적으로 늘어났기 때문에 준조세로 분류되는 건강보험료 부담이 가중되고 있습니다.

특히 퇴직금 및 연금 등으로 노후를 보내고 있는 은퇴한 노령가구는 주로 직접투자보다는 금융권의 PB들의 자문을 받아 펀드 등 간접투자상품에 투자하는 경우가 많습니다. 흔히 펀드로 대표되는 금융상품은 환매 시 차익에 대하여 '배당소득'(15.4% 원천징수)으로 과세되며, 이러한 환매이익이 이자 및 배당소득과 합산하여 연간 2천만 원을 초과할 시에는 금융소득뿐만 아니라 연금소득, 사업소득, 근로소득 등 타 소득과 합산하여 2차적으로 세금을 더 부담해야 하는 것이 현실입니다.

나아가 금융상품 투자에 따른 금융소득(이자·배당)이 1천만 원을 넘을 경우 건강보험료 소득점수에 전액이 합산되기 때문에 보험료가 할증되며, 배우자 및 자녀 등 그동안 피부양자 등록을 통해 건보료를 부담하지 않았던 은퇴가구 등은 피부양자 자격박탈로 내지 않았던 건강보험료도 부담할 수 있습니다.

따라서 이런 경우에는 투자이익이 종합소득이 아닌 별도의 양도소득으로 과세되는 국내주식(소액주주 장내거래 비과세) 및 해외주식(22% 세 부담)을 직접 투자하는 것을 고려해 볼 수 있습니다. 물론 직접 투자 시에도 금융소득 과세대상인 국내·외 배당금이 발생하지만 환매이익까지 금융소득으로 계상되는 간접투자상품에 비하여 종합소득으로 노출되는 비중이 적으며, 금융소득 종합과세 대상이 되는 경우 타 소득과 합산하여 최고 49.5%의 매우 높은 세율을 적용 받는 종합소득세에 비하여, 본인의 소득과 무관하게 22%(일반적)의 단일세율을 적용 받기 때문에 매우 유리하다고 볼 수 있습니다.

※ Summary

주식 직접투자로의 전환: 간접투자대신 직접주식투자를 할 경우 소액주주인 경우 상장주식매매차익 비과세, 그 외 대주주, 비상장 투자 시 종합소득세가 아닌 저율 분류과세인 양도소득세로 부과되며, 양도소득으로 과세되는 것은 건강보험료에 영향을 미치지 않습니다.

| 종합소득세/건강보험료 폭탄시대 | → | 국내외 주식 직접투자 (소득유형전환) | → | 소득세 절세 및 건강보험료 절감 |

2. 기존 국내 상장 대주주는 고액주주 100억 원 과세기준 활용

기존에는 투자하고 있는 상장법인의 사업연도 말 현재 본인 및 특수관계자를 포함한 대주주 집단이 단일 상장주식 종목을 10억 원 이상 보유하는 경우 대주주로 판정하여 해당 종목을 매매할 경우 매매차익에 대한 세금을 부과하였습니다.

하지만 22년 세법개정안에 따라 금융투자소득세가 유예되고 고액주주 과세기준이 100억 원으로 변경되어 법안이 확정된다면 금년 말 특수관계자를 배제한 본인 기준으로 단일종목 100억 원 이상 보유하지 않는다면 상장주식 매매차익에 대하여는 비과세가 적용됩니다.

따라서 금년 내 상장주식을 매도하는 것보다는 올 연말까지 고액주주 과세기준에 대한 국회 통과여부를 면밀히 지켜보신 후에 내년 이후에 매도하시는 것이 바람직합니다.

3. 국내 및 해외주식 매매차손익 상계를 활용하기 위한 포트폴리오 확립

양도소득세 과세 대상이 되는 국내 및 해외주식에 대해 1년간 (1.1~12.31) 매매차손익이 상계가 되는 바, 의도적 처분을 통해 특정 종목의 손실을 확정하게 되면 큰 매매차익이 예상되는 종목의 매매차익과 상계하여 양도소득세 절세를 도모할 수 있습니다. 이러한 매매차손익 전략을 위해서는 사전에 절세를 위한 국내 및 해외 주식 포트폴리오 재구성 필요합니다.

예를 들어, 국내 상장주식 대주주 종목이 장기간 평가손실을 계상하고 있고 해외주식에서 평가이익이 매우 커 세금부담이 우려되는 경우 해외주식을 매도하는 연도에 국내주식을 의도적으로 실현시켜 해외주식 양도차익을 감소시킬 수 있으며, 이는 세 부담 감소로 이어져 절세가 가능합니다.

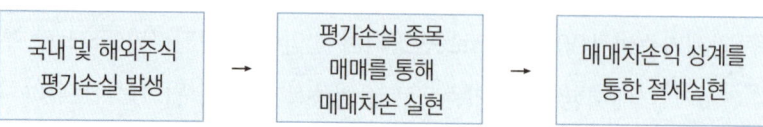

4. 대주주 시가총액 기준 회피전략(연도 말 매도 후 재매수)

2010년 상장주식 대주주 과세가 시행된 이래로 고전적으로 대주주 과세를 회피하기 위한 방법으로 시가총액 기준을 회피하기 위해 회계연도 말 매도 후 재 매수 하는 방법이 있습니다.

(1) 회계연도 말(기준일) 매도 후 재 매수 전략(시가총액 기준)

시가총액 기준은 해당 종목의 회계연도 말 시가총액을 기준으로 판정하기 때문에 보유 종목의 시가총액이 10억 원을 넘을 것으로 예상되면, 회계연도 말 전에 매도 결제 후 새로운 회계연도에 재매수하여 일시적으로 대주주 판정시점에 대주주를 회피하기만 하면 양도소득세를 부담하지 않아도 됩니다.

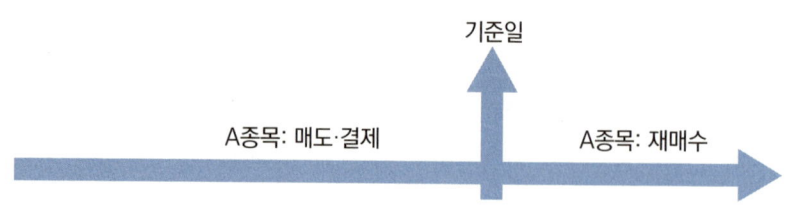

(2) 분산 포트폴리오 구성(지분율 기준)

일반적으로 상장법인의 지분율을 1% 또는 2% 이상 보유하는 것이 흔치 않은 일이지만, SPAC와 같은 특수목적법인은 합병을 위하여 만들어진 특수법인이기 때문에 보유주식수가 적은 경우가 많습니다.

이 경우에는 시가총액 기준으로 대주주에 해당하지 않아도 지분율 기준을 넘었기 때문에 지분율을 넘은 시점부터 해당 사업연도 말까지 대주주로 판정되어 양도소득세 과세의무가 생깁니다.

따라서 반드시 투자 전에 본인이 투자할 종목에 주식수도 체크하셔야 하며, 종목별 지분율이 코스피 1%, 코스닥 2% 이상 보유하지 않도록 포트폴리오 분산을 해야 합니다.

5. 계좌별 종목 분산전략

이 전략은 앞서 설명한 종목의 분산이 아닌 단일종목을 여러 개의 '계좌'를 통해 투자하는 방법입니다.

관련 유권해석: 서면5팀-583(2006.10.25.)
[제목] 양도한 주식의 취득시기가 불분명한 경우 취득시기의 판정
[요약] 거주자가 증권회사에 개설된 수개의 계좌를 통하여 취득한 동일종목(발행자가 동일한 동종의 주식을 말함)의 주식 중 일부를 양도하는 경우로서 양도한 당해 주식이 보관된 계좌는 확인되나 당해 양도주식의 취득시기가 분명하지 아니한 경우에는 그 양도주식이 보관된 각 계좌별로 먼저 취득한 주식을 먼저 양도한 것으로 보는 것임.

위 국세청 유권해석을 보면 개인이 수 개의 위탁계좌를 이용하는 경우 '각 계좌별'로 선입선출법을 적용하도록 하고 있기 때문에 수개의 계좌를 사용하면서 각 계좌 내에서 계획적으로 주가 추이에 따라 매매를 할 경우 세금을 조절할 수 있고 절세도 가능합니다.

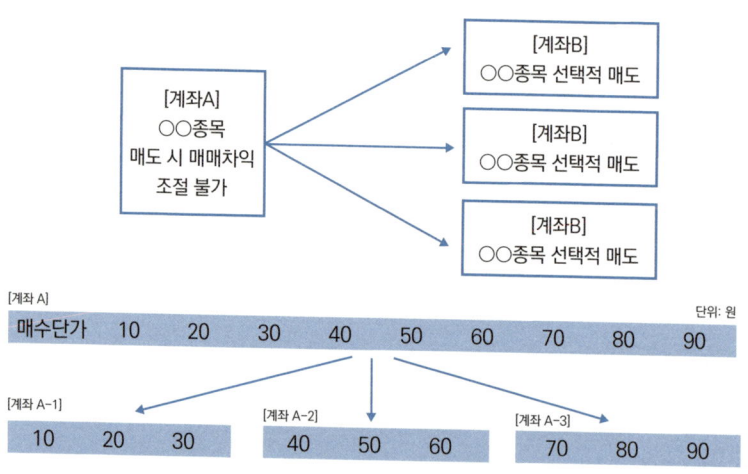

6. 대체투자자산 활용(ETF, 공모집합투자기구, CFD)

상장주식 대주주 과세기준을 넘어서는 Heavy Trader의 경우 대주주 과세가 부담되는 경우가 많습니다. 이런 경우에는 실질은 국내 상장주식을 투자함과 유사하지만 직접투자 보다 Vehicle을 이용하여 대체투자를 활용하는 방법도 있습니다.

① ETF: ETF는 상장되어 거래가 되지만, ETF는 주식이 아닌 펀드

임으로 주식투자자산과 기초자산이 비슷한 ETF 투자로 대주주 회피(자세한 사항은 금융상품 편 참고)

② 공모펀드: 현행 대주주의 범위에 대해서는 사모펀드 내 동일종목의 주식은 포함하나, 공모펀드를 통한 펀드 내 동일종목의 주식에 대해서는 합산대상으로 보고 있지 않고 있기 때문에 대주주 양도소득세 과세에서 자유로울 수 있으며, 특히 공모펀드 내 국내 주식 매매차익에 대해서는 배당소득이 비과세가 되므로 메리트가 있습니다.

③ CFD: CFD는 주식을 직접투자 하는 것이 아니고 장외파생상품으로서 상장주식을 직접 투자하는 것과 유사한 경제적 실익을 달성할 수 있습니다. 다만, 국내 주식을 투자하는 것이 아니고 장외파생상품에 투자하는 것이기 때문에 전문투자자 자격이 있어야 하며 초고위험 상품임을 유념해야 합니다. 또한, 21년 4월 1일 이후 결제 분부터 파생상품 양도소득세 과세대상이 되며 11%의 세금을 부담해야 합니다. 하지만 상장주식 대주주 양도소득세율(일반적 22%)보다 상대적으로 세 부담이 낮아 메리트가 있습니다.

조금 더 알아봅시다! ETF, ETN 투자의 매력은 높아지고 있습니다.

"26일 코스닥ETF 사면 27일 높은 확률로 오른다"

아이뉴스24 18.12.25

금융시장이 발달함에 따라 수많은 ETF 등이 거래가 되는 바, 주식 양도세 회피수단으로 ETF ,ETN 등의 절세형 상품의 투자 매력도가 계속 높아질 것이라 판단됩니다.

7. 증여재산공제 활용, 증여 후 매도 전략

대주주로서 해당 종목의 최초 취득가가 낮아 과도한 양도소득세가 부담되는 경우, 증여를 통해 자녀 등 특수관계자에게 주식을 이전하는 방법을 고려해 볼 수 있습니다. 다만, 현행 세법 하에서는 수증자와 증여자가 직계존비속 관계라면 여전히 대주주 과세범위에 합산되어 대주주 지위를 회피할 수는 없으나, 증여자 입장에서는 과거의 낮은 단가의 물량이 선입선출법 상 수증자에게 이전되었기 때문에 상대적으로 높은 단가의 물량이 잔여물량으로 남아 세금이 절감되는 효과를 고려할 수 있습니다.

반대로 수증인 입장에서는 증여받은 주식은 증여 당시의 평가액이 취득가가 됨으로 이를 매도할 경우 해당 종목의 양도소득세는 당초보다 감소하게 됩니다. 즉, 주식 양도소득세율이 단기매매 제외 최고 27.5%인 바 증여재산공제를 적용한 증여세 과세표준이 증여세율이 20%를 넘지 않은 구간에서 증여를 해야 실익이 있습니다.

> **Tax Tips**
> **주식 증여 후 매도 행위는 전문가의 검토가 필요합니다.**
>
> 양도소득세 회피를 위한 주식 증여 후 매도 행위는 경우에 따라 부당행위계산부인으로 간주되어 증여세가 부과될 수 있으므로, 전문가와 상의 후 진행하시기 바랍니다.

8. K-OTC 및 벤처기업 비과세 활용

주식에 대한 양도소득세 과세 환경에서 K-OTC 중소·중견기업 종목을 거래하는 경우 양도소득세 비과세 및 일반 비상장주식 증권거래세 0.43%에 비해 매우 낮은 세율이 적용되기 때문에 투자 메리트는 더욱 부각될 것입니다.

따라서 K-OTC 종목에 대하여도 투자섹터로서 활용이 필요해 보입니다. 또한, 금년 말까지 개인투자자가 벤처기업(개인투자조합 포함)에 출자함으로써 취득한 주식 또는 출자지분에 대해서는 일정한 요건에 해당 시 양도소득세를 비과세 하며, 소득공제 혜택까지 주어지므로 세제측면에서 메리트가 있습니다. (소득공제등은 금융상품편 참고)

제2장
해외주식

PB와의 대화

"나스닥 3배 레버리지에 1조 6000억 베팅했는데…" 서학 개미 비명 [왕개미연구소]

조선일보 22.02.24

PB: 미국 증시가 조정을 받아, 보유하고 있는 미국 주식의 평가손실이 많이 발생하였습니다. 어떻게 세무적으로 평가손실을 만회할 수 있는 방법은 없을까요?

세무사: 우선, 평가손실된 주식을 장기적으로 가지고 가실 생각이면 증여를 고려하시면 됩니다. 해외주식 증여 시 대체출고일 기준으로 전 2달 후 2달의 원화환산종가평균액이 증여재산가액이 됩니다.

PB: 네. 증여 말고 다른 방법이 또 있을까요?

세무사: 해외주식 매매차손은 다른 국내주식 매매차익과 상계가 됨으로 양도소득세 과세대상이 되는 국내 비상장 및 상장주식의 장외거래 등을 통해 매매차익과 차손을 상계시키면 해외주식 매매차손을 세금절감용으로 활용하실 수 있습니다.

조금 더 알아봅시다! 해외주식 손실도 국내주식의 이익과 상계가 가능하므로 적극 활용할 필요가 있습니다.

앞서 국내주식편에서 강조하였듯 국내주식 및 해외주식 간 손익통산은 상당한 메리트입니다. 과거 손익통산은 국내주식은 국내주식끼리, 해외주식은 해외주식끼리만 통산되고, 기본공제 250만 원도 각각 적용해 주었습니다. 하지만 20년 1.1. 이후 발생 소득분부터 손익통산이 가능하게 되었습니다.

2019.12.31. 이전	2020.1.1 이후(현행)
1) 국내주식, 해외주식을 '구분'하여 양도손익 계산 −국내주식은 국내주식 간 손익통산만 허용 −해외주식은 해외주식 간 손익통산만 허용	1) 국내주식, 해외주식을 "합산"하여 양도손익계산 −국내주식, 해외주식 간 손익 통산 허용(소득세법 102조 제1항)
2) 양도소득 기본공제금액 국내주식: 250만 원, 해외주식: 250만 원 '각각' 공제	2) 좌동 국내주식, 해외주식을 '합산'하여 250만 원 공제(소득세법 제103조 제1항)

제1절 해외주식 핵심요약

구분		내용	비고
양도	양도세 신고대상	해외주식시장에 상장된 주식	평가차익 과세제외 매매차익 과세
	계산 방식	(매도가-매수가-비용-250만 원)×22% * 비용: 인지세, 수수료 등 거래 부대비용	국내 과세대상 주식과 매매손익 통산가능
	원화환산	결제일 기준 재정환율	
	기본공제	국내주식의 소득금액과 통산하여 인당 연간 1회 250만 원	별도 적용 X
	양도소득세율	22%(단일세율)	국내주식과 통산 후 잔액이 '양도소득〉0'인 경우
	연말정산 피부양자 인적공제 대상제외	(매도가-매수가-비용)≥ 100만 원	피부양자 기본공제 적용 시 세금추징
	세금납부자	매도자	매도자 주소지 관할세무서
	증권거래세	없음	거래세 대신 인지세 등 발생
	매매차손익 확인방법	전산자료 확인	
	신고기한	매매차익 발생 다음해 05.01~05.31	
	배당금	국내 배당소득 간주	금융소득종합과세합산
	자진신고 방법	본문 Q&A 참고	
	매매차손 이월공제여부	이월공제 無	
증여	타인명의 대체출고	타인명의 대체출고 시 국세청 보고	
	증여재산 산정	대체일 기준 전, 후 2개월 종가 평균 (총 4개월 종가평균)	원화환산
	증여일	대체일이 속하는 달의 말일로부터 3개월 이내	

제2절 해외주식 본문

1. 해외주식 핫이슈 Ⅰ

올 해외주식 마이너스인데… 작년치 역대급 양도세에 울상

파이낸셜뉴스 22.04.17

작년 해외주식으로 수익을 올렸던 고객들의 양도소득세 신고가 금년 5월 말 진행되어야 하는데, 해외주식 양도소득세 신고는 연간 반기별로 신고하는 국내주식과 달리 연간 소득에 대해서 익년 5월 일시적으로 신고해야 하기 때문에 시차가 발생합니다.

즉, 해외주식을 매도하여 현금을 실현한 것은 작년인데, 수개월이 흘러 세금신고를 하자니 매도대금을 그대로 예금으로 예치한 것도 아니고 납부할 세금이 부족할 수도 있기 때문입니다.

해외주식 양도소득세 신고는 해외주식만을 대상으로 하는 것이 아니라 21년 귀속 분 '국내주식'에서 발생한 소득도 '손익통산'하여 최종적으로 세금을 확정하는 성격이 있어 주의를 요합니다.

즉, 국내 상장주식 대주주의 양도소득, 비상장주식 양도소득에서 손실이 발생한 경우 해외주식 양도소득과 '상계'를 하여 해외주식 양도소득세가 절감될 수 있으며, 반대로 국내 주식 부분에서 이익이 크게 난 경우 해외주식 양도소득세가 예상보다 더 발생할 수 있음을 의미합니다. 국내주식과 해외주식 양도소득을 통산함에 따라 양도소득 기본공제 250만 원도 연간 1회 적용받는 부분도 일선에서 문의도 많고 실수도 많은 부분입니다.

해외주식에 대한 세금은 타 금융상품에 비해 비교적 심플하지만 예상외의 부분에 세무적인 파급효과를 미칠 수 있으므로 간과해서는 안 될 분야입니다.

2. 해외주식 핫이슈 II

해외주식 테슬라로 100만 원 넘게 벌었나요? 인적공제 빠집니다

동아일보 21.01.18

직장인이 매년 1월 연말정산을 준비할 때 부모, 자녀 등 피부양자 자격에 대하여도 관심을 가져야 합니다. 연간 소득금액 100만 원 이하인 자가 피부양자로 등재가 가능하기 때문에, 피부양자의 자격에는 나이 요건도 있지만, 소득(종합소득, 양도소득, 퇴직소득 모두 고려) 요건도 여전히 충족해야 한다는 점을 다시 한번 유념하시기 바랍니다.

즉, 대상 소득의 범위에 양도소득세도 포함되기 때문에 피부양자로 등재되어 있는 부모님이 여유자금으로 해외주식에 투자하여 매매차익이 100만 원을 넘어설 경우 연말정산 시 피부양자 자격이 박탈되어 인적공제, 각종세액공제 등을 적용받을 수 없으며, 부양자의 잘못된 연말정산 결과는 추후 국세청에서 추징하게 됩니다.

> **Notice**
> 개인별 해외주식 순 매매차익이 100만 원을 넘으면 연말정산 시 피부양자 인적공제 등 적용불가
>
> 해외주식 양도소득세로 인한 연말정산 부당공제를 전수 조사하여 세금을 추징한 사례는 흔치 않았지만, 서학개미 등 해외주식 매매가 활성화되어, 국세청에서 해외주식 매매차익으로 인한 부당공제 케이스를 기획조사 하여 덜 낼 세금을 언제든지 추징할 수 있습니다.

3. 해외주식 투자관련 기본사항 요약

구분	세무상 의미	미국 주식	후강퉁	선강퉁	대만	베트남
거래 시장	양도세 과세대상	NYSE, AMEX, NASDAQ	홍콩 상해 A	심천 A	대만거래소 (TWSE) 타이페이 거래소 (TPEX)	호치민거래소 (HOSE) 하노이거래소 (HNX)
거래 통화	기준 환율, 재정환율	USD	홍콩: HKD 상해A: CNY	CNY	TWD (20.9.22 1TWD= 40.07 KRW)	VND (20.4.20 100VND =5.21KRW)

구분	세무상 의미	미국 주식	후강퉁	선강퉁	대만	베트남
결제일	매도, 매수 시 결제일 적용	T+3 (국내기준)	홍콩: T+2 상해A: T+1	T+1	T+2	T+3 (국내기준)
거래 단위	주식수* 기준 (재정) 환율	1주	홍콩: 종목별 상이 상해A: 100주	100주	1,000주	호치민 10주 하노이 100주
거래 비용	세무 비용 처리 가능	SEC Fee 0.0022%	홍콩, 상해 A: 인지세 0.1%	인지세 0.1%	인지세 0.3%	인지세 0.1%
현금 배당		15% 미국원천 징수	10% 중국원천징수 (4.4% 국내추가징수)	21% 대만 원천징수	10% 베트남 원천징수 (4.4%국내 추가징수)	
기타	* 고객이 직접 세무대리인에게 양도세 신고 비용 지불 시 세무 비용 처리 가능 * 실시간 시세 이용료 등은 세무상 비용처리 안 됨					

4. 해외주식 양도소득세(개인편)

(1) 거주자인 개인: 해외주식 양도소득세 납세의무 有
    (비거주자 및 법인 제외)

조금 더 알아봅시다!

비거주자는 해외주식 양도소득세를 신고납부 할 필요가 없습니다. 비거주자는 소속 국가 세무서에 세금신고 하고 납부하여야 합니다.
세금신고와는 별개로, 미국인이 한국 금융회사를 통해 미국주식을 거래할 수 없듯이 각 해외주식의 경우 해당국가 국적자는 거래 자체가 불가능한 경우 거래가능여부를 거래하는 증권사에 별도 확인하시길 바랍니다.

(2) 양도소득의 범위

국외시장에 상장된 주식, 해외상장 ETF 등(신주인수권과 증권예탁증권 포함)으로 하며, 선입선출법으로 계산된 양도차익이 원칙입니다.

(3) 과세표준의 계산

계산구조	세무상 파급효과	비고
양도가액 (−) 취득가액		취득, 결제 시 원화 환산
(−) 필요경비 등		인지세, 수수료 등
양도차익 = 양도소득금액	피부양자 공제판단	국민연금, 건강보험료 영향 없음 (∵양도소득은 종합소득 X)
(−) 양도소득기본공제	(연 1회) 250만 원	국내 주식(상장대주주, 장외, 비상장)과 합산(상계) 연 1회 적용
과세표준	−	
세율	과세표준×22%	
납부세액	(한도 없는) 분류과세	

(4) 세율: (과세표준에) 22% (단일세율)

> **Notice**
> **세액계산구조는 매우 간단합니다.**
>
> 매도가액에서 취득가액 및 수수료 등 경비를 차감한 매매차익에 기본공제 250만 원을 차감한 후 22%의 세율을 적용하면 세금이 계산됩니다(지방소득세 포함) 또한, 20년 1월 1일부터 국내주식과 해외주식 매매차손익이 서로 상계되기 때문에, 기본공제 250만 원이 국내와 합산하여 연간 1회가 되는 점을 주의하시기 바랍니다(중복공제 오류 많음).

> **Notice**
> **해외주식의 양도소득세율은 22% 입니다.**
>
> 국내 주식은 11%, 22%, 27.5%, 33% 등 다양한데 우리가 투자하는 해외주식은 실무적으로 모두 22%라고 생각하시면 됩니다.

(5) 신고 시기

당해 연도 1.1~12.31 국내 및 해외주식 매매차손익을 통산하여 익년도 05.31일까지 매도자 주소지 관할 세무서에 신고 및 납부

> **조금 더 알아봅시다!**
> **국내주식 양도소득세는 기존대로 하셔야 합니다.**
>
> 국내주식 양도소득세 신고는 반기별로 2달 이내입니다. 즉, 국내주식은 반기별로 각각 신고하고 해외주식 양도소득세 신고 시 국내주식 매매차손과 합산 정산하여 세금을 신고 환급 받는 구조입니다.

5. 법인: 법인세로 과세(별도 해외주식 신고의무 無)

(1) 과세대상·납세의무자: 법인의 경우 개인과 달리, 일반적으로 법인 관련 모든 손익은 법인세로 정산·귀속

> 조금 더 알아봅시다! 법인은 해외주식
> 뿐만 아니라 모든 금융상품 매매차익은 법인세로 과세가 됩니다.
>
> 개인(個人)의 경우 이자, 배당, 사업, 근로, 연금, 기타, 양도, 퇴직소득으로 구분·열거된 소득만 각각의 명칭으로 과세되지만, 법인(法人)의 경우 법인 관련 모든 손익에 대하여 구분·열거하지 않고 10%~25%(지방세 별도) 법인세 과세로 종결됩니다. 즉, 법인은 양도소득세란 개념자체가 없으며, 후강퉁주식을 포함한 모든 금융상품 매매차익에 대해 법인세로 과세됩니다.
>
> 국내에 종합소득세는 물론이고 부동산 양도소득에도 합산되지 않는다는 것을 유념하시기 바랍니다.

(2) 세율(지방세 별도)

구분	세목	세율	기본 공제	과세구조	신고일
개인고객	양도세	20%	250만 원	매도가-매수가-필요경비-250만 원	익년 05.01~05.31
법인고객	법인세[8]	구간별 차등과세	-	매도가-매수가-필요경비	익년 03.01~03.31 (12월 말 법인)

---

8) 23년 이후 개시하는 사업연도 분부터 법인세율 개정 시행(5억 원 이하 11%(중소·중견기업), 22%(일반) / 5억 원~200억 원: 22% / 200억 원 초과 24.2%(지방소득세 포함)

(3) 신고 시기
12월 결산법인의 경우 법인 사업연도 손익 정산 후 익년도 3월 31일까지 법인 소재지 관할 세무서에 신고 및 납부합니다.

(4) 신고 시 필수서류
매수, 매도거래내역 및 잔고증명서(법인 기장 세무대리인 제출)

제3절 해외주식 관련 FAQ

Q1. 개인이 국내 비상장 주식(+) 매매차익 1,000만 원이 발생(22년 상반기)되고, (-)해외주식 매매차손이 1,000만 원 발생하였습니다. 납부할 양도소득세는 얼마인가요?

A1. 납부할 양도소득세는 없습니다. 금년부터 국내 및 해외주식 매매차손익에 대해서는 상계가 됨으로 통산 매매차익은 0이며 세금도 0입니다.

단, 국내와 해외주식의 신고 시기가 다르기 때문에 국내 주식(상반기)에 대한 양도소득세(반기별)는 8월 말에 우선 신고 및 납부하고, 해외주식 양도소득세(5월) 신고 시 기납부세액을 환급받는 방법으로 신고가 진행됩니다.

Notice
평가차손익이 합산이 아니라, 매매차손익이 합산이 됩니다.

실현 매매차손익만 대상이며 양도소득세가 과세되는 주식에 한정하여 상계가 됩니다. 즉, 대주주가 아닌 국내 상장주식 장내매매손익은 정산대상이 아닙니다.

Q2. 나스닥 거래종목 매매차익은 1,000만 원, 후강퉁 거래종목 매매손실은 -2,000만 원입니다. 미국 및 중국시장으로 서로 거래하는 상장시장이 다른데도 매매차손익은 상계되나요?

A2. 그렇습니다. 해외주식은 거래국가 및 거래시장과 상관없이 매매차손익이 상계됩니다.

> **조금 더 알아봅시다.**
> 해외주식 양도소득세신고는 거래하는 각 증권사에서 일괄 '양도소득세 보조자료'를 발급합니다.
>
> 만약 거래하는 증권회사가 단일 증권사라면 거래 증권사에서 발급하는 양도소득세 보조자료만으로 신고를 할 수 있으나, 복수의 증권사를 이용한다면 반드시 각각 보조자료를 발급받아야 합니다.
> 국세청에서 사전에 거래내역에 대한 점검이 가능하므로 만일 누락되는 경우 가산세 등 불이익이 있으므로 꼼꼼하게 준비하시기 바랍니다.

Q3. 해외주식 양도소득세 계산 시 기본공제 250만 원은 국내주식분 기본공제와 별도로 적용되나요?

A3. 국내주식 및 해외주식의 연간 손익은 통산하여 계산하므로 250만 원 기본공제도 연간 1회만 적용됨에 각별히 유의하시기 바랍니다. 매년 5월은 국내주식 및 해외주식에 대한 양도소득세 확정신고가 진행되는데, 특히 증권사 고객들의 경우 비상장주식 등 거래가 있으신 분들이 많습니다. 비상장주식에 대한 합산신고 누락이 실무상 빈번하기 때문에 반기별 거래한 모든 종목을 꼼꼼하게 점검 한 후에 최종 합산신고를 하셔야 합니다. 현행 세법상 양도소득세 과세대상 자산의 기본공제 적용 여부는 아래 표를 확인하시기 바랍니다.

세목	종합소득세		양도소득세	
	금융소득	부동산 양도소득	국내 비상장주식 (상장 대주주 포함) 양도소득	해외주식 양도소득
공제 적용 여부	신용카드 등 각종 공제	250만 원 적용	250만 원 적용	
세율 (지방세포함)	6.6~49.5%	6.6~49.5%	11~33% (상계 후 국내 주식에서 소득 발생)	22% (상계 후 해외 주식에서 소득 발생)
과세체계	합산과세		항목별 분류과세	

조금 더 알아봅시다.
양도소득 기본공제 순서는 양도소득세가 발생되는 순서 순입니다.

국내주식은 반기별로 해외주식보다 먼저 신고함으로, 국내주식 양도소득세 발생 시 선적용이 됩니다. 만약, 국내주식 양도소득세 계산 시 세율이 다른 게 있다면 고율에 세금에 선 적용시키시면 됩니다.

Q4. 매매차익 및 손실이 정산받는 기간은 어떻게 되나요?

A3. 예외 없이 매년 1월 1일부터 12월 31일까지 결제분 매매차손익에 한합니다. 즉, 연중에 매매차익이 발생하여 양도소득세가 발생될 고객에는 연말에 평가손 확정된 주식을 매매결제하여 매매차손으로 확정 지어야 상계가 됩니다. 매매차손이 이월되지는 않습니다.

Q5. 테슬라에 투자하여 평가손익이 크게 발생했습니다. 신문기사에서 해외주식을 배우자 등에 증여하고 난 후 매매하게 될 경우 세금이 크게 절감된다고 하는데 맞는 말인가요?

A5. 주식 증여 후 매도 전략은 해외주식의 가격 상승분에 따른 양도차익을 증여재산공제를 통해 상쇄하는 것이 주요 골자이며, 증여재산공제가 미성년자녀 2천만 원, 성년자녀 5천만 원, 배우자 6억 원까지 가능한 점을 이용하는 세무전략입니다.

즉, 평가이익이 난 해외주식을 증여재산공제를 적용 후 자녀 등에게 증여하게 되면 증여세는 없거나 미미하지만 수증 받는 자녀 입장에서는 취득가액이 증여자의 당초 취득가액이 아닌 증여 당시 평가액이 되기 때문에 결국 증여자의 당초 매매차익보다 증여 후 수증자의 매매차익이 적게 산출되는 구조입니다.

Q6. 최근 금융투자소득세와 관련한 소득세법 개정된 내용 중에 이월과세 규정이 주식에도 적용된다는 기사를 본 것 같습니다. 만일 금년 증여 후 내년 이후 매도할 예정이라면 세무상 어떤 이슈가 있을 수 있나요?

A6. 네, 23년 이후 발생하는 소득부터 '배우자'에게 증여 받은 주식 등을 1년 이내 양도하는 경우 취득가액을 당초 증여자의 취득가액으로 의제하여 양도소득을 재계산(이월과세)하도록 세법이 개정되었습니다.

위 주식 등에는 해외주식도 포함되는 바 증여받은 이후 최소 1년의 보유기간은 준수하셔야 합니다. 해당 규정은 배우자간 증여에만 적용되는 사항이며, 직계존비속 간에 관계에서는 적용되지 않습니다.

Q7. 매도가격 및 취득가격을 원화로 환산하기 위한 재정(기준)환율은 어디서 확인하나요?

A7. 매도 및 취득시점의 환율로 환산한 양도차익이 세법상 양도차익이 되므로, 각 거래국가의 외화는 원화로 환산해야 하며, 서울외국환중개 사이트(www.smbs.biz) 또는 외국환거래를 취급하는 지정은행에서 확인이 가능합니다.

다만, 각 증권사에서 발행하는 양도소득세 보조자료에는 자동으로 거래일의 환율로 원화 환산된 양도소득금액(원화)이 발급되므로 찾아볼 일은 거의 없습니다.

Q8. 양도소득세 신고 시, 인정되는 필요경비는 무엇이 있나요?

A8. 대표적으로 매수·매도과정에서 발생하는 인지세, 매매수수료, 세무사 신고 수수료가 있습니다. (그 외 특이비용 발생 시 세무전문가와 상의하시기 바랍니다)

> **조금 더 알아봅시다. 관련 조세예규를 참고하세요.**
>
> 거주자의 양도차익을 계산함에 있어서 자산을 양도하기 위하여 직접 지출하는 비용 즉, 자산을 양도하기 위한 계약서 작성비용·공증비용·인지대·소개비 등을 포함하는 것으로 이에 해당하는지 여부는 국세청 개별사실판단 사항임(양도서면법규과-610. 2014.06.18, 서면인터넷방문상담4팀-85, 2006.02.14).

Q9. 고객이 확인할 수 있는 HTS상 매매차익과 증권회사에서 발급하는 양도소득세 보조자료가 다른데 왜 그렇지요?

A9. 국세청에 보고되는 양도소득 보조자료는 선입선출법을 기준으로 작성되었기 때문에 차이가 발생합니다. HTS상 고객이 얻는 수익은 평균법(이동)이지만, 세법에서는 선입선출법을 적용하여 매매차손익을 산정하게 되어 있는 바, 당해 연도에 전량 매수 및 매도할 경우 매매차손익이 평균법과 선입선출법이 동일하게 산출되지만, 잔여물량이 있는 상태에서 해를 넘겨 분할매도하게 되면 고객의 실제 매매차익과 선입선출법으로 계산되는 매매차익이 차이가 발생될 수 있습니다.

> **Notice**
> 세법상 주식 매매차손익 산정방식은 원칙적 선입선출법임을 다시 한번 상기하기 바랍니다.

Q10. 해외주식 매매차손 혹은 양도차익이 250만 원 미만으로 발생하여 납부할 세액이 없습니다. 그래도 양도소득세 신고는 해야 할까요?

A10. 네. 원칙적으로 매매차손이 발생했다 하더라도 신고하는 것을 권유드립니다. 세금 자체가 발생하지 않기 때문에 가산세도 없으므로, 무신고 해도 무방하다고 생각할 수 있으나, 동일연도에 발생하는 국내주식 등에서 발생할 수 있는 양도차익과 상계를 도모할 수 있으며, 추후 국세청의 사실관계 소명요청서를 받을 수도 있습니다. 나아가 추후 금융투자소득세 시행 시 결손금은 최대 5년간 이월공제가 가능하므로, 이 부분을 고려하더라도 적극적인 신고는 필수입니다.

Q11. 고객의 외화보유에 따른 환차익도 과세대상 아닌가요?

A11. 개인의 외화 환차익은 과세대상이 아닙니다. 양도소득세 계산 시 매도가액 및 취득가액은 지출한 날 현재 재정(기준)환율에 의해 원화로 환산한 가격을 적용해야 합니다. 매도일 취득일 등은 해외주식 결제대금이 계좌로 입·출금 되는 날을 의미합니다. 다만, 법인은 환차손익도 과세대상입니다.

Q12. 해외주식에서 작년에 큰 수익이 발생했는데, 금융소득종합과세에 합산해서 신고해야 되죠?

A12. 해외주식 양도차익은 금융소득(종합소득)과 합산되지 않고 별도로 계산하게 되며, 이를 세법상 분류(별도)과세된다고 표현합니다. 따라서 고소득자의 경우 종합소득에 대한 유효세율 높으므로 해외주식처럼 직접투자를 하는 것이 특히 유리합니다.

최고세율인 49.5%를 적용받는 고객의 경우 27.5% 절세효과가 있습니다(종합소득세율 49.5% - 양도소득세율 22%)

> **Notice.**
> 양도소득세는 합산과세가 안 되고 건강보험료가 없다는 것을 다시 상기하시길 바랍니다.
>
> 양도소득세 과세대상상품은 종합과세에 합산되지 않고 22% 단일세율로 과세됨으로 종합소득세나 건강보험료 추가납부가 없는 절세상품입니다. 세금이 부담되는 고객은 해외주식 직접투자를 고려해 볼 수 있습니다.

Q13. 해외주식 양도소득세를 내야 되는데, 금융소득처럼 건강보험료 및 국민연금 보험료가 올라가나요?

A13. 해외주식 양도소득은 건강보험 및 연금보험료에 영향을 미치지 않습니다. 건강보험료는 금융소득, 사업소득, 근로소득, 연금소득, 기타소득에만 부과되며, 양도소득은 건강보험료 부과 산정기준에 포함되지 않습니다.

Q14. 법인계좌로 해외주식을 매매하여 매매차익이 발생했습니다. 법인도 익년 5월에 개인투자자처럼 양도소득세 신고를 하나요?

A14. 법인은 250만 원 공제 없이 매매차익이 모두 법인세로 과세가 됨으로 별도로 해외주식 양도소득세 신고를 하실 필요가 없습니다.

> **조금 더 알아봅시다. 자세한 내용은 법인편을 참고하세요.**
>
> 법인은 법인 본래의 손익과 해외주식 등 금융상품 매매손익을 통산하여 과세표준이 0~2억 원까지는 10%, 2억 원~200억 원까지는 20%, 200억 원~3,000억 원까지는 22%, 3,000억 원 초과분에 대하여 25%로 과세합니다. 법인세는 법인의 회계연도 종료일로부터 3개월 이내에 법인세를 신고·납부해야 하는데 대부분의 법인이 12월 말 결산 법인이므로, 매년 3월에 법인세를 신고·납부해야 한다고 인지하면 됩니다.

Q15. 미성년 자녀 명의로 해외주식 투자를 하여 100만 원 초과 매매차익을 얻으면 연말정산 시 인적공제를 하지 못하나요?

A15. 본문에서도 언급했듯이, 연말정산 시 각종 공제 및 세액공제 대상이 되는 피부양자의 소득요건은 연간 소득금액이 100만 원 이하여야 합니다. 연간 소득금액 범위에는 종합소득 및 양도소득이 포함이 포함되며, 여기서 양도소득이라 함은 경비 차감한 순매매차익을 의미합니다. 즉, 양도소득세 부담 여부로 연말정산 피부양자를 판단하는 게 아니라 세금을 배제한 세전 매매차익이 100만 원 초과냐 이하냐에 따라 피부양자가 달라지므로 주의가 필요합니다.

【판단기준】

양도가액	
(-) 취득가액	
(-) 필요경비 등	
양도차익 = 양도소득금액	→ 피부양자 공제제도 판단
(-) 양도소득기본공제	
과세표준	
세율	
납부세액	

- 100만 원 초과: 소득공제 불가
- 100만 원 이하: 소득공제 가능

Q16. 해외주식을 보유 중에 주식이 병합출고되었다고 하여 배당소득세가 부과되었습니다. 위 거래가 양도소득세 대상인가요?

A16. 배당소득으로 과세가 되었다면 별도로 양도소득세 신고를 할 필요가 없습니다. 주식의 매도가 실질매도 또는 자본거래인 주식의 소각인지는 국세청의 사실판단사항이지만, 주식의 잔고가 없어지고 매매차익에 대하여 배당소득이 전부 과세되었다면 국내배당소득으로 원천징수되어 과세된 것입니다.

Q17. 중국시장 거래주식(후강통 외) 보유 중에 현금배당금을 받았습니다. 중국에서 원천징수되는 세율이 알고 싶고, 금융소득종합과세에 합산대상 배당인가요?

A17. 중국 배당금은 국외에서 지급된 배당이라 국외 배당금에 속하긴 하지만 세법상 국내 배당소득으로 간주되며, 해당 중국주식

의 현금 배당은 14.4%[9](지방소득세 포함)가 원천징수된 후에 고객계좌에 입금됩니다. 또한 국내 다른 이자·배당소득과 합산하여 2천만 원 초과 시 종합합산과세 됩니다.

> **조금 더 알아봅시다. 국내 증권사를 경유하여 지급받은 배당금은 국외배당이며, 국내 배당의 원천징수세율과 비교하여 정산합니다.**
>
> 외국에서 발생한 현지 세율이 국내 세율보다 낮은 경우에는 그 차액만큼을 국내에서 추가로 원화 원천징수 후에 지급합니다. 예를 들면, 현지에서 10%(중국주식)의 세율로 소득세를 원천징수한 경우 국내세율 14% 중 부족한 4%와 이에 10%에 해당하는 0.4%를 지방소득세로서 국내에서 추가징수하며, 현지에서 15%(미국 주식)의 소득세를 원천징수했다면 국내세율 14%를 초과하여 국내에서는 추가징수 하지 않습니다.

Q18. 후강퉁 주식 보유 중에 현금배당이 아닌 주식배당을 받았는데, 원천징수세율이 몇 %인가요? 이것도 국내 금융소득종합과세 합산되나요?

A18. 외국법인의 주식배당도 국내 세법을 준용하기 때문에, 액면가를 기준으로 15.4% 원천징수되고, 국내 배당소득으로 처리됩니다. 또한, 국내 다른 이자·배당소득소득과 합산하여 2천만 원 초과 시 금융소득종합과세 대상이 됩니다.

---

9) 후강퉁 주식(중국주식)의 배당은 현지에서 10%를 원천징수하고, 국내에서 4%를 소득세로 추가 징수하며, 국내 징수한 4%의 10%에 해당하는 0.4%를 지방소득세로 징수

Q19. 해외주식 보유 시 발생하는 배당소득에 대하여는 해외에서 과세되었는데 이후 국내에서 다시 금융소득종합과세로 과세하면 이중과세 아닌가요?

A19. 해외주식 배당소득과 국내 금융소득을 합산하여 2천만 원이 넘는다면(금융소득종합과세대상이라면) 소득세 신고 시, 외국납부세액공제 항목으로 세액공제를 해 주기 때문에 이중과세는 아닙니다.

고객이 '외국납부세액 영수증'을 발급받아 세무대리인에게 제출하면 종합소득 산출세액*(국외소득금액/전체소득금액)을 한도로 세액공제를 받을 수 있습니다. 간혹, 국외 배당이 발생했으나 해당 서류를 누락하여 외국납부세액공제를 받지 못하는 고객들이 많으니, 거래하는 증권사에 반드시 요청하여 세금을 절세하시기 바랍니다.

Q20. 현재 미국 주식에서 평가손실이 상당하여, 자녀에게 증여하려고 합니다. 증여 시, 자녀의 취득가액은 고객이 최초 취득한 가액인지요? 이것도 증여세 신고를 해야 하나요?

A20. 해외주식의 증여 평가는 국내 상장주식 증여와 동일하게 증여일(대체출고일) 기준 전 후 2달(총 4달)의 원화환산 종가평균액이 증여재산가액이며, 증여일이 속한 달의 말일로부터 3개월 이내에 자진 신고 및 납부하셔야 합니다.

세법상 평가가액 산정 기준 때문에, 실무적으로도 해외주식을 대체 출고 후 최소 2달이 지나야 증여재산가액이 확정이 됩니다. 한편, 국내주식과 마찬가지로 국세청에 자료가 통보되며, 국세청에서는 대체 원인에 대한 사실 확인을 요구합니다.

> [관련 근거] 상속세 및 증여세법 제82조[지급명세서 등의 제출(2007.12.31. 제목개정)]
> 국내에서 주식, 출자지분, 공채, 사채(社債), 채권 및 특정시설물을 이용할 수 있는 권리 등의 명의개서 또는 변경을 취급하는 자는 대통령령으로 정하는 바에 따라 명의개서 또는 변경 내용을 관할세무서장에게 제출하여야 한다.

Q21. 해외주식 투자를 하는 고객인데, 국세청으로부터 '해외현지기업 등 자료제출 요구' 서면안내문을 통지받았습니다. 이것도 세무조사인가요?

A21. 금융기관을 통해 해외증시에 상장되어 있는 주식투자를 한 것이 아니고, 해외 현지에 법인을 직접 설립(직접 지분투자)한 경우 관련한 투자내역을 국세청이 확보하여 고객에게 구체적인 사실내역을 회신 요구한 자료입니다. 고객은 투자한 회사의 법인명, 투자금액, 투자일자 등을 안내문에 첨부된 '해외현지법인 명세서'에 기재하여 세무서에 전달하시면 됩니다.
(해외현지기업 직접투자 사실을 국세청 미보고 시 5천만 원 이하의 과태료 부과)

해외직접투자를 한 경우에는 주식 취득, 보유, 처분 단계에서

관계법령[10]에 따라 해외 현지 법인명세서 등을 다음해 6월까지 주소지 관할세무서장에 제출해야 합니다.

서식명	제출요건
① 해외현지법인 명세서	외국환거래법상 해외직접투자를 한 경우
② 해외현지법인 재무상황 표	아래 요건에 해당하는 해외직접투자를 한 경우 a. 지분율 10% 이상&투자금액 1억 원 이상 b. 직간접 지분율 10% 이상&피투자법인과 특수관계에 있는 경우
③ 손실거래명세서	위 ②-b에 해당하면서 단일 사업연도 거래 건별 10억 원 이상 손실금액이 발생하거나, 최초 손실발생 후 5년간 누적 손실금액이 20억 원 이상인 경우
④ 해외영업소 설치현황 표	해외에 영업소를 설치, 확장, 운영하는 경우

Q22. 미국(중국, 일본 등) 시민권자가 한국에서 비거주자 신분으로 자국 투자를 위한 계좌개설이 가능한가요?

A22. 통상 증권사에서 취급하는 해외주식(홍콩, 후강퉁, 선강퉁, 미국, 대만, 베트남)의 경우 기본적으로 비거주 외국인은 위탁계좌 개설이 불가능하며, 특히 미국주식의 경우 및 대만, 베트남 주식 등은 해당 국가의 국적자는 한국에서 매수가 불가합니다(거주자, 시민권/영주권자 포함) 계좌개설 전 반드시 거래하는 증권회사에 문의하시기 바랍니다.

---
10) 외국환거래법 제3조 제1항 제18호

Q23. 고객이 캐나다 국적자로서 한국에 18년 1월에 처음으로 한국에 입국하여 외국인 거소 등록을 마쳤고, 지금까지 약 3년 동안 한국에서 사업을 하면서 가족과 함께 실거주하고 있습니다. 작년에 해외주식을 투자하여 매매차익이 발생했는데 한국 국세청에 양도소득세 신고를 해야 하나요?

A23. 해외주식에 대한 신고납부의무는 양도일까지 계속하여 5년 이상 국내에 주소 또는 거소를 둔 거주자에 한합니다. 따라서 고객의 경우는 사실상 주된 경제활동을 한국에서 영위하고 있고, 주로 거주하고 있으나 5년 이상 거소를 두지 않았기 때문에 양도소득세 신고 대상은 아닌 것으로 판단됩니다. 다만, 지속적으로 해외주식을 하여 5년 이상 거주자 신분이 유지될 경우 양도소득세 신고대상이 될 수 있다는 점과 한국 세법 외 캐나다 세법에 따른 신고의무를 해야 한다는 점을 유념하시기 바랍니다.

제4절 해외주식 관련 자산관리전략

1. 해외주식 증여를 통한 양도소득세 절세방안

평가이익이 큰 해외주식 종목은 증여를 통해 절세를 도모할 수 있습니다. 우선 양도소득세가 얼마나 발생할지 본인 기준으로 매매하는 경우와 증여 후 매매하는 경우의 세금문제를 비교 검토해 본 후 유리한 경우 실행을 해볼 수 있습니다. 다만, 특수관계인을 통한 증여 후 양도 전략은 부당행위 계산 부인으로 간주되어 세금추징이 가능하기 때문에 반드시 세무전문가를 통한 세금구조를 검토받으시고 진행하셔야 하겠습니다.

예를 들면, 미성년 자녀에게 증여 후 매각하는 경우 증여재산공제가 10년간 2천만 원이기 때문에 증여실행일 당시 해외주식의 평가액이 2천만 원 한도 내에서 비과세로 증여실행이 가능하며, 당초 부모의 평가액이 1천만 원이라는 가정하에 부모 중 1인이 매매했을 때 양도소득세 약 220만 원이기 때문에 자녀가 증여를 받고 매매할 경우 220만 원 가량 절세할 수 있습니다(증여 후 매도하는 경우 취득가액이 증여받은 시점의 시가로 계상되기 때문에 자녀의 양도소득세는 미미할 것임).

만일 배우자에게 증여 후 매각하는 케이스라면 증여재산공제가 10년간 6억 원이므로 더 큰 절세를 도모할 수 있습니다. 마지막으로 증여받은 자의 해외주식 매각대금은 반드시 증여받은 자의 재산으로 남아 있어야 하며, 증여자에게 반환되지 않도록 사후관리가 필요합니다.

매도 시 양도소득세 시뮬레이션 비교 → 증여실행 (증여세 신고 및 해외주식 대체출고 후 매매) → 수증인 주식 매도 후 사후관리

조금 더 알아봅시다.
증여 실행 전 거래하는 해당 증권사에서 대체출고가능여부를 확인하시기 바랍니다.

해외주식의 증여는 실무상 타인명의 대체출고 형태로 실행되며, 자사 간 또는 타사 간 타인명의 대체출고가 가능한지 여부는 국가별, 거래종목별로 시시각각 변할 수 있는 바, 대체출고가능여부를 사전에 거래하시는 증권사에 확인하시기 바랍니다.

TAX Tips
23년부터 주식 등에 대하여도 증여 후 1년 미만 양도 시 이월과세 반드시 체크.

부동산 5년(23년 이후 10년)보단 짧지만 '배우자간' 주식 증여 시에도 1년 이월과세 규정이 23년 발생소득분부터 적용됩니다. 주의할 점은 23년 이후 발생분이므로 22년 말 증여 후 23년 초 양도하는 경우 보유기간 1년 미만으로 배우자간 증여재산공제 6억 원 효과가 완전히 상쇄되며, 당초 증여자의 취득가액으로 재계산된다는 점을 반드시 확인해야 합니다.

다만, 위 이월과세 규정은 내년('23) 이후 금융투자소득세가 시행되는 기존 소득세법 하에 신설된 조문으로 현재 금융투자소득세의 시행 자체가 2년 유예되는 것이 금년 세법개정안 내용에 담겨 있어 주식에 대한 이월과세 규정도 유예된다고 보는 것이 합리적입니다.

2. 해외주식 증여를 통한 장기투자

뜻하지 않은 손실로 장기간 평가손실을 계상하고 있는 고객의 경우

증여를 통해 보다 장기적인 투자전략으로 전환을 모색할 필요가 있습니다. 증여재산의 평가는 증여 시점 '현재'의 시세를 반영하여 평가되므로, 오히려 장기적으로 회복할 수 있는 주식은 시세가 낮은 현재가 최적의 증여타이밍일 수 있기 때문입니다.

증여재산가액의 평가는 국내주식과 동일하게 대체출고일 기준 전후 2개월 총 4개월의 종가평균액으로 하며, 원화환산은 4개월 종가를 각각 환산한 금액이 아닌 외화기준으로 평가된 외화를 대체출고일 기준으로 1회 원화환산[11]하여 계산합니다.

※해외주식 증여방법

구분	내용	비고
증여일	대체출고일	무신고 대체출고 시 국세청 소명요구 파생
증여재산가액	대체출고일 기준 전 후 2개월 원화환산 종가평균액	총 4개월
증여세 신고일	대체출고일이 속하는 달의 말일로부터 3개월	

---

11) 외화자산 및 부채는 평가기준일 현재 「외국환거래법」 제5조 제1항에 따른 기준환율 또는 재정환율에 따라 환산한 가액을 기준으로 평가한다(상속세 및 여세법시행령 제58의4, 종전 상속세 및 증여세법기본통칙 15조 2항)

3. 자금원천 확보를 위한 증여

주식(국내 및 해외)에 대한 자금출처조사가 확대되는 추세이므로, 해외주식도 국세청 자금출처조사 대상으로 확대될 가능성이 높습니다. 증여세 신고 없는 자녀 명의 투자는 추후 처분 시, 자녀의 자금원천으로 인정되지 않으며 나아가 차명계좌 및 차명주식으로 취급받을 수 있는 바 기왕 자녀명의로 해외주식 투자를 하는 경우 당초부터 적극적으로 증여신고를 통해 안전한 투자를 할 필요가 있습니다.

| 주식에 대한 자금출처조사 확대 | → | 증여실행 (증여세 신고 및 해외주식 대체출고 후 매매) | → | 자금출처 안심관리 |

4. 국내주식 및 해외주식 매매차손익 통산(상계)전략

양도소득세 과세대상이 되는 국내 및 해외주식에 대하여 1과세연도(1월 1일 ~ 12월 31일, 단일기간) 간에 발생한 실현이익에 대하여 통산이 가능한 점을 다시 한번 강조 드립니다. 주식에 대한 손익통산제도는 비교적 최근인 20년부터 가능하게 되었기 때문에 국내 및 해외 금융상품을 보다 폭 넓게 운용하여 포트폴리오를 확장하는 것이 통산에도 유리해 보입니다.

다음의 사례[12]를 통해 손익통산을 활용한 절세방안을 살펴보면 다음과 같습니다. A고객은 21년 상반기 중 국내 상장주식 대주주 종목에서 1.1억 원의 양도차익을 실현하였고, 하반기 중 평가손실을 계상하고 있는 해외주식 종목을 매도할지 고민했습니다. 담당 세무사와 오랜 기간 의논을 해 보니 가망이 없어 보여 상반기 중에 이미 납부한 세금을 돌려받는 방향으로 의사결정을 했습니다. 해외주식에서 6,700만 원 손실을 확정함에 따라 22년 5월 확정신고를 통해 작년 상반기에 기납부 한 세금 1,075만 원 중 670만 원을 환급받게 되었습니다.

(천 원)

구분	예정신고 국내주식 (중소기업 대주주 외)	확정신고 국내주식 (중소기업 대주주 외)	확정신고 국외주식	계
양도소득금액	110,000	110,000	△67,000	43,000
기본공제	2,500	-	-	2,500
과세표준	107,500	-	-	40,500
세율	10%	-	-	10%
산출세액	10,750	-	-	4,050
기신고세액	-	-	-	10,750
납부할 세액	10,750	-	-	△6,700

국내 및 해외주식 매매손익 통산(상계) 가능(20년부터) → 국내주식 및 해외주식까지 포트폴리오 다변화 → 상계를 통한 의도적인 절세전략 실행

---

12) 국세청, 2022년 해외주식과 세금 개인투자자용

5. 종합소득세 및 건강보험료 회피전략

국내주식편에서 살펴본 것과 마찬가지로 해외주식의 매매차익 역시 종합소득과 별개의 양도소득으로 분류 과세되는 점을 기억할 필요가 있습니다. 즉, 고소득자는 필연적으로 세부담이 높기 때문에 고객의 종합소득(근로, 사업 등)과 분류되어 별도로 과세되는 소득유형으로 변환하여 투자할 필요가 있습니다. 또한 건강보험료도 직장가입자에 대하여는 보수 외 소득(근로소득 외)이 금년 9월부터 연간 2천만 원이 넘어서게 될 경우 추가로 보험료가 부과되므로 건강보험료 부과기준에 포함되지 않는 해외주식 양도차익 섹터를 적극적으로 활용할 필요가 있습니다(금융소득종합과세 및 건강보험료에 관한 내용은 해당 챕터를 참고하시기 바랍니다).

■ 상장주식VS해외주식 주요 세금 차이

구분	상장주식 대주주	해외주식	비고
양도소득 세율	0~3억 22% 3억 초과 27.5% 1년 내 매수매도 33%	22%	3억 초과분 매매차익 5.5% 단기매매 11% 유리
증권거래세	0.3%	없음	단, 해외주식은 인지세 부과
양도소득 신고횟수	연 2회	연 1회	

따라서 아래에 해당되는 분들에게는 해외주식 직접투자를 제언합니다.

---
13) 중소기업 외 대주주 한정

Case 1. 고소득 전문직 및 대기업 임원 등 종합소득세 고세율 구간에 해당하는 분

소득세 및 건강보험료 절감을 위해 해외주식에 직접투자

Case 2. 국내 상장주식 및 국내 비상장주식 Heavy Trader

상장주식 대주주의 경우 매매차익이 단기매매인 경우 최대 33%의 세율이 적용되기 때문에 해외주식 직접투자 시 11%의 세율 절감이 가능하며, 증권거래세 또한 부과되지 않고 나아가 국내주식 매매차익과 상계가 되기 때문에 유리합니다.

TAX Tips

세법개정 및 국민건강보험법 개정 등 개인의 과세표준이 10억을 초과하면 종합소득세 최고세율이 지방세 포함 49.5%가 부과되는 시대가 도래하였습니다. 소득세율뿐만 아니라 건강보험료 등 준조세의 폭발적 증가를 감안하면 소득의 50% 이상이 세금으로 지출되는 것입니다. 소득세 및 건강보험료를 줄이는 것이 최종적인 세후수익률을 높이는 결과를 초래하므로 충분한 학습이 필요합니다.

제3장
금융상품 (주식 외)

PB와의 대화

PB: 세무사님, ETF[14]관련 세금 문의 좀 드릴게요.

세무사: 네, 말씀하세요.

PB: 제 고객이 자금이 좀 많으신데, 이번에 Tiger 차이나 A레버리지 펀드상품에 가입을 하려고 합니다. 제가 알기로는 해외 ETF라 양도소득세 과세대상으로 알고 있는데 맞나요?

세무사: 예, 말씀하신 ETF가 외국에 투자하는 상품이긴 한데 국내에서 설립 운용되는 ETF라서 양도소득세 과세대상 ETF에는 해당이 안 됩니다.

PB: 그런가요? 해외 ETF는 무조건 양도소득세 대상인줄 알았는데요, 제 고객이 전문직이신데 연세가 좀 많으시고 소득도 높으셔서 그럼 이 상품 추천 드리면 안 되겠네요.

세무사: 예, 그렇죠. 직관적으로 말씀드리면… 한글로 찾아볼 수 있는 건 전부 배당소득 과세대상이고, 2천만 원 넘어가면 금융소득종합과세 대상으로 보시면 됩니다. 해외시장에 상장된

---

14) ETF(Exchage Traded Fund, 상장지수펀드)는 특정지수 또는 특정자산의 가격 움직임이나 수익률에 연동되도록 설계된 펀드를 말함(김용민 외, 2018 금융상품과 세금, 조세금융신문, 2018.03.05.).

상품이어야 하니까 당연히 ETF명이 영어로 쓰여 있어야겠지요? 하하하.

> **TAX Tips 매매차익이 양도소득세로 과세되는 ETF는 상품명이 영어로 되어 있습니다.**
>
> 전통적인 국내 및 해외 펀드상품은 분배금 및 환매이익이 배당소득으로 과세된다는 것을 어렵지 않게 알 수 있지만, 해외상장 된 ETF는 해외주식과 마찬가지로 양도소득으로 과세되기 때문에 그 구분에 특히 유의해야 합니다. 위 대화내용처럼 고소득자의 경우 필연적으로 높은 종합소득세율을 적용받기 때문에 금융소득종합과세 대상 상품은 적합하지 않습니다.

제1절 금융상품(주식 외) 핵심내용

1. 증권업 주요 상품분류별 세금요약

분류	예시	개인 직접 투자 시 세무특징			비고
지분증권	주식	구분	배당금*1)	매매차익*2)	·20년 이후 매각 분 국내주식·해외주식 손익통산 可 (기본공제250만 원1회)
		상장주식 장내양도	과세O (배당소득)	비과세 (소액주주 恨)	
		비상장 (장외) 주식		과세O (양도소득)	
		해외주식		과세O (양도소득)	

*1) 주식 관련 '배당금'은 23년 이후에도 여전히 '배당소득'(금융소득종합과세대상)
*2) 23년 이후 금융투자소득세 과세(상장주식 장내양도 5천만 원, 비상장·해외주식 250만 원 연간 기본공제)

분류	예시	개인 직접 투자 시 세무특징			비고
채무증권	국채, 회사채 등	구분	이자(coupon)*3)	매매차익*4)	·해외채권 환헤지용 선물환계약 체결 시 환차손익과세 ·브라질채권 비과세 근거: 한·브 조세조약
		국내채권	과세O (이자소득)	비과세	
		해외채권	과세O (이자소득)	비과세	

*3) 채권관련 '이자'는 23년 이후에도 여전히 '이자소득'(금융소득종합과세대상)
*4) 23년 이후 금융투자소득세 과세(국내, 해외 채권 모두 연간 250만 원 기본공제 대상)

분류	예시	개인 직접 투자 시 세무특징			비고
수익 증권	집합투자 기구	구분	분배금[5]	매매차익[6]	단, 국내 주식형 펀드에서 발생하는 매매 및 평가 손익 등 과세제외 · 펀드 세제 혜택순서: (국내)주식형 〉혼합형 〉채권형
		국내펀드	과세O (배당소득)	과세O[1] (배당소득))	
		해외펀드			
		국내상장 ETF (해외증시추종)			
		국내상장 ETF (국내증시추종)		비과세	
		해외상장ETF		과세O (양도소득)	
		*5) 23년 이후 분배금은 펀드 기초자산의 성격(투자성 유무)에 따라 배당소득 or 금융투자소득 *6) 23년 이후 펀드 환매손익 금융투자소득세 과세(공모 국내주식형 5천만 원, 이외 250만 원 기본공제)			
파생 결합 증권	ELS, ETN, ELW 등	구분	ELS	ELW	DLS	ETF=ETN 과세구조 동일
		소득	배당	양도	이자or배당	
		과세	All	KOSPI200ELW 양도차익과세	All	
		*23년 이후 ELS, ETN 등 파생결합증권의 이익은 모두 금융투자소득세 과세(250만 원 기본공제)				
장내파생상품		* KOSPI 200선물·옵션, KOSPI 200 ELW 등 주가지수상품의 매매차익 양도소득세 과세 * 단, 개별선물옵션 등: 비과세 * 23년 이후 all 금융투자소득세 과세대상(250만 원 기본공제)				·19.4.1. 이후 매각분부터 국내·외 all 주가지수 파생상품과세 (손익통산) · 파생상품 양도소득 별도250만 원 기본공제

분류	예시	개인 직접 투자 시 세무특징	비고
기타	CFD	* 차액결제거래(CFD) 양도소득세 과세(11%)	21.4.1. 이후 발생 소득
	가상자산	* 비트코인 등 가상자산소득 전면과세(기타소득세)	23.1.1. 이후 발생 소득 (1년 시행유예)
	대차거래	* 주식대차거래로 인한 대여자 소득: 기타소득 (22%원천징수) * 유가증권 발생권리(이자 및 배당금 등)은 대여자에 귀속	주식대여소득 300만 원 초과 시 종합과세
	KRX 금	* 매수 시 부가가치세 없음(골드바는 VAT 부과) * 매매차익 발생 시 비과세	

※ 금융투자소득세 250만 원 공제대상 금융상품은 개별상품별 250만 원이 아닌 국내 상장주식, K-OTC, 국내 주식형펀드 외의 모든 상품군의 소득을 연간 합산하여 1회의 기본공제만 적용함에 유의.

2. 은행업 주요 상품분류별 세금요약

구분	내용	세법상 소득구분	비고
골드뱅킹	금 활용 수시입출금 예금	매매차익 배당소득 과세	'18.1.1. 이후 과세전환 23년 이후 배당소득 (금투세 X)
골드바	금현물 투자	매수 시 VAT 10%	-
주가연계예금 (ELD)	주가지수 연동 은행판매예금	이자소득	23년 이후 이자소득 (금투세 X)
엔화스왑 예금	엔화정기예금 +선물환계약	이자소득	선물환차익 이자소득과세 23년 이후에도 이자소득(금투세 X)

구분	내용	세법상 소득구분	비고
외화예금	-	이자소득	환차익 비과세
노란우산공제	사업자만 소득공제	만기 시 퇴직소득 해지 시 기타소득 (16.5%)	(Max) 연간 500만 소득공제

- 국내·외 은행 예금이자는 23년 이후 여전히 이자소득 과세(금투세 과세 X)
- 주가연계예금, 엔화스왑예금의 파생결합 예금이익은 23년 이후 이자소득과세(금투세 X)

3. 보험업(방카슈랑스) 주요 상품분류별 세금요약

구분	비과세 요건	비고
일반(일시납) 저축성보험	1인당 1억 원 한도 & 보험유지기간 10년 이상	비과세요건 미충족 시 이자소득 (15.4%)
(월 적립식) 저축성보험	1인당 월 150만 원 한도 & 5년 이상 납입 적립식계약 & 보험유지기간 10년 이상	
보장성보험	피보험자 사망, 자산의 멸실 등으로 받는 보험금	

※ 비과세 혜택은 일시납 일반 저축성보험 상품과 월 적립식 저축성보험 상품 각각 적용되므로, 일시납 1억 원어치 비과세가 이미 적용되었더라도 월 적립식 상품에 추가가입 시 월 150만 원까지 비과세 가능.

※ 기존 비과세 보험차익 및 과세 보험차익 모두 23년 이후에도 여전히 '이자소득.'

4. 절세상품리스트

절세혜택은 대부분 거주자인 개인만 해당되며, 비거주자 및 법인은 적용이 되지 않습니다.

구분	대상상품	세제혜택	비고
비과세	상장주식	매매차익 비과세	개인 & 소액주주
	상장채권	매매차익 비과세 (보유기간 이자 과세)	개인
	해외채권	매매차익(환차익)비과세	개인
	브라질채권	이자소득 비과세 매매차익 비과세	-개인 all 비과세 -법인 이자소득 　비과세
	저축성보험	일시 1억, 5년 납 월 150만 원	개인
	국내상장 주식형 ETF(ETN)	매매차익 비과세	개인
비과세 분리 과세	중개형 ISA	·일반형: 200만 원 비과세 ·이외: 400만 원 비과세 ·비과세한도 초과분 9.9% 분리 　과세 ·21년부터 국내주식 등 운용가능 ·ISA 내 국내 상장주식 등 손실을 　ISA 내 다른 손익과 통산 가능	개인
분리 과세	장기채권 (만기 10년· 이상)	33% 분리과세 발행~상환 10년 이상 장기채권 *2013.1.1. 이후 발행분 3년 이 상 보유 시 33% 분리과세	과세표준 8,800 만 원 이상 고객 (38.5%) 추천
	연금저축 수령	연 1,200만 원 이하 수령	개인
	공모리츠·부동 산펀드 9% 분 리과세	공모리츠, 부동산펀드 3년 보유 시 인당 5천만 원 이내 9% 분리 과세(22년 개정)	23년 말까지 기한 2년 연장

구분	대상상품	세제혜택	비고
분리과세	뉴딜인프라펀드 등	뉴딜인프라펀드(9.9%) 금년 말까지 가입 시 가입 후 3년간 지급받는 배당소득 및 금융투자소득 분리과세 적용(22년 개정)	금년 말까지 가입분(22년 말)
분류과세 (양도소득세)	국내 비상장주식 해외 주식	국내 비상장 매매차익 10~30% 해외 주식 매매차익 20%	개인

*1) 물가연동국채01125-2306(13-4): 발행일 13-06-10 만기일 23-06-10, 표면금리 1.125%(6개월 이표)가 해당되며, 물가연동국채01750-2806(18-5): 발행일 18-06-10 만기일 28-06-10, 표면금리 1.750%(6개월 이표)의 경우 채권발행일이 '17년 12월 31일 이후이므로 분리과세 30% 적용대상이 아님에 유의.

제2절 금융상품(주식 외) 기본내용

금융기관에서 판매하고 있는 상품은 기관별로 금융투자상품, 수신상품, 보험상품으로 구분됩니다. 수신상품은 전통적인 예금, 적금 등 저축상품으로서 대부분 '이자소득'으로 과세되는 상품을 말하며 원본손실 가능성이 없는 대신 수익률이 낮은 것이 특징입니다.

반면에, 금융투자상품은 주식 등 원본손실 가능성이 있기 때문에 원금을 보장하지 않으며, 반대급부로 수신상품보다 상대적으로 높은 수익을 가져다주는 상품으로 볼 수 있습니다.

보험상품은 성격이 다른데, 고객의 생명 등의 위험을 보장받는 대신 일정한 보험료를 내는 상품, 이러한 보험적인 요소를 기본으로 하면서 투자성격(변액보험 등)을 가미한 상품으로도 확장되고 있습니다.

구분	은행업	보험업	증권업(금융투자업)
금융상품	수신상품	보험상품	금융투자상품
내용	원본 지급 약정 금융상품	위험에 대비한 보상약정 금융상품	원본손실가능성을 부담하는 금융상품
연금상품	공통 취급		

1. 22년 적용 금융상품 관련 개정세법

투자자들이 관심을 갖고 있는 금융투자소득세 시행 2년 유예(22년 7월 세제개편안)는 국회의 법안 통과를 전제조건으로 하고 있으며, 지금 설명드릴 내용은 이미 입법이 완료된 소득세법 일부 개정법안에 관련된 내용입니다.

과도기적인 시기인 만큼 금융투자소득세가 시행되면 금융상품에 투자하면서 어떻게 과세방식이 바뀔지 관심을 가지고 지켜볼 필요가 있으며, 자세한 내용은 본 서적의 금융투자소득세편을 참고하시기 바랍니다.

가상자산(코인 등)에 대한 과세가 당초 금년부터 시행될 예정이었으나 내년부터로 1년 유예되었고, 금년부터 증권계좌 간 이체내역에 대하여 금융투자회사가 증여 등 상세내역을 국세청에 보고하도록 세법이 개정되어 앞으로는 주식 등 대체출고 시 특히 주의를 기울여야 합니다. 또한 벤처기업 스톡옵션에 대한 비과세 확대, 뉴딜 인프라펀드 공모 부동산펀드 및 리츠 과세특례가 금년부터 확대 시행되는 점을 주목할 필요가 있습니다.

구분	개정 前	현행	적용시기
가상자산 과세 시행시기 1년 유예	- 비거주자: 소득 지급자(가상자산사업자 포함)가 소득지급 시 일정금액*을 원천징수 *Min(양도가액*10%,(양도가액-취득가액 등)*20%) (시행시기) '22.1.1. 이후 양도·대여분부터 -의제취득가액: 22.1.1. 전에 이미 보유하고 있던 가상자산 취득가액 계산방법 ① 국세청장이 고시한 가상자산사업자가 취급하는 가상자산: 해당 사업자가 '22.1.1. 0시 현재 공시한 가격의 평균액 ② 그 외의 가상자산: 가상자산사업자 및 그에 준하는 사업자가 공시하는 '22.1.1. 0시 현재 가상 자산 가격	■시행시기 유예 (좌동) (시행시기) '22.1.1. 이후 → '23.1.1. 이후 '22.1.1. 0시 → '23.1.1. 0시 '22.1.1. 0시 → '23.1.1. 0시	'23.1.1. 이후
증권계좌 간 이체내역 제출의무	(신설)	■금융투자업자 자료 제출 의무 -주식 등의 증권계좌 간 이체 시 그 계좌를 관리하는 금융투자업자에게 계좌 간 이체내역 제출의무 부과 ■주식 등의 계좌 이체 자료 제출방식 (제출기한) 이체한 날이 속하는 분기의 말일부터 2개월 이내 (제출내용) 제출자 및 이체자의 인적사항, 이체연월일, 이체대상 주권 등 종목명, 이체수량	'22.1.1. 이후 이체 분

구분	개정 前	현행	적용시기
벤처기업 스톡옵션 비과세 등 혜택확대	■벤처기업 주식매수선택권 비과세·분할납부특례 대상 확대 및 적용기한 연장 (대상) 벤처기업*의 임직원이 부여받은 주식매수선택권 *비상장 또는 코넥스상장 벤처기업 (특례내용) -비과세: 연간 3천만 원 한도 행사이익 비과세 -분할납부: 연간 3천만 원 초과 시 행사이익에 대한 소득세 5년 분할납부 (적용기한) 21.12.31. ■벤처기업 주식매수선택권 행사이익 과세특례 개편 -행사이익 과세방법(①,② 중 선택) ① 행사 시 근로소득으로 과세 ② 행사 시 근로소득으로 과세하지 않고 해당 주식 양도 시, 양도소득으로 과세* *대주주, 상장주식 여부 무관 과세	■적용대상 확대 및 적용기한 연장 (대상) 해당 벤처기업의 자회사*임직원 포함 (대상 확대) *벤처기업이 발행주식 총수의 30% 이상을 인수한 기업 -비과세한도확대: 5천만 원 -연간 5천만 원 초과 시 분할납부 (적용기한) 24.12.31. ■금융투자소득세 명칭변경 및 기본공제 적용 배제 (좌동) ② 행사 시 근로소득으로 과세하지 않고 해당 주식 양도 시 금융투자소득으로 과세* *금융투자소득 기본공제 적용배제	'22.1.1. 이후 행사 분 '23.1.1. 이후 발생소득분

구분	개정 前	현행	적용시기
뉴딜 인프라펀드 분리과세	■뉴딜 인프라펀드로부터 지급받는 배당소득 9% 분리과세 (특례대상) 적용기한까지 지급받는 배당소득 (요건) -투자대상*에 50% 이상 투자하는 공모형 펀드 *① 사회기반시설 관련 자산 중 ② 뉴딜산업과 관련된 것으로 ③ 뉴딜 인프라 심의위원회 심의를 통해 인정받은 자산 -1개당 1개의 전용계좌로 가입 -계약기간 1년 이상 (투자한도) 2억 원 (적용기한) 22.12.31.	■가입 후 3년간 과세특례 적용 적용기한까지 가입 시, 가입 후 3년간 지급받는 배당소득 및 금융투자소득* *23년부터 펀드의 환매, 양도이익 등은 금융투자소득으로 과세 (좌동)	
공모 부동산펀드 과세특례 적용기한 연장	■공모 부동산펀드·리츠 과세특례 적용기한 연장 (요건) 공모 부동산펀드, 리츠 등에 투자하여 3년 이상 보유 (특례) 3년간 지급받은 배당소득에 대해 9% 분리과세 (한도) 투자금액 5천만 원 (사후관리) 투자 후 3년 미만 보유 시 감면세액 추징 (적용기한) 21.12.31.까지 투자분	■적용기한 2년 연장 (좌동) (적용기한) 23.12.31.까지 투자분	-

구분	개정 前	현행	적용시기
금투세 도입따른 ISA개편	■금융투자소득 도입에 따른 개인종합자산관리계좌(ISA) 개편 (가입대상) 19세 이상 모든 거주자 및 15세 이상 근로소득자 *직전 3개연도 중 1회 이상 금융소득종합과세 대상자 제외 (가입기간) 3년 이상 (신설) ▷ISA에 대한 과세특례 (과세대상) 이자·배당소득 합계액* *주식 양도차손이 있는 경우 차감 (비과세) 200만 원 *서민형·농민형 400만 원 (분리과세) 비과세 한도 초과분 9%	(좌동) -ISA 내 주식·펀드 비과세 (비과세대상) ① 주권상장법인 주식 또는 ② 공모 국내주식형 펀드의 양도 ·환매 시 발생 소득 *①+② 합계액〉0: 합계액 비과세 ①+② 소득 합계액〈0: 합계액을 ISA 금융투자소득에 합산 ▷금융투자소득 도입에 따른 개편 (과세대상) 이자·배당·금융투자소득*합계액** *비과세 분 제외, 기본공제 미적용 **ISA 내 발생 모든 손익은 ISA 내에서 통산(외부 금투소득과 미통산) (좌동)	'23.1.1. 이후 해지 분

2. 증권업 금융상품[15]

증권사 시중 영업점에서 취급하는 상품은 크게 아래와 같습니다.

분류		정의	예시
증권	기본증권 - 지분증권	법인 등의 소유지분을 표시	주식 등
	기본증권 - 채무증권	지급청구권 표시	국채, (회)사채, 혼합증권 등
	기본증권 - 수익증권	수익권 표시	집합투자기구 거래 (펀드, ETF 등)
	파생결합증권	기초자산변동과 연계한 계약	ELS, ELW, ETN 등
	투자계약증권	공동사업 금전투자계약	집합투자기구 외 거래
장내파생상품		파생상품 중 정형화된 시장에서 거래	
장외파생상품		CFD, 선도, 스왑 등	

(1) 지분증권[16]

주식을 취득하게 되면 회사의 사정에 따라 배당지급여부를 결정하게 되며, 매년 정기적으로 지급되는 현금배당, 주식배당 등에 대하여 배당소득세가 과세됩니다.

통상 거래하는 증권회사에서 세전 배당금에 15.4%의 세율로 미리 세금을 뗀 잔액을 고객 계좌로 입금(원천징수)하기 때문에 고객이 세금

---

15) 본서는 철저하게 실무위주의 세무서적을 지향하므로 원론적인 내용은 과감하게 삭제하였습니다.
16) 지분증권상품에 대한 세무적인 내용은 국내주식편 및 해외주식편을 참고하시기 바라며, 본 챕터에서는 지분증권의 유형 및 실무적인 거래제반내용을 설명하고 있습니다.

신고를 할 필요가 없습니다.

　기본적으로 배당소득만 있다고 가정할 경우 연간 배당소득금액(세전)이 2천만 원 이하인 경우 원천징수로서 과세가 종결되나, 2천만 원을 초과할 경우 타 소득(근로, 사업 등)과 합산하여 익년 5월에 세금신고를 한 번 더 해야 하며, 이 경우 배당금 중 2천만 원을 초과하는 금액에 대하여 고객의 유효세율과 15.4%의 차액만큼 추가적인 세부담[17]이 있습니다.

1) 주식시장 개요

　주식시장은 크게 장내시장과 장외시장으로 구분해 볼 수 있습니다. 장내시장이란 일정한 시설과 장소하에서 다수의 거래당사자들이 일정한 시간 및 규칙에 따라 계속적으로 유가증권을 매매하는 시장을 말하며, 발행기업에 대한 엄격한 심사를 거쳐 요건을 만족하는 우량기업에 대하여만 상장이 허용됩니다. 장내시장은 유가증권시장(코스피), 코스닥시장, 코넥스시장으로 대표됩니다.

구분	내용
① 유가증권 시장	1956년 개설되었고, 우량기업인 대기업들로 이루어진 주식시장 (가격제한폭 30%, 매매수량단위 1주)
② 코스닥 시장	1996년에 개설되었고, 유망한 중소기업 및 벤처기업에 대한 원활한 자금조달을 위해 설립(가격제한폭 30%, 매매수량단위 1주)
③ 코넥스 시장	2013년 개설된 상장시장으로 중소기업만 상장가능 (가격제한폭 15%, 매매수량단위 1주)

---
17) 자세한 사항은 본서 금융소득종합과세편 참고

구분	내용
④K-OTC 시장[19]	세법상 상장주식으로 분류되지는 않으나, 비상장주식의 매매거래를 위하여 한국금융투자협회가 자본시장법에 따라 개설 및 운영하는 제도화 조직화된 장외시장 비상장 중소, 벤처기업의 직접금융 활성화를 위해 당초 05년 7월, 프리보드를 운영하였으나, 코넥스시장이 개설되면서 그 역할이 모호해졌고, 중소기업 포함 모든 비상장법인의 주식을 투명하고 원활하게 거래할 수 있는 장을 제공하고자 인프라를 완비하여 시장개편 (가격제한폭 30%, 매매수량단위 1주)

2) 상장주식

유가증권시장(KOSPI), 코스닥시장(KOSDAQ), 코넥스시장(KONEX)에 상장된 주식을 장내에서 거래하는 경우 소액주주인 경우 매매차익에 대한 양도소득세가 과세 제외되며, 증권거래세(0.23%, 22년 현재)부담하게 됩니다.

하지만 상장주식이라도 장내거래가 아니라 대체출고를 통한 장외매매를 하게 되면 소액주주 여부와 관계없이 양도소득세 과세대상이 되며, 증권거래세도 0.23%가 아닌 0.43%로 높아짐을 유의하셔야 합니다.

한편, 상장주식에 대한 범위가 소득세법과 상속세 및 증여세법이 다른데 상속세 및 증여세법상 상장주식의 범위는 유가증권시장 및 코스닥시장만 해당되며, 코넥스시장은 비상장주식 평가방법을 준용하여 주식평가[19]를 해야 합니다.

---

18) www.k-otc.or.kr k-otc 시장 소개 의의 및 특.
19) 자세한 사항은 본서 상속증여편 참고

3) 비상장주식 및 K-OTC

상장되지 않은 모든 주식에 해당하며, 아래 K-OTC 종목을 제외한 모든 주식은 양도소득세 과세대상이며, 증권거래세 또한 0.43%의 상장시장보다 높은 세율이 적용됩니다.

한편, 비상장주식 중에서도 K-OTC종목은 특히 별도로 기억해야 하는데 거래하는 종목이 중소 및 중견기업에 해당하고, 거래하는 본인이 소액주주라면 양도소득세가 비과세되기 때문입니다. 증권거래세 또한 상장시장과 동일하게 0.23%가 적용됩니다.

4) 정규 장내거래 시간 외 거래이나 장내거래로 간주되는 거래
① 시간 외 매매

주식의 시간 외 매매는 시간 외 종가 매매 및 시간 외 단일가 매매로 분류되며, 정규시장 매매거래가 형성되지 않은 종목은 제외됩니다.

가. 시간 외 종가 매매: 시간 외 종가 매매는 장 종료 후(15:30~16:00) 또는 장 개시 전에 일정시간동안 당일종가(장 개시 전 시간 외 종가 매매는 전일종가)로 호가를 접수하여 양방향 호가가 있는 경우 접수순에 따라 즉시 거래가 체결됩니다.

나. 시간 외 단일가 매매: 시간 외 단일가 매매는 16시 이후부터 10분 단위로 주문을 제출받아 단일가로 매매 체결되며, 18시까지 총 12회의 단일가가 체결되는 방식을 따릅니다. 또한, 시간 외 단일가 시장 종가는 익일 정규시장 기준가에 영향을 미치지 않습니다.

기본적으로 시간 외 매매는 장 종료 후 거래되지만 장내거래로 간주되기 때문에 증권거래세도 장내거래와 동일하며, 양도소득세도 소액주주의 경우 비과세 대상입니다.

② 주식대량매매

주식대량매매는 장 개시 전 시간 외 대량매매(바스켓매매), 장 중 경쟁 대량매매, 장 종료 후 시간 외 대량매매(바스켓매매)로 구분되며, 시간 외 매매와 동일하게 장내거래로 간주됩니다.

주식대량매매의 한 가지 예시로 장 개시 전/장 종료 후 시간 외 대량매매의 경우 시간 외 시장 매매 거래시간동안 종목 및 수량이 동일한 매도/매수호가를 당사가 고객으로부터 접수받아 일정한 가격[20]으로 매매거래를 성립시키고자 하는 경우, 유가증권 시장종목, 코스닥시장종목 모두 증권사에 신청하면 거래소대량거래네트워크(K-BloX)를 통해 주문처리 합니다.[21]

③ 시간외매매 등 특수한 거래에 대한 세무상 이슈

'시간외종가매매'또는 '시간외 대량매매방법'으로 매매된 것은 세법상 '장내거래'로 인정되기 때문에 대주주에 해당하지 않는 주주가 해당 거래를 한 경우 양도소득세 과세대상에 해당하지 않습니다. 그러나 대주주가 거래한 것은 장내거래라도 양도소득세가 부과되는데 이 경우 일반적인 양도소득세 과세 외에도 특별히 주의하셔야 할 부분이 있습

---

20) 호가가격(거래소/코스닥시장): 당일의 가격제한폭 이내의 가격
21) 보다 자세한 사항은 거래 증권사 문의

니다.

　대주주(개인)가 '특수관계자'에 해당하는 타인에게(법인 배제) 당일 종가로 거래를 한 경우에는 시가와 거래가액의 차액이 3억 원 이상이거나 시가의 5%에 상당하는 금액 이상인 경우 '시가'를 기준으로 과세관청이 양도소득세를 추징할 수 있는데, 문제는 세법에서 말하는 시가란 '거래일 전·후 2개월 종가평균액'으로 규정하고 있습니다.

　따라서 과거 거래 이후에 주가가 급등락하는 경우 항상 세무리스크가 뒤따랐던 것이 사실입니다. 또한 상장회사의 '최대주주'인 경우 시가상당액에 20% 할증한 금액이 양도가액이 되기 때문에 오너 일가의 경우 더욱더 예측가능성이 없었습니다.

　이 부분에 대해서 21년 2월 소득세법시행령이 개정 시행된 이후 거래분부터는 시가의 개념을 거래일 최종시세가액으로 개정되었기 때문에 추후 과세리스크를 상당부분 해소하고 있다는 점에서 합리적인 방향으로 개정되었습니다. 단, 그러함에도 별도 증여세 부과가능 등 시간 외 대주주 거래는 세무적 리스크가 다분한바, 세무사와 전문적인 상담이 필요합니다.

(2) 채무증권 상품
1) 채권 일반
　채권이란 정부, 지방자치단체, 공공기관, 주식회사 등이 불특정 다수의 거래상대방으로부터 자금조달목적으로 발행하는 유가증권이며, 일정기간 후 액면가액을 상환하고 상환기간동안 이자(Coupon)를 지급하는 채무 표시 유가증권으로 정의할 수 있습니다.

채권은 유가증권 발행회사가 부도가 나게 되면 원금을 회수할 수 없는 채무불이행(Default Risk) 위험을 가지고 있고, 시장가격이 채권매입가격보다 낮아질 수 있는 시장 위험도 존재합니다.

하지만 채권의 발행주체가 정부나 지자체, 공기업, 상장회사인 주식회사가 대부분이므로 주식에 비하여 상대적으로 안전성이 높다고 볼 수 있으며, 회사채도 은행 등 금융기간 외 보증하는 보증채권은 안전성이 높다고 볼 수 있습니다. 또한, 시장위험은 채권을 만기까지 보유함에 따라 원금보장이 되기 때문에 회피가 가능합니다.

한편, 채권에 투자하는 경우 이자소득(Normal Gain)과 자본이득(Capital Gain)을 얻을 수 있는데 이자는 채권 발생 시 약속된 이자율만큼 정기적으로(통상 분기별) 지급받게 되며, 세법상 이자소득으로서 보유기간에 따라 세법상 '이자소득'으로서 증권회사 등이 세금을 떼고 지급(원천징수)합니다. 앞서 살펴본 배당금과 마찬가지로 연간 이자 및 배당소득의 합계가 2천만 원을 넘어서게 되면 금융소득 종합과세 되며, 채권을 매도하여 발생하는 시세차익에 대해서는 세법상 개인투자자의 경우 과세대상에서 배제하고 있습니다.

채권은 이자지급형태에 따라 이표채(Coupon Bond), 할인채

(Discount Bond) 등으로 구분할 수 있습니다.

이표채(Coupon Bond)는 채권의 권면에 이자율(표면이율)을 표시하여 액면가로 발행한 후 일정기간마다 이자를 지급하도록 약정된 채권을 말하며, 만기에 액면가액 및 이자를 일시에 상환 받습니다. 예를 들어 액면가 1만 원에 액면이자율 2%, 이자지급주기 3월이라고 하면 투자한 채권액의 2%에 해당하는 이자를 분기별로 연 4회 지급받는 채권을 말합니다.

할인채는 이표채와 달리 만기까지 지급할 이자만큼 액면가액보다 낮은 가격(할인)으로 발행한 채권이며, 만기에 원금으로 상환하는 채권입니다. 따라서 할인 발행한 가격과 원금의 차액이 이자소득으로 과세됩니다. 예를 들어, 개인투자자 A씨가 할인채인 A회사채(할인율 4.5%, 발행일 22년 2월 28일, 만기일 22년 8월 28일)를 22년 8월 1일에 액면 1억 원을 매수하여 만기 상환받는 경우 이자소득은 다음과 같이 계산합니다.

구분	할인율에 대한 이자계산	할인율에 대한 과세표준 계산	세금계산 (지방세포함)
계산	1억 원 * 4.5% = 450만 원	450만 원 * 27일/181일 = 671,270원	671,270원 * 15.4% = 103,375원
산식	액면 * 할인율	과세표준(할인율) = 이자금액 * (d1/d2)	과세표준 * 15.4%

D1: 매수일~만기일까지 보유기간 / D2: 발행일~만기일까지 전체 일수 / 개념전달 목적으로 편의상 단수조정 등 생략

그 외 복리채(Compound interest bond) 및 단리채(Simple interest bond)는 중도에 이자를 지급하지 않고, 만기에 이자와 원금을 일시에 상환하는 채권입니다. 또한, 보증여부에 따라 보증채, 무보증채(현재 대부분 회사채가 해당)로 구분해 볼 수 있습니다.

① **세법상 소득구분: 이자소득**

※개인 직접 투자 시 채권 과세 판정표

구분	보유이자	매매차익	환차손익	비고
국내 장내채권	이자소득 과세	비과세	해당사항 없음	-
국내 장외채권				-
국외채권			비과세	조세협약 우선

② **국내채권 특징**: 표면이율, 만기상환율, 할인율에 대해서만 과세하며, 매매차익에 대해서는 과세하지 않습니다.
③ 만기상환율과 할인율은 만기상환 및 매도 시에만 과세하며, 이표일에는 과세하지 않습니다.
④ 채권에 과세하는 경우 소유자의 실제 채권 보유기간에 대해서만 세금을 부과합니다.
⑤ 단리채/복리채/할인채는 만기에 이자와 원금을 일괄 상환합니다.

2) 혼합증권(Hybrid Securities)

혼합증권이란, 주식관련채권으로도 불리며 주식으로 전환하거나 교환 할 수 있는 선택권(Option)이 부여된 채권을 말합니다. 대표적으로 전환사채, 신주인수권부사채, 교환사채 등이 있습니다. 실무적으로 국내 채권시장에서 거래할 수 있는 혼합증권의 수는 주식 본주에 비하여 거래대상 채권이 극소수이며, 22년 9월 7일 현재 HTS에서 거래 가능한 전환사채[22]는 다음과 같습니다.

종목명	현재가	전환가격	패리티	신용등급
동아에스티8CB	9,670	73,800	74.39	A+
CJCGV32CB (신종)	8,986	26,600	72.56	BBB+
CJCGV35CB (신종)	9,750	22,000	87.73	BBB+
EDGC3CB	9,810	5,469	39.95	B0
대유에이피6CB	10,601	5,810	110.5	BB0
대유에이텍28CB	9,601	858	94.76	BB0
풀무원66CB	9,831	27,000	46.85	BBB+
케이씨코트렐3CB	10,000	4,372	86	B+

① **전환사채(Convertible Bond)**

전환사채는 일정기간 후 일정조건에 따라 주식으로 전환할 수 있는 권리를 가진 채권이며, 전환권 청구가 가능한 시점에 주식으로 전환할 수 있고 만기까지도 보유할 수 있습니다. 전환 전에는 사채로서 확정된 이자(Coupon)을 받고, 전환 후에는 주식으로서 이익을 취득할 수 있습니다.

---

22) 유안타증권 티레이더 장내종합채권 참조(22년 9월 7일 10:56분 현재)

② 신주인수권부사채(Bond with Warrant)

　신주인수권부사채는 일정기간 경과 후 일정가격으로 채권발행 당사회사의 신주를 인수할 수 있는 권리가 부여된 채권이며, 신주인수권 행사 후 발행된 사채는 만기까지 존속하며 행사 시 유상청약을 통해 발행회사의 주식을 취득할 수도 있습니다.

　전환사채 및 신주인수권부사채 모두 일반 채권과 비교하여 비교적 낮은 표면이자율을 지급한다는 것이 특징이며, 신주인수권(Warrant) 자체가 사채와 별개로 유통 가능한지에 따라 분리형, 비분리형으로 구분됩니다.

③ 교환사채(Exchangeble Bond)

　교환사채는 사채 소지자에게 일정기간 내에 사전에 합의된 교환조건으로 발행회사가 보유하고 있는 상장 유가증권(구주)으로 교환청구를 할 수 있는 권리(교환권)가 부여된 채권을 말합니다.

　발행회사의 신주발행에 따른 자본금 증가가 수반되지 않기 때문에 전환사채와 차이점이 있습니다. 또한, 수시로 주식과 교환할 수 있고 추가적인 자금유입이 없으므로 신주인수권부사채와 차이가 있습니다. 혼합채권에 대한 세법상 과세방법을 요약하면 다음과 같습니다.

구분	표면이자 (Coupon)[24]	상환할증금[25]	채권 매매차익	옵션(option) 매도 (전환권, 신주인수권)
전환사채 (CB)	이자소득 과세	이자소득 과세 (만기, 중도매매, 주식 전환 시)	비과세	- (전환권은 별도 분리매각불가)
신주인수권부 사채(BW) (분리형, 비분리형)	이자소득 과세	이자소득 과세 (만기, 중도매매 시)[26]	비과세	신주인수권 양도소득세 과세[27] (상장: 대주주 限)
교환사채 (EB)	이자소득 과세	이자소득과세 (만기, 중도매매 시)	비과세	- (교환청구권은 별도분리매각 불가)

또한 전환사채, 신주인수권부사채, 교환사채 동일하게 옵션을 행사하여 주식을 수령하게 되면 이후 주식에 대한 배당금에 대한 배당소득 과세, 매매 시 일반주식과 동일하게 과세됩니다.

---

23) 표면이자는 매 이자지급시기(이표일)에 과세되며, 이표일 사이에 중도 매도하는 경우 매 직전 이표일부터 매도일까지의 보유기간 해당분을 안분하여 이자소득으로 과세함 (증권사 원천징수)
24) 통상 채권 발행 시, 상환할증금에 따른 할증금에 대한 과세는 만기 시에 과세하나, 전환사채 자체로 중도매매하거나, 전환권 행사의 경우는 실제 만기까지 보유하지 않고, 만기보장수익률에 대한 현금유입도 없지만, 중도매도 및 전환권 청구시점에 상환할증금 만큼 이익을 얻었다고 간주하여 해당 이자에 대하여도 과세됨(과세근거: 소득세법 제46조 제1항 및 제2항, 국세청 유권해석 재소득 46073-86. 1997.05.19)
25) 분리형 신주인수권부사채의 경우는 사채권과 신주인수권이 분리되어 있기 때문에 신주인수권(warrant)을 행사하여 주금납입을 하여도 사채권은 존속하게 되어 전환사채처럼 주식전환에 따른 상환할증금 과세는 없음.
26) 신주인수권(Warrant)은 소득세법상 주식 또는 출자지분에 해당되어 거래 시 양도차익에 대하여 양도소득세, 매도가액에 대하여 증권거래세가 과세됨.

(3) 수익증권: 집합투자기구(펀드)

흔히 우리가 말하는 펀드가 바로 집합투자기구인데 기본적으로 고객이 최종 투자목적물에 직접 투자하는 것이 아닌 간접투자의 형태를 띠고 있기 때문에 상대적으로 구조가 매우 복잡합니다. 즉, 증권회사 등 판매사에 자금을 이체하면 그 자금으로 자산운용사가 집합투자기구를 통해 투자설정·운용·관리하며, 투자목적물은 다시 은행이나 증권금융회사 같은 신탁업자를 통해 보관됩니다. 이 과정에서 예탁결제원, 펀드평가, 채권평가, 사무관리 회사 등 다양한 이해관계자들이 참여하게 됩니다.

또한 집합투자기구는 자본시장법상 신탁형, 회사형, 사모집합투자기구 등으로 분류되나, 시중에서 판매되는 대부분의 펀드는 신탁형(투자신탁)의 종류를 띠며, 모집방식에 따라 공모펀드(50인 이상), 사모펀드(49인 이하)로 분류됩니다.

본서는 집합투자기구에 대한 원론적인 이론을 집필하지 않고 과감하게 세무실무적인 부분에 집중하여 실무에서 흔히 접하고 실제 고객들이 많이 투자하고 있는 일반 펀드, 상장지수집합투자기구(ETF), 부동산집합투자기구(리츠)로 분류하고 세금관계를 설명하고자 합니다.

1) 일반 펀드
① 세법상 소득구분: 배당소득

구분	매매평가손익	펀드 과세여부[28]
국내상장주식 투자분	손익	X
	배당금	O

구분	매매평가손익	펀드 과세여부[28]
해외주식 투자분	손익	O
	환율변동이익	O
	배당금	O
채권 등 기타 투자자산	손익 및 이자·배당	O

> **조금 더 알아봅시다.**
> **펀드의 절세효과는 국내주식형>채권혼합형>채권형 순입니다.**
>
> 위의 표에서 국내 상장주식 투자분에 대해서는 개인과 마찬가지로 펀드의 경우도 국내 주식 매매차익에 대해 비과세를 해 주므로 국내 주식형 펀드가 가장 절세 효과가 높습니다. 단, 펀드가 개인과 다른 점은 개인투자자인 경우 상장채권 매매차익에 비과세를 적용하지만 펀드의 경우 채권 매매차익에 과세를 합니다.

② 과세시기

펀드 대체출고 또는 환매 후 분배금 지급시점(단, 결산과세 펀드 제외)

③ 과세적용기준: 과세기준가[28]

> **Tax Tips**
>
> 국내펀드의 매매기준가와 과세기준가가 다른 이유 중에 하나는 펀드에 편입된 상품 중 국내 상장주식 등이 포함되는 경우입니다. 개인의 경우 주식에 직접투자 시 비과세(소액주주)를 해 주나, 펀드 형태로 주식에 투자 시 과세한다면 직접 투자 개인과의 세금 형평성이 문제가 됩니다. 따라서 과세기준가에서 이 부분을 고려하여 국내 주식 매매차익에 비과세를 적용하여 매매기준가와의 차이가 발생합니다.

---

27) 소득세법 시행령 제26조의2 제4항.
28) 참고로, 투자자가 일반펀드를 운용할 때 두 가지 가격이 혼용되어 사용되는데, 매매기준가는 펀드의 실질가치로서 거래 시(매도, 매수) 기준이 되는 가격을 말하며, 과세표준기준가는 펀드의 과세표준(세금) 산정 시 기준이 되는 가격을 말함.

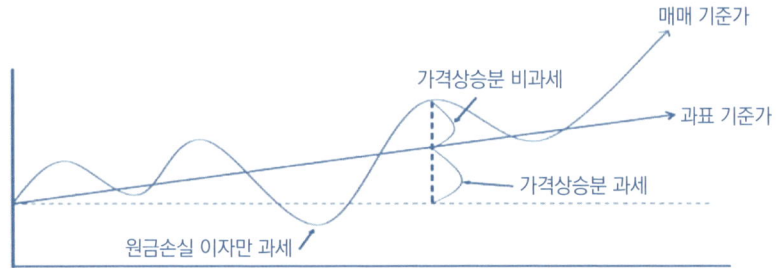

※ 국내 상장주식의 매매 및 평가손익 외에도 상장주식 등을 대상으로 하는 장내파생상품에서 발생하는 매매 및 평가손익, 벤처기업의 주식 또는 출자지분에서 발생하는 매매 및 평가손익은 펀드 내 과세대상에서 제외되는 수익 및 비용입니다.

[매매기준가, 과세기준가 적용 예시]

김OO 고객은 1억 원으로 2022.01.01 A 펀드에 투자하였다가 2022.06.19에 환매하였음. 펀드의 매매일, 기준가격, 과표 기준 가격은 아래와 같음. 펀드의 투자이익 및 과세대상 이익은 얼마인가?

거래일자	구분	금액	(매입)좌수	매매기준가	과표기준가
2022.01.01	매수금액	1억 원	95,192,765	1,050.50	1,045.30
2022.06.19	환매	전액		1,080.20	1,070.20

※ 2022.01.01 매입좌수:(100,000,000/1,050.5)×1,000 =95,192,765(투자금액/기준가격)*기준가격
※ 환매 시 투자이익:(1,080.2-1,050.5)/1,000×95,192,765 = 2,827,225원
※ 환매 시 과세이익:(1,070.2-1,045.3)/1,000×95,192,765 = 2,370,299원

> **Notice**
>
> 예시에서 보듯 투자이익과 과세이익의 차이(456,926원)는 소득세법상 비과세되는 국내 상장주식 평가·매매차익 등에 해당합니다. 상기 펀드는 국내 상장주식형 펀드로 주가상승에 따라 투자이익이 발생한 경우라 할 수 있습니다.

④ 펀드관련 과세정보: 거래하는 증권사 HTS(MTS)에서 확인 가능

2) 상장지수집합투자기구(Exchange Traded Fund, ETF)
상장지수집합투자기구란 국내·외 특정 지수(거래소, 해외거래소 등)를 추종하거나 일정 상품, 물품, 원자재 등의 실물자산(Commodity)의 가격자체, 수익률의 움직임에 따라 집합투자기구의 수익률이 결정되는 집합투자기구로 설명할 수 있습니다.

① 세법상 소득구분
: 배당소득

② 증권거래세 과세여부
: 과세대상 아님(주식, 출자지분이 아님)

③ 일반 ETF 과세형태

구분		국내 상장 주식형 ETF	국내 상장 주식형 ETF 외 ETF 투자 (해외주식, 채권, 파생 등)	해외 상장 ETF 직접투자
소득구분	분배금		배당소득(15.4% 원천징수)	
	매매차익	비과세	배당소득(15.4% 원천징수) Min(과표가격상승분, 실제매매차익)	양도소득세 (22%)
금융소득 종합과세		-	O	X(분류과세)

※ 해외시장에 상장된 ETF는 해외주식과 동일하게 취급되므로 양도소득세 과세대상이 됨에 유의

> **Notice.**
> **ETF는 주식투자가 아니라 펀드투자이며 전부 비과세 상품이 아닙니다.**
>
> ETF는 분배금과 매매차익은 배당소득으로 과세가 되며, 매매차익에 대해 과표가격 상승분과 매매차익 중 작은 것이 배당소득세로 과세된다는 것만 알고 있으면 됩니다. 요점은 매매차익은 쉽게 파악할 수 있는 바 과표가격 상승분을 확인하는 작업만 하면 된다는 것입니다.
>
> 예를 들어 기타 ETF를 1,000주를 10,000,000에 매수하였고(매수 당시 과표 기준가 10원) 매도 시에는 20,000,000(매도 당시 과표 기준가 20원)에 매도하였으면 결국 Min(1,000주 * 10원, 10,000,0000)으로 10,000원이 배당소득으로 과세되는 구조입니다.

④ ETF 매매 시 세금계산

: 거래증권사 일자별 과세표준기준가(과표기준가) 확인

(a) 매도 시 과세표준기준가 확인: HTS 3054 화면 → 과표 기준가 확인[29]

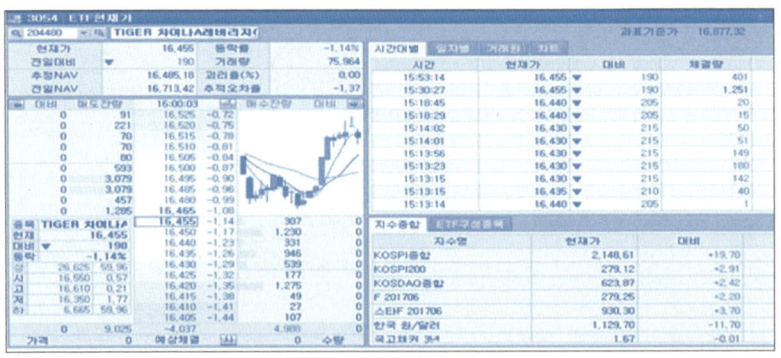

---

29) 참고자료: 유안타증권 트레이더 자료화면 캡쳐(https://www.tigeretf.com/ko/main/index.do).

ⓑ 매수 당시 과세표준기준가 확인: 각 ETF 운영사 홈페이지에서 취득일별 과세표준기준가 확인

⑤ 과세시기(수입시기)

구분	시기	비고
분배금 수령 시	분배금 받은 날	분배금 지급일 전 매도 시 분배금 미지급
매매차익 발생 시	매매차익 발생 시	

> **조금 더 알아봅시다. ETF의 분배금 회피? 획득?**
>
> 매매차익과 별도로 ETF도 펀드이기 때문에 편입종목의 배당금이 발생되면, 이를 다시 ETF 투자자에게 지급하며 이는 당연 배당소득입니다. 분배금 지급 기준은 분배금 지급 기준일에 해당 ETF를 보유한지 여부에 따라 분배금 지급여부가 결정됩니다. 통상 주식형 ETF의 경우 분배금지급기준일이 1, 4, 7, 10, 12 마지막 거래일을 분배금 지급기준일로, 채권형 ETF 3, 6, 9, 12월에 분배금을 지급합니다. 각 ETF별로 분배금 기준(운용사)을 확인하여 금융소득종합과세를 회피하려는 고객에게는 기준일 전 ETF 매도 전략을, 배당금을 얻으려는 고객에는 기준일 전 매수전략을 취하시길 바랍니다.

3) 부동산집합투자기구(Reits)

부동산투자회사(리츠, Reits: Real Estate Investment Trusts)는 부동산투자를 전문으로 하는 회사 또는 부동산 뮤추얼펀드(Mutual Fund)를 말하며, 주식을 발행하여 다수의 투자자들에게 자금을 모집한 후 부동산소유권을 구입하거나, 주택저당증권에 투자, 부동산관련 대출 등에 운영하여 얻은 수익을 투자자에게 배당으로 지급합니다.

최근 우리 증시에 상장한 리츠 수가 대폭 늘어났는데, 문화뉴스 21년 4월 7일 기사에 따르면 한국거래소에 상장한 리츠가 당시 13개로 기존 7개에서 1년 만에 증가하였고, 한국부동산원에 따르면 리츠 수는 29년 248개에 불과했으나, 21년 3월 기준 295개까지 늘어났다고 합니다.

이러한 리츠도 기본적으로 펀드의 일종이기 때문에 그 이익 등에 대한 과세는 집합투자기구처럼 일반적으로 이익(분배금) 및 증권 매도로 발생하는 양도차익은 소득세법상 배당소득[30]으로 과세됩니다.

다만, 우리나라 거래소에서 거래가 가능한 맥쿼리인프라, 롯데리츠,

---

30) 적격투자기구의 이익 및 그 증권 매도로 인한 양도차익은 배당소득으로 과세되나, 비적격투자회사의 경우 투자회사는 법인이기 때문에 투자회사로 받는 이익은 배당소득으로 과세되며, 투자회사의 주식 매매로 발생하는 이익은 주식양도차익으로서 양도소득세 과세대상이 됨.

신한알파리츠 등 상장리츠의 경우는 국내 주식[31]으로 구분되기 때문에 장내매도한 경우 소액주주면 양도소득세비과세, 대주주에 해당되는 경우 양도소득세 과세대상이 되며, 증권거래세 또한 과세대상이 됩니다.

> **조금 더 알아봅시다.**
> **공모부동산 ETF, 리츠츠, 상장수익증권 분리과세**
>
> 거래소에서 거래되는 공모 부동산 ETF, 공모상장리츠, 공모부동산펀드 상장수익증권에 투자하는 거주자 개인에 대하여 최대 5천만 원 한도로 9.9%(지방세 포함) 분리과세가 시행 중입니다.
> 해당 분리과세는 별도로 거래하는 증권회사에 분리과세 신청을 하며, 투자일로부터 3년째 되는 날까지 발생하는 배당소득에 대하여 적용하며, 20년 이후에 매수한 잔고는 매수결제일이 투자일이 되며, 그 이전 투자한 잔고는 20년 1월 1일을 투자일로 간주합니다. 유의해야 할 점은 분리과세 신청 이전 배당소득에 대하여는 소급적용이 불가합니다.

(4) 연금저축펀드

연금제도는 국민의 노후보장을 위한 일종의 사회보장제도이며, 공적 영역의 공적연금제도와 민간에서 고객 개인이 선택적으로 운용하는 사적연금제도로 구분됩니다. 그중 사적연금은 크게 퇴직연금과 연금저축(개인연금)으로 세부화되며, 연금저축은 다시 연금저축신탁(은행), 연금저축펀드(증권회사 판매), 연금저축보험(보험사 판매)으로 분류할 수 있습니다.

---

[31] 앞서 본문에서 설명해 드린 대로 증권회사 등 영업점 창구에서 판매하는 대부분의 펀드는 신탁형 집합투자기구로서 분배금 및 환매이익이 소득세법상 배당소득으로 과세되나, 상장 리츠의 경우 신탁형이 아닌 회사형 집합투자기구에 해당하기 때문에 리츠를 매도하는 행위는 회사의 주식을 매도한 것으로 보아 조건부 양도소득세 과세대상임.

이 중 증권회사에서 판매하는 연금저축펀드는 주로 납입 시 고객의 종합소득세 계산 시 세액공제를 받을 수 있는 혜택이 있고, 추후 인출할 경우 연금소득(연금형태 수령) 또는 기타소득(연금 외 형태 수령)으로 과세되며, 실무적으로는 아래의 핵심사항만 알고 있어도 무방합니다.

① 세법상 소득구분

: 연금소득(연금형태수령) 또는 기타소득(일시금 수령)

② 연금소득 원천징수세율

과세연금소득	세율	비고
70세 미만	5%	단, 종신형태 수령 연금은 4%
70세 이상 ~ 80세 미만	4%	
80세 이상	3%	

③ 과세방식

구분	무조건분리과세	선택적 분리과세	무조건 종합합산과세
연금저축 연금소득	-	연간 1,200만 원이하 (원천징수세율적용)	연간 1,200만 원 초과 시
기타소득	연금 외 수령 (16.5%)	-	-

조금 더 알아봅시다.
50세 이상 연금계좌세액공제 한도 확대 효과

50세 이상 연금계좌세액공제 한도가 확대 시행됨에 따라, 추가로 연금저축(퇴직연금 포함)에 불입하여 세액공제를 받을 수 있습니다. 다만, 종합소득금액 1억 원(총급여액 1.2억 원) 이하인 자만 한도가 200만 원 증액되어 절세효과가 있으므로 동 소득을 초과하는 자나 금융소득 종합과세대상자는 해당사항이 없음에 유의해야 합니다.
Ex) 적용사례: 55세인 김OO 고객은 연금저축을 매년 2백만 원 납입하다가 변경되는 세법이 적용되는 시점인 '20년 추가로 4백만 원을 불입하였을 때 추가로 공제되는 세액은?(종합소득금액이 6천만 원인 소득자이며, 퇴직연금 납입액 없음)

	개정 전	현행
연금계좌 총 납입한도	연간 1,800만 원	
세액공제대상 연금(저축)계좌납입한도	4백만 원	6백만 원
실제공제 대상금액	2백만 원	6백만 원(2백만 원+추가4백만 원 불입)
연금계좌세액공제액	26.4만 원	79.2만 원(6백만 원 * 13.2%)

조금 더 알아봅시다.
23년 세제개편안에 따르면 23년 이후부터 연금계좌에 대한 세제혜택이 확대될 예정입니다.

총급여액 (종합소득금액)	개정 전세액공제 대상 납입한도 (연금저축 납입한도)	세액 공제율
5,500만 원 이하 (4,500만 원)	900만 원 (600만 원)	15%
5,500만 원 초과 (4,500만 원)		12%

(5) 파생결합증권

파생결합증권[32]은 자본시장법 제4조 7항에 의거하여, 기초자산의 가격, 이자율, 지표 등을 기초로 하는 지수 등이 변동하면, 이에 연동하여 미리 정해진 방법에 따라 지급하거나 회수하는 금전이 결정되는 권리가 표시된 것이며, 경제적인 운용형태를 보면 파생상품의 성격을 띱니다.

하지만 손실의 범위가 원본 이내로 제한되기 때문에 증권으로 분류됩니다. 이러한 파생결합증권은 주식워런트증권(ELW), 주가연계증권(ELS), 기타파생결합증권(DLS), 상장지수증권(ETN) 등이 있습니다.

1) 주가연계증권(ELS ; Equity Linked Securities)

주가연계증권(ELS)는 위 파생결합증권의 기초자산이 특히 주식이나 주가지수가 되는 증권을 말하며, 주식 등이 아닌 이자율, 통화 등 실물을 기초자산으로 하는 것을 기타파생결합증권(DLS, Derivatives Linked Securities)로 분류합니다. 또한, 유가증권시장에 상장되지 않기 때문에 유동성이 낮은 편이며, 상품을 발행하는 증권회사의 신용리스크에 좌우되는 단점이 있습니다.

---

32) 정의: 김용민 외, 금융상품과 세금(2018), 조세금융신문, 2018.03.05., p.395. 참조

① 세법상 소득구분: 배당소득

구분	ELS(ELT포함)	ELD	ELF
발행기관	증권회사	은행 등 예금취급기관	자산운용사
형태	유가증권	정기예금	수익증권
투자방법	유가증권 매입	정기예금 가입	수익증권 매입
예금자보호	X	O	X
만기상환소득	배당소득	이자소득	배당소득
과세	전액과세	전액과세	펀드 과세방식 (펀드와 동일)

② 과세시기: 환매 후 분배금 지급시점

2) ELW(주식워런트증권, Equity Linked Warrant)

주식워런트증권은 개별주식 또는 주가지수와 연계해 미리 매매시점(만기일)과 가격(행사가격)을 정한 뒤 약정된 방법에 따라 해당 주식 또는 주가지수를 사거나(콜워런트, Call Warrant), 팔 수 있는(풋워런트, Put Warrant) 권리가 부여된 신종 유가증권으로 정의할 수 있습니다.

개념상으로는 개별주식옵션과 유사하며, 증권회사에서만 발행할 수 있고, 대부분 거래소에 상장되어 주식거래와 유사한 방식으로 거래되곤 합니다.

① 세법상 소득구분: 양도소득

② 과세방법

현재 ELW 상품 중 KOSPI 200ELW에 한하여 양도차익 과세대상에 해당하며, 기타 양도소득세 과세대상인 파생상품의 연간 매매손익과 합산하여 11% 양도소득세로 과세됩니다.

3) ETN(상장지수증권, Exchange Traded Note)

* ETF Vs ETN 차이

구분	ETF	ETN
분류	집합투자증권	파생결합증권
만기	없음	있음
발행	자산운용사	증권사
파산위험	없음(신탁별도보관)	있음
운용제한	있음	없음

(6) 장내파생상품

① 세법상 소득구분: 양도소득

② 과세방법

구분	내용	비고
과세대상	코스피 200 ELW, 코스피 200 선물옵션, 해외 선물옵션, 미니 코스피 200 선물옵션, 코스닥150선물·옵션 등 모든 주가지수 파생상품	-코스닥 150선물·옵션, KRX300 선물 등 주가지수상품으로 과세 범위 확대 -개별선물옵션 제외
과세방법	국내외 매매차 손익 통산 후 선입선출법	
기본공제	연 250만 원 적용	국내 국외 매매차익 상계가능
세율	매매차익의 11%(지방세포함)	2018.04.01 이후 결제분부터
신고 시기	매매차익 발생한 다음해 05.01~05.31	국세청 홈택스 자진 신고

> 조금 더 알아봅시다.
> **파생상품 과세 Matrix(개정 전후 비교)**
>
> | 구분 | 국내 | | 해외 | |
> |---|---|---|---|---|
> | | 개정 전 | 현행(개정 후) | 개정 전 | 현행(개정 후) |
> | 장내 | 코스피 200(미니) 선물·옵션, 코스피 200ELW | 모든 주가지수상품 (코스닥150선물·옵션, KRX300선물 外) | 과세 (다우지수선물 등) | |
> | 장외 | 과세제외 | 주가지수상품 | 과세제외 | 주가지수상품 |
>
> 19년 4월 1일 이후 매각분부터 국내 주가지수 관련 장내·외 파생상품에 양도소득세가 과세되었습니다. 16년 최초로 파생상품에 대한 양도소득과세가 시행되었고, 이후 코스피 200선물·옵션 등 일부 코스피 주가지수 관련 장내 파생상품 등에만 양도소득세를 부과했습니다. 파생상품 간 양도소득 과세를 차등 적용하는 것에 대한 형평성 논란이 있어왔고, 과세범위가 이제는 모든 주가지수 관련 파생상품으로 확대되었습니다.

(7) 신탁상품[33]

증권회사 등 금융기관에서 주식, 펀드 등 주력 상품들과 비교하여 신탁상품은 이용 빈도가 낮지만 신탁은 목적이 매우 뚜렷한 상품이라고 볼 수 있습니다. 즉, 고령의 고객 혹은 신체적인 장애로 인하여 직접 자신이 재산을 관리하기 곤란하다고 생각하는 경우 믿을 수 있는 제3자(금융기관 등)에게 재산 이전하며 보관 및 관리를 지시할 수 있고, 목적이 달성되면 안전하게 자산을 반환받을 수 있는 상품이며 높은 수수료를 지불해야 합니다.

---

[33] 신탁법 제2조(신탁의 정의) 이 법에서 "신탁"이란 신탁을 설정하는 자(이하 "위탁자"라 한다)와 신탁을 인수하는 자(이하 "수탁자"라 한다) 간의 신임관계에 기하여 위탁자가 수탁자에게 특정의 재산(영업이나 저작재산권의 일부를 포함한다)을 이전하거나 담보권의 설정 또는 그 밖의 처분을 하고 수탁자로 하여금 일정한 자(이하 "수익자"라 한다)의 이익 또는 특정의 목적을 위하여 그 재산의 관리, 처분, 운용, 개발, 그 밖에 신탁 목적의 달성을 위하여 필요한 행위를 하게 하는 법률관계를 말한다.

1) 신탁의 구조

신탁계약은 일반적으로 3자관계로 설정되며, 위탁자, 수탁자, 수익자의 3자관계를 통해 구현되는데, 위탁자는 주로 고객이 되며, 수탁자는 증권사 또는 은행 등이 되고, 수익자는 고객 혹은 고객이 지정한 자가 됩니다. 위탁자(설정자)는 법률행위를 통해 본인 재산을 수탁자(인수자)에게 이전 및 귀속시키고 수탁자는 그 재산을 신탁 목적에 따라 혹은 신탁 행위로 정한 자(수익자)의 이익을 위하여 관리 처분하며, 최종적으로 신탁 행위를 통해 발생한 이익을 수익자에게 귀속시키게 됩니다.

그림: 신탁의 구조[34]

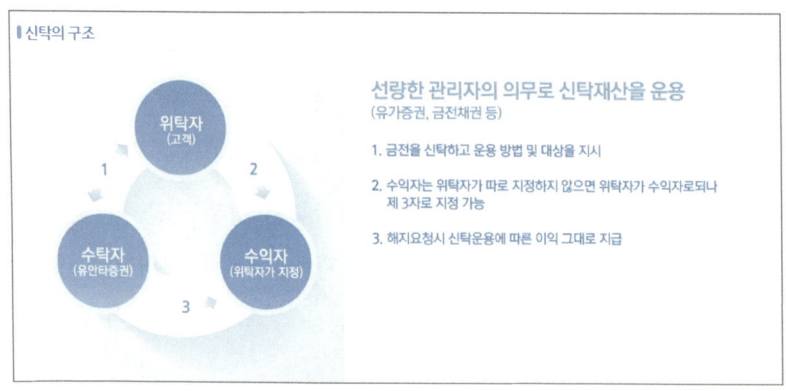

2) 신탁의 종류

신탁의 유형은 크게 금전신탁과 금전 외의 신탁(재산신탁)으로 구분할 수 있고, 금전신탁은 금전으로 신탁을 설정한 후 신탁 종료 시 금전

---

34) 유안타증권 홈페이지 참조(www.myasset.com)

혹은 운용중이 상태로 반환하는 신탁을 말합니다. 본서는 금융상품에 관련된 내용을 기술하고 있어, 금전신탁에 대한 내용을 주로 다루고 있습니다.

구분	내용
특정금전신탁	금전의 운용방법을 위탁자가 지정(신탁건별로 펀드구성)
불특정 금전신탁	위탁자가 운용방법을 미지정하며, 수탁회사가 운용(단, 현재 간접투자자산운용업법 시행으로 실무상 활용되지 않음)

한편, 금전 이외에 재산을 운용하는 것을 목적으로 하는 재산신탁이 있으며, 그 종류에 따라 유가증권신탁, 동산신탁, 부동산신탁 등으로 나누어집니다.

3) 신탁의 과세 이론

신탁에 대한 과세방법은 신탁이라는 법률행위의 특수성에 따라 다소 복잡하게 이뤄지게 되는데, 신탁재산의 법률상 명의는 수탁자에게 있으나 그 실질은 수익자의 재산이기 때문이며, 이에 따라 수익자실질과세가 이뤄지게 됩니다.

① **도관이론(Conduit theory): 대부분의 일반신탁상품 해당**

수탁자는 단순히 '껍데기'에 불과하다는 논리로서 수탁자를 별개의 과세주체로 인정하지 않고 수익자에게 수익을 분배하기 위한 외관상의 형식적인 존재로 간주하는 이론입니다. 따라서 고객이 추후 신탁재산에 대하여 수익이 발생되는 경우 과세문제는 발생 원천에 따라 이자소득, 배당소득, 비영업대금의 이익, 양도소득, 부동산임대소득(사업소득) 등으로 구분하여 과세됩니다.

② 실체이론(Entity Theory)

실체이론이란, 도관이론과 달리 신탁자체를 과세주체로 인정하여 과세한다는 것인데, 이렇게 되면 신탁자체에 대하여 법인세가 과세되고, 법인이 이익금을 투자자에게 지급하는 단계에서 다시 소득세가 과세되므로 이중과세의 문제점이 있습니다.

③ 우리나라의 신탁과세방법

우리나라는 도관이론에 따른 수익자실질과세원칙[35]을 따르고 있지만, 예외적으로 신탁형 집합투자기구 등에 대해서는 실체이론에 의해 신탁자체를 과세주체로 하는 것을 허용합니다.

즉, 쉽게 설명하면 대부분의 일반신탁 상품은 도관이론에 따라 소득의 발생원천에 따라 이자, 배당소득 등으로 구분하여 과세되고, 신탁형 집합투자기구는 실체이론을 따라 일괄 배당소득으로 과세됩니다.

4) 신탁상품의 원천징수문제(특정금전신탁)

앞서 설명한 대로 대부분의 금융회사에서 판매하는 신탁상품에 대하여는 기본적으로 '도관이론'을 적용받기 때문에 논리적으로도 실제 이자를 지급하는 자가 투자자들에 대한 수익을 배분할 때 세금 또한 원천징수하는 것이 이론적으로는 적절합니다. 하지만 신탁이라는 Vehicle에 소득이 귀속될 때마다 매번 원천징수를 하는 것은 행정비

---

35) 소득세법시행령 제26조의2 제1항 제1호

용, 고객 불만, 신탁 보수차감문제 등 실무상 어려움이 있어 세법에서는 특례를 주어 고객의 신탁재산을 수탁한 수탁회사(금융회사)가 원천징수하는 것으로 규정[36]하고 있습니다.

따라서 3개월 단위(3월 말, 6월 말, 9월 말, 12월 말)로 일괄(정기) 원천징수(원천징수특례일)하는 것으로 하며, 그 외 고객의 해지 또는 이익의 지급시기에도 별도로 원천징수 할 수 있도록 과거 세법 개정이 있었습니다.

표: 금전신탁에 대한 과세방법[37]

구분	금전신탁에 대한 과세방법
대상	특정금전신탁 등 단독운용신탁
소득구분	소득의 원천별로 구분 적용
원천징수의무자	수탁회사가 위임받아 징수
원천징수 (이자 및 배당)	아래 1), 2) 중 빠른 시기에 원천징수함 1) 신탁계약의 이익의 지급일 및 해지일 2) 소득발생 시점을 기준으로 3개월
수익자별	1)개인투자자: ① 연간 이자·배당소득으로 귀속되는 소득이 2천만 원 초과 시 금융소득종합과세, 이하이면 금융회사 원천징수로 과세종결 ② 만일 발생소득이 양도소득, 부동산임대소득 등이면 개인이 직접 투자한 것과 동일한 방식으로 양도소득세 신고 및 부동산임대소득에 대한 종합소득세 신고 필요 2)법인투자자: 연간 발생한 수익과 기납부 한 원천징수한 세금을 법인 과세 정산처리 함

---

36) 소득세법 제127조 제4항, 법인세법 시행령 제111조 제7항
37) 김용민 외, 금융상품과 세금(2018), 조세금융신문, 2018.03.05., p.263. 참조

(8) 랩어카운트(Wrap Account)

1) 랩어카운트 주요개념

랩어카운트란 증권회사의 투자자산 운용사가 고객의 투자성향에 따라 적절한 자산배분과 투자 종목 추천 등의 서비스를 제공하고 그 대가로 일정한 수수료(Wrap Fee)를 받는 종합자산관리계좌를 말하며, 주로 선진국 투자은행(IB)에서 보편적으로 영업하는 형태이기도 합니다.

랩어카운트에서 제공하는 다양한 금융서비스, 증권 매매 및 보관, 운용보고서 제공, 담당매니저에 의한 투자계정의 평가 및 투자성과에 대한 자문 등을 아우르며, 운용하는 자산 잔고의 일정비율로 미리 정해진 보수 또는 운용성과에 따른 보수를 받는 것이 특징입니다. Wrap Account, 펀드, 신탁의 주요 차이점은 다음과 같습니다.

구분	주식형 펀드	특정금전신탁	랩어카운트
투자내용	간접투자	고객별 단독운용 (고객이 직접운용지시)	맞춤형 자산관리
업무범위	운용=판매=수탁	운용=판매=보관	
관계인	위탁자: 운용사 수탁자: 수탁회사 수익자: 고객	위탁자: 고객 수탁자: 신탁회사 수익자: 고객	위탁자: 고객 수익자: 투자일임회사 수익자: 고객
투자목적	펀드의 운용목적에 따른 투자	위탁자가 직접 운용방법, 대상 지시	투자자의 Needs에 맞춘 투자, 투자자 개인의 성향 및 위험도 반영
운용형태	다수 고객의 자금을 펀드라는 Vehicle을 통해 운용	수탁건별로 단독 운용	고객 계좌별 운용 및 관리

구분	주식형 펀드	특정금전신탁	랩어카운트
소유권	소유권: 수탁회사 수익권: 고객	소유권: 수탁자 수익권: 고객	고객
투자제한 사항	법규제한사항 많음		제한이 거의 없어 유연한 투자전략 구사 가능
수수료	매매수수료, 선취수수료, 운용/판매/수탁 보수, 환매수수료 (사모펀드: 성과 수수료 ○)	기본보수/수익보수 계약별 상이	매매수수료 없음 평잔에 대한 Fee징수 (성과수수료 ○)

2) 랩어카운트에 대한 세금

랩어카운트는 투자 시 명의 및 계산이 모두 투자자 본인에게 있으며, 자문업자에게 투자일임을 한 것에 불과하기 때문에, 모든 소득에 대한 과세가 투자자 본인의 거래 및 소득으로 보고 과세됩니다.

예를 들어, Wrap 계좌를 통해 상장주식이 거래되었다면 앞서 국내 주식편에서 살펴본 대로 현행 대주주가 아닌 경우 양도소득세가 비과세되며, 국공채에 투자했다면 매매차익 비과세, 보유기간 동안 발생한 이자소득에 대해서 과세되며, 펀드에 투자했다면 마찬가지로 분배금 및 환매이익에 대하여 배당소득으로 과세되는 것입니다. 여기서 중요한 점은 Wrap 거래를 통해 발생한 수수료에 대하여는 소득세법상 필요경비가 되지 않으므로 유의해야 합니다.

(9) 기타: 주식 대여거래(대차거래) 소득

주식대여거래란, 고객이 보유한 증권(주로 주식, 채권 등)을 거래 증권회사[38] 등의 대여시스템을 통해 주식을 빌려주고 일정기간 후에 동 증권회사로부터 대여수수료와 동일한 종류와 수량의 증권으로 돌려받는 거래를 말합니다.

대여자는 현금을 대여해 주는 것처럼 증권을 상대적으로 제3자 개인보다 신뢰할 수 있는 증권회사에 빌려주어 대여이익을 꾀할 수 있고, 차입자는 빌린 증권을 통해 차익거래(공매도, Short sale)를 도모할 수 있습니다.

여기서 대여수수료율은 대상 증권의 종목별 수급 동향 및 시장상황에 따라 결정되며, 한국경제 기사에 따르면 통상 수수료율은 연간 0.1~4.0%대의 수수료율의 분포를 보이나 수급이 활발한 종목은 더 높게 수수료율[39]이 올라갈 수도 있습니다.

대여자 입장에서 주식대여거래로 인한 소득은 소득세법상 '기타소득'에 해당하며, 다른 기타소득이 통상 수입금액의 일정부분을 경비가 없더라도 비용으로 인정해 주고 있는 것에 반해 해당 대여소득은 전액이 수입금액으로 계상되며, 지방소득세를 포함하여 22% 세금이 원천

---

38) 한국예탁결제원, 한국증권금융도 대여거래 기관이 될 수 있으나, 주로 기관투자자 등의 제한이 있음.
39) 고재연, "내 주식, 공매도에 쓰시라"… 대여 수수료 챙기는 개미, 한국경제, 2021.06.20., https://www.hankyung.com/finance/article/2021062071121

징수 됩니다.

또한 기타소득이 연간 300만 원을 넘어서게 되면 종합과세 대상소득이 되어 고객의 다른 소득과 합산하여 종합소득세 신고도 한 번 더 해야 합니다.

구분	내용	비고
대여자 소득	기타소득	-
원천징수세율	22%(지방세포함)	-
(필요)경비	없음	-
종합소득세 합산	300만 원 초과 시	300만 원 이하 분리과세

3. 은행업 금융상품

은행업 금융상품은 예금과 적금, 외환, 신탁, ISA 등 전통적인 수신상품과 펀드, 보험(방카슈랑스) 등 타 금융권의 상품을 은행창구에서 판매하는 상품으로 구분할 수 있고, 대부분의 수신상품은 소득세법상 이자소득으로서 과세되므로 세금측면에서 봤을 때 크게 어렵지는 않습니다.

(1) 주요 은행권 상품(수신상품 제외)

과거 엔화스왑예금이나, 골드뱅킹과 같은 굵직한 사건들이 세법상 큰 이슈가 되었고, 당시 세법상 과세대상으로 열거되지 않았던 개인투자자들의 선물환차익 등 과세여부가 주요 쟁점이었으나 결국에는 입법

미비사항으로 일단락 났고 이후 세법개정을 통해 과세대상으로 보완했습니다. 참고로, 은행권에서는 노란우산공제에 가입할 수 있기 때문에 은행업 부분에서 노란우산공제에 대한 부분을 설명하도록 하겠습니다.

구분	내용	세법상 소득구분
주가연계정기예금(ELD)	주가지수 연계 은행판매예금	이자소득
엔화스왑 예금	엔화정기예금 +선물환계약	원화이자+선물환차익 이자소득과세
골드뱅킹	금 활용 수시입출금 예금	매매차익 배당소득과세 ('18.1.1. 이후)
외화예금	-	이자소득 (매매차익 및 환차익비과세)

(2) 노란우산공제

노란우산공제는 사업을 영위하는 개인사업자 고객들의 퇴직금마련을 위한 소득공제 상품입니다. 근로자와 달리 사업자는 종합소득세를 절세하기 위한 소득공제는 거의 없다고 봐도 무방하기 때문에 사업자에게도 소득공제로서 세금을 절세할 수 있는 노란우산공제, 연금저축, 벤처투자 소득공제 등의 상품을 알아둘 필요가 있습니다.

구분	내용	비고
가입대상	사업소득 있는 고객 (부동산임대업 X, 금융소득만 있는 고객 X)	은행, 우체국 가입 -기존가입자는 부동산임대업소득이 있는 경우도 소득공제 유지
가입 혜택	연 불입금의 최대 500만 원 소득공제	-사업소득 1억 초과 200만 원 공제 -사업소득 4천 초과 1억 이하 300만 원 공제 -사업소득 4천 이하 500만 원 공제
공제금 지급 해약 환급금	폐업, 사망 등 공제금지급전 해지 시	퇴직소득세 과세 16.5% 기타소득 징수

※ 관련 자세한 내용은 www.8899.or.kr(노란우산공제 홈페이지 참조)

4. 보험업 금융상품

보험상품(방카슈랑스 중심으로)은 위험에 처한 당사자가 장래 발생할 수 있는 손실위험에 대비하기 위해서 일정한 대가(보험료)를 지불하고 그 위험을 보험회사에 전가하는 상품으로 요약할 수 있습니다. 개인투자 관련하여 세법상 보험의 종류는 크게 보장성보험과 저축성보험으로 분류할 수 있고 저축성 보험은 다시 세액공제의 대상이 되는 연금저축펀드와 그렇지 않은 저축보험으로 나눌 수 있습니다.

(1) 보장성 보험

보장성 보험은 만기(중도해지 포함)에 수령이 예상되는 보험금이 납입한 보험료보다 적은 구조를 띠고 있으며, 종신보험 등 일부 납입보험료보다 수령 보험금이 높은 저축목적이 아닌 보험도 보장성 보험으로 보며, 매매차익 또한 비과세[40]하고 있습니다.

(2) 저축성 보험

저축성 보험은 만기(중도해지 포함)에 수령이 예상되는 보험금이 납입한 보험료보다 큰 구조를 띠고 있으며, 저축성보험 중 연금저축펀드와 저축성보험의 주요 특징 및 과세상 차이점은 다음과 같습니다.

※ 저축성보험의 분류

구분	연금저축펀드(세제적격)[42]	저축성보험(세제비적격)
불입 시	(특별)세액공제 13.2% or 16.5%[43], 400(300)만 원 한도 단, 50세 이상 & 일정요건[44] 충족 시 한도: 600만 원으로 확대(세법 개정)	세액공제 안 됨
연금수령 시	연금소득 과세	① 10년 이후 해지: 비과세 ② 10년 이내 해지: 과세 (이자소득)
중도해지	기타소득세 부과 (16.5% 원천징수)	
일시금 수령 시	기타소득세 부과 (16.5% 원천징수)	
비고	저축성보험이라 하더라도 피보험자의 사망 등으로 수령하게 되는 보험금의 경우 10년 이내라 하더라도 과세하지 않음	

---

40) 소득세법 시행규칙 제12조 2항
41) 세제적격이란 표현은 저축성 보험으로 세액공제가 되는 것을 의미하며 연금저축보험을 지칭함
42) 총 급여 5,500만 원 이하 or 종합소득금액(수입-비용) 4천만 원 이하 16.5%세액공제 적용
43) 총 급여 1.2억 원(종합소득 1억 원)이하&금융소득종합과세 미대상자(금융소득2천만 원이하)

1) 세제적격 저축보험: 연금저축보험(연금저축펀드와 동일)

보험 불입 시 세액공제가 되며 추후 수령 시 연금소득으로 과세되는 보험상품을 말합니다.

> **Notice (세제적격) 연금저축펀드의 수령 보험금은 연금소득입니다.**
>
> 납입보험료에 대해 세액공제를 받는 연금저축펀드는 연금형태로 수령하면 연금소득이고, 일시에 수령하게 되면 기타소득으로 과세됩니다.

2) 세제비적격 저축보험: 즉시, 양로, 순수 등 저축성보험

세액공제가 없는 저축상품이며, 기본적으로 이자소득이지만, 인당 일시납 1억 등 한도가 있고, 가입 이후 10년 이상 유지해야 하는 조건이 있습니다. 즉, 저축성보험은 세액공제 대상이 아니지만, 이자소득이 비과세되는 것이 핵심입니다.

구분	비과세 요건
일반 저축성보험	1인당 일시납 1억 원 한도 & 계약유지기간 10년 이상
월 적립식 저축성보험	5년 이상 월 150만 원 이하 적립식 계약 & 계약유지기간 10년 이상

(3) 보험상품의 단계별 세무 유의사항

구분		내용
보험료 불입 시		- 연말정산시 보장성 보험료 공제(13.2%) 세액공제, 100만 원 한도) - 연금저축펀드 400만 원 한도 13.2%(16.5%)세액공제 단, 50세 이상 & 요건 충족 시 한도: 600만 원으로 확대
보험 유지 시		계약자 변경, 연 1,000만 원 이상 보험금 수령 시 국세청 통보
수령 시	간주상속재산	사망자가 계약자 또는 피보험자인 경우 보험금 상속세 과세
	금융재산 상속공제	상속세 과세대상 보험금의 20%를 2억 원 한도로 공제
	보험금 증여	계약자와 수익자가 다른 보험금 수령 시 수익자에게 증여세 과세
	상속재원마련	보험금을 활용한 상속세 납부재원 마련
	정기금 평가	기대여명까지 연 3.0% 할인평가(상속세 절세)

(4) 보험금 수령 시의 과세문제(상속세 및 증여세법)

* 사망보험금 수령에 따른 상속세 및 증여세의 부과기준

구분	계약자 (보험료 납부자)	피보험자 (피상속인)	수익자 (보험금 수령인)	과세내용
Case1	A(부친)	A	C(A의 자녀)	A의 상속재산 (상속세과세)
Case2	A(부친)	B(모친)	C(A의 자녀)	C의 증여재산
Case3	C	A	C	과세 無

> **Tax Tip**
> **계약자? 피보험자? 수익자? 매칭.**
>
> 쉽게 계약자는 돈을 불입한 사람이며 수익자는 돈을 받는 사람입니다(피보험자는 보험사고대상자) 즉, 세법상 보험계약은 계약자와 수익자가 중요합니다. 계약자와 수익자는 반드시 일치하여야 하며 계약자가 불입한 보험에 대해서 계약자 사망 시 상속세가 과세된다고 보시면 됩니다. (카드 부가 서비스 해외여행자 보험 사망보험금의 경우도 상속세 과세)

(5) 금융재산상속공제 적용가능

상속재산 보험금의 경우도 금융자산으로 보아 전체 금융재산의 20%를 2억 원 한도로 상속재산에서 차감합니다.

(6) 정기금 평가방법으로 인한 추가 상속세 절세 가능성

정기적으로 보험금을 수령할 권리를 상속받게 되면 받을 보험금을 3.0%로 현재가치 평가하여 상속재산에 합산하므로, 현재가치 할인액만큼 절세효과가 발생합니다.

5. 기타 보험과 법인의 세무핵심내용

(1) 저축성보험의 매매차익: 법인세 과세

개인투자자와 달리 법인의 경우 비과세나 세액공제의 세제혜택이 전무하며, 보험차익에 대하여 전부 법인세로 과세됨을 유의해야 합니다.

> **Notice.**
> **법인이 보험에 가입 시 장점.**
>
> 법인이 보험에 가입하면 다음과 같은 장점이 있습니다.
>
> 1. 법인 자산의 합법적 이전: 보험금의 형태로 법인자산을 임직원에게 합법적으로 이전.
> 2. 법인세 절세: 보험가입비용(수수료)등은 비용처리가 가능하므로 법인세 절세가 가능.
> 3. 복리후생 효과 증대: 단체 상해보험 등 보험가입을 통한 임직원 복리후생 증대효과.
> 4. 부도 시 안정장치: 법인이 부도가 나더라도 수익자 변경을 통해 임직원의 보험금을 보존가능.

(2) 법인의 보험상품의 분류

법인을 계약자로 하고 동시에 임직원을 피보험자로 하는 보험상품은 크게 단체보장성보험, 종신보험, 연금보험으로 나눌 수 있습니다.

1) 단체보장성 보험

피보험자	수익자	내용	비용처리 여부
임직원	회사	임직원의 사망·상해·질병을 지급사유로 하는 보험	* 보험료 납입 시: 법인비용처리 불가 * 종업원에게 보험금을 지급 시: 법인 비용처리 가능
임직원	임직원	임직원의 사망·상해·질병을 지급사유로 하는 아래의 보험 ① 만기에 납입한 보험료를 환급하지 않는 '단체순수보장성보험' ② 만기에 환급되나 해약환급금이 납입한 보험료를 초과하지 않는 '단체환급부보장성보험'	* 보험료: 법인비용처리 가능 단, 단체환급부보장성보험의 경우 연간 70만 원을 초과하는 보험료 납입액은 종업원의 근로소득으로 간주.

2) 종신(연금) 보험

임직원 입장에서는 근로소득이며, 법인 입장에서는 비용처리 가능

계약자	피보험자	수익자
법인	임직원	임직원

(3) 법인의 보험계약 구조

법인을 계약자 및 수익자로 설정하고 임직원등 피보험자로 설정하는 계약을 말하며, 다음과 같은 구조로 이뤄집니다. 법인이 부담하는 보험료(사업비 등)에 대한 법인 회계처리상 비용처리가 가능하며 임직원에 대한 보장혜택이 주어지는 것이 장점입니다.

(4) CEO 플랜

CEO플랜이란, 계약자, 수익자를 법인으로 하고 피보험자를 CEO로 설정하여 퇴직 시 현금 대신 저축성보험 상품을 퇴직금으로 대신 지급하는 것을 목표로 설정하는 계약을 말합니다.

1) CEO 플랜 장점

구분	기대효과	내용
개인	소득세 절세	종합소득세(근로, 배당)가 아닌 분류과세(퇴직)로 과세
	상속재원 마련	상속세 납부가능
법인	법인세 절세	퇴직금 비용처리
	법인소득의 합법적 이전	법인소득 → 퇴직소득

> **Notice**
> CEO(임원)플랜은 법인의 자산을 분류과세 되는 퇴직소득으로 가져오는 것이 핵심입니다.
>
> 법인의 자산을 합법적으로 가져오는 방법은 일반적으로 근로소득, 배당소득으로 가져오는 것입니다. 하지만 근로와 배당의 경우 공제도 적고, 종합합산이 되므로 CEO(임원)입장에서 많은 세 부담이 초래됩니다. CEO플랜을 통해 CEO(임원)의 소득을 퇴직소득으로 전환시키고, 상속 및 상속 직후 소득재원마련 등에 대비하는 것이 핵심입니다.

2) CEO 플랜 절차

제3절 금융상품(주식 외) FAQ

Q1. 비과세 종합저축(5천만 원)의 가입대상 연령은 몇 살인가요?

A1. 만 65세 이상부터 비과세 저축을 가입할 수 있습니다. 가입기간에 제한이 없고 예치기간에 상관없이 중도해지 시에도 비과세 가능합니다. 다만, 직전 3개 과세기간 내 1회 이상 금융소득 종합과세 대상이었다면 가입이 불가하고, 금년 말까지 가입이 가능합니다.

Q2. ISA 계좌 내에서 주식 직접투자도 가능한가요?

A2. 네, 가능합니다. ISA의 종류는 크게 일임형, 신탁형, 중개형 3가지로 구분되며, 주식 등 운용은 '중개형 ISA'에서만 가능하며, 전 금융권을 통틀어 1개의 ISA 계좌만 가입이 가능하기 때문에 기존 일임형 또는 신탁형 가입자가 중개형 ISA를 가입하기 위해서는 기존 ISA 계좌를 폐쇄하고 다시 가입해야 합니다(중개형 ISA는 증권사에서 가입 가능합니다).

> **Notice**
> 주식을 투자할 수 있는 중개형 ISA는 1증권사에서 1개 계좌만 가능한 점을 상기하세요.

Q3. ISA 계좌에서 상장주식을 투자하는 게 무슨 절세효과가 있죠? 상장주식은 일반 위탁계좌에서도 양도세 과세대상이 아니잖아요?

A3. 금융투자소득세 대비한 선제적 절세 통장 가입입니다(금융투자소득세편 참고). 물론 현재 상장주식 소액주주는 매매차익이 비과세되지만, 세법개정안이 통과된다면 25년부터는 상장주식의 경우 매매차익 5천만 원 초과분에 대해서는 최소 22% 금융투자소득세가 과세됩니다.

ISA 가입하면 가입 후 매년 투자한도를 2천만 원씩 상향시킬 수 있으며 25년 이후 ISA 계좌 한도 내 주식매매차익에 대하여는 별도로 200만 원 비과세 및 나머지는 9.9% 비과세가 가능합니다(단, 추후 세법이 변경될 수 있음).

Q4. ISA 관련해서 최근 개정된 세법이 어떤 점에서 유리해 진거죠?

A4. 우선 가입연령이 대폭 완화됐습니다. 작년까지는 직전 3개년 과세기간 중 '사업소득' 또는 '근로소득'이 있어야 ISA 가입이 가능했으나, 금년부터는 만 19세 이상 '거주자'면 누구나 가입이 가능하며, 만 15세 이상의 경우 직전 과세기간에 근로소득이 있다면 가입 가능합니다.

두 번째로 계약기간 요건이 완화됐습니다. 기존에는 5년 이상

가입을 유지해야 했는데 금년부터 3년으로 단축되었고, 납입한도에 대한 부분도 단순 연간 2천만 원에서 한도를 이월시키는 것이 가능해져 보다 유연하게 과세소득을 조절할 수 있게 됩니다. 예를 들면, 기존에는 각 연도별 2천만 원 한도로 투자했다면 금년부터는 1차 연도에 500만 원, 2차 연도에 3,500만 원, 3차 연도 2천만 원식으로 운용이 가능해집니다.

Q5. ISA 계좌 내 국내 상장주식 부분에서 손실이 난 경우 일반 위탁계좌에서 운용하는 국내 상장주식의 이익과 손익통산(상계)이 가능한가요?

A5. 불가합니다. 중개형 ISA의 강력한 세제혜택은 ISA를 자산증식 수단으로 이용토록 하는 정책의지가 있기 때문에 일반 위탁계좌와의 손익과는 상계가 불가능합니다. 다만, 작년 세법개정으로 ISA 계좌 내 다른 일반상품들의 이익과는 상계가 가능하기 때문에 적극 이용해 볼 수 있습니다.

Q6. 전환사채(CB), 신주인수권부사채(BW), 교환사채(EB)는 어떻게 과세되죠?

A6. 전환사채, 신주인수권부사채, 교환사채 모두 공통적으로 전환(행사) 이전에는 사채로서 존재하며, 각 쿠폰 지급일에 표면이자율을 기준으로 보유기간 동안의 이자를 계산하여 15.4% 원천징수 되며, 세전이자는 이자소득으로 과세됩니다. 또한, 만기까지

전환(행사)를 하지 않는다면 만기 이전에는 위와 동일하되 만기 시점에는 만기보장수익률에 따른 이자까지 지급 및 과세되는 구조입니다.

한편, 전환사채 및 교환사채는 주식으로 전환하게 되면 더 이상 사채로서의 효력이 없으므로, 주식에 대한 배당금 수령 시 배당소득으로 과세됩니다. 다만 신주인수권부사채(분리형)는 신주인수권 및 사채가 병존하기 때문에 신주인수권(분리형) 부분은 행사 전에도 주식으로 보며, 대주주 판정 시에도 주식으로 간주되어 지분율(시가총액) 계산 시 합산해야 합니다.

> **Tax Tips**
> 분리형 신주인수권부사채의 신주인수권 부분은 그 자체가 주식입니다. 대주주 판정 시 우선주와 신주인수권을 포함하여야 한다는 점을 다시 한번 상기하시길 바랍니다.
>
> ※ 금융상품 중 대주주 과세대상 포함여부
>
> | 포함 | 미포함 |
> |---|---|
> | 1. 주식
2. 우선주
3. 신주인수권
4. 신주인수권부사채(BW)의 신주인수권 부분
5. 주식예탁증서(DR)
6. 무의결권 우선주
7. 사모펀드투자 시 사모집합투자기구의 투자비율로 안분하여 포함함 | 1. 콜-옵션, 풋-옵션
2. 주식매수 선택권(Stock Option)
3. 간접투자주식(공모)
4. ELW(주식워런트증권)
5. 전환사채(CB) |

Q7. 해외채권을 개인이 직접 투자한 경우 어떻게 과세되나요?

A7. 개인이 투자한 해외채권에 대해서는 표면금리에 대하여 이자소득으로 과세되며, 채권매매차익과 환차익에는 과세가 되지 않습니다(단, 환헷지용 선물환계약 설정 시 환차익 과세) 단, 브라질 국채의 경우 한국-브라질 조세협약에 따라 개인 및 법인투자자의 이자소득까지 비과세 됩니다.

Q8. 해외채권 이자 등 외국 현지에 원천징수 된 세금은 어떻게 확인하며, 어떻게 돌려받나요?

A8. 거래하는 증권사 HTS상에서 외국납부세액에 대한 내역을 조회할 수 있으며, 혹시라도 미비된 증권사가 있는 경우 거래하는 PB에게 문의하셔야 합니다. 고객이 연간 국내 및 해외에서 발생한 금융소득(이자+배당)이 2천만 원을 넘는 경우 외국에서 낸 세금이 한국에서 이중과세가 되지 않도록 세법상 외국납부세액 공제항목으로 공제해 줍니다.

조금 더 알아봅시다. 외국납부세액 공제.

외국납부세액공제는 외국소득세액을 종합소득산출세액*국외소득/종합소득을 한도로 공제하여 동일 소득에 대해 이중으로 과세당하지 않도록 적용해 주는 것이며, 고객이 세무대리인을 통하여 종합소득세 신고기간 때 자진신고 하셔야 합니다.

Q9. 그럼 위 Q8에서 금융소득이 2천만 원 넘지 않는 고객은 외국에서 낸 세금이 공제가 안 되나요?

A9. 네, 금융소득이 2천만 원을 넘지 않는 고객의 경우는 해외에서 뗀 세금으로 과세가 종결되므로 이중과세에 해당되지 않기 때문입니다.

Q10. 벤처기업 임직원이 스톡옵션을 부여받을 예정인데, 절세방안이 있을까요?

A10. 벤처기업 임직원이 스톡옵션을 부여받았을 때 세 가지 세제지원이 있습니다. 첫째, 연간 5천만 원 한도로 행사이익에 대하여 비과세합니다. 둘째, 연간 5천만 원 한도를 초과하는 행사이익에 대하여는 재직 시 행사 시 근로소득, 퇴직 후 행사 시 기타소득으로 일시과세가 아닌 납세자의 신청에 의하여 5년간 분할납부할 수 있는 제도가 있습니다. 마지막으로, 역시 연간 5천만 원 초과 행사이익에 대하여 과세이연제도가 있습니다.

작년 세법개정에 따라 금년부터 부여받는 벤처기업 스톡옵션에 대하여는 비과세 한도가 5천만 원으로 상향되었고, 벤처기업의 자회사(벤처기업이 발행주식 총수의 30%이상 인수한 기업) 임직원까지 그 대상이 확대되었습니다.

조금 더 알아봅시다.

금년(舡) 7월에 발표된 세법개정안에 따르면 내년(23)부터 스톡옵션을 행사하는 분부터 세제지원이 더욱더 강화될 예정입니다(조세특례제한법 제16조의2 및 제16조의3).
1) 비과세한도가 현행(22년 이후 행사분) 연간 5천만 원에서 2억 원으로 상향조정되며, 5년간 누적 5억 원 한도를 적용받게 됩니다.
2) 연간 비과세 한도를 초과하는 행사이익에 대하여 5년간 소득세를 분할납부 해 주는 대상이 기존 벤처기업에서 코스피, 코스닥상장 벤처기업까지로 확대 적용됩니다.

Q11. 고객이 벤처기업에 직접 또는 간접투자 시 어떤 세제혜택이 있나요?

A11. 벤처기업에 직접투자 시 근로자뿐만 아니라 사업자인 고객도 소득공제가 가능하고, 아래의 요건을 충족할 경우 양도소득세 비과세도 가능합니다.

구분	기업요건	취득요건	보유요건
① 벤처기업 (개인투자조합) 직접투자	창업 5년 이내(벤처전환 3년 이내)의 특수 관계없는 벤처기업에 투자	설립 시 자본금 납입, 설립 후 7년 이내 유상증자 등	3년 보유

벤처펀드에 간접 투자(코스닥벤처펀드)시 납입금액의 10%(3천만 원 한도 내), 직접투자 시 투자금의 100%까지(투자금액별 소득공제율 상이) 소득공제가 가능합니다.

Q12. 코스닥 벤처펀드 가입 후 3년 이내 환매하는 경우 추징되나요?

A12. 소득공제받은 세액을 한도로 환매금액의 3.5% 추징세액이 발생합니다. 한편, 금년도부터 세법개정으로 소득공제는 투자한 연도에 일괄 공제받는 것이 원칙이나 변경신청을 하는 경우에는 기존과 동일하게 3년 이내 선택하는 연도에 공제가 가능합니다(추가 변경신청 제도가 개정되었다는 점만 상기하시기 바랍니다).

Q13. (퇴직)연금저축계좌 내 펀드, ETF 등은 무슨 소득으로 과세되죠? 해지 시 종합소득세 합산되나요?

A13. 연금계좌 내 발생한 소득은 과세되지 않고 최종 수령 시 연금소득, 그 외 수령 시 기타소득으로 과세가 됩니다. 또한 사적연금은 연간 1,200만 원 이하 수령 시 연금소득 분리과세 신청을 할 수 있으며, 해지 시 발생한 기타소득은 종합소득세에 합산되지 않습니다.

Q14. 금융상품 투자로 인한 기타소득을 얻었습니다. 종합소득 합산과세가 유리한가요? 아니면 분리과세가 유리한가요?

A14. 기타소득금액이 300만 원을 초과할 경우 무조건 종합소득에 합산 과세되며, 기타소득금액이 300만 원 이하일 경우라면 과

세표준 4,600만 원 이상 구간에서는 분리과세가 유리합니다.

> **조금 더 알아봅시다.**
> 단, 연금저축해지로 인한 기타소득은 300만 원이 넘더라도 무조건 16.5% 분리과세입니다.

Q15. 펀드 투자 시 국내주식형이 다른 유형보다 절세에 유리한 이유는 무엇인가요?

A15. 국내상장주식 매매차익 및 평가차익에 대해 펀드 내 과세대상 소득에 포함되지 않기 때문입니다. 또한 위 상장주식 등을 대상으로 하는 장내파생상품에서 발생하는 매매 및 평가손익, 벤처기업의 주식 또는 출자지분에서 발생하는 매매 및 평가손익도 과세대상 소득에 포함되지 않습니다.

Q16. 펀드를 타인 또는 법인에게 대체출고하고 상대방으로부터 대금을 수수하면 양도소득세 등 세금문제가 없는 건가요?

A16. 대금을 수수하는 행위는 양도거래입니다. 단, 펀드의 경우 양도소득세과세대상이 아니므로 양도소득세는 발생되지 않습니다. 단, 펀드대가로 펀드 평가가액보다 높은 가격, 낮은 가격을 수수할 경우 증여세 문제가 발생될 수 있습니다.

> **조금 더 알아봅시다.**
> **손실 난 펀드를 증여 시 잔고평가액이 증여재산가액이며, 매매 역시 잔고평가액을 기준으로 하세요.**
>
> 펀드평가액보다 낮은 가격 또는 높은 가격으로 대금을 수수할 경우 증여세 문제가 발생될 수 있습니다. 즉 대체출고 기준을 기준으로 +-30% 이상등 대금을 수수할 경우 그 차액분에 대해 증여세가 과세될 수 있습니다.
>
> 증여세 신고 없이 펀드를 대체할 경우, 금융실명제법 및 증여세법상 문제의 소지가 있습니다. 증여세 비과세(재산공제) 이내 금액이라고 하더라도 증여세 신고를 권유 드립니다.

Q17. 펀드 과세방식이 결산시점에서 환매시점으로 변경되었다고 하는데, 모든 펀드가 다 그런가요?

A17. 모든 펀드가 환매시점에 과세되는 것은 아닙니다. 공모형 역내 펀드의 경우는 대부분 환매시점에 과세가 되지만, 사모펀드 중 일부는 적용되지 않을 수 있습니다. 역외펀드는 애초에 결산이 존재하지 않으므로 환매시점에 과세됩니다. 따라서 특히 금융소득종합과세에 민감한 고객들은 과세표준 발생 시기를 반드시 따져 가면서 펀드를 선택할 필요가 있습니다.

Q18. 펀드를 대체(명의변경)하면 주식처럼 국세청에서 조사가 나오나요?

A18. 펀드 대체(명의변경) 사실만으로 국세청에서 안내문을 발송하지는 않습니다.

국세청에서 서면 안내로 확인을 요하는 대표적인 금융상품은 주식(유가증권)이며, 집합투자기구인 펀드와 파생결합상품인 ELS는 해당사항이 없습니다.

> **Notice**
> 펀드 대체출고 시 펀드의 환매로 간주하여 배당소득세가 원천징수 됩니다.

Q19. ETF는 어떤 세금이 과세되나요?

A19. ETF는 펀드라는 것을 상기하시고, 기본적으로 배당소득으로 과세됩니다. 즉, 국내시장에서 거래되는 ETF는 기본적으로 펀드처럼 보유 시 발생하는 분배금과 매매차익에 대하여 배당소득(15.4%)으로 과세되고 금융소득종합과세 판정에 합산됩니다. 하지만 일반 펀드와 달리 배당소득 과세방법인 과세표준기준가와 매매차익 둘 중 작은 것에 과세함으로 펀드에 비해 과세소득이 매우 미미합니다.

> **Tax Tips**
> **ETF는 주식과 달리 증권거래세가 없습니다.**
> 주식이 아닌 펀드임으로 매도 시 증권거래세가 발생하지 않는 것도 장점입니다.

Q20. 제 PB가 점심 먹다가 얘기하던데, ETF 중 매매 시 세금이 없는 것도 있어요?

A20. 위 'Q19' 질문에서처럼 국내 상장주식형 ETF의 매매차익도 동일한 사유로 펀드 내 과세소득으로 보지 않아 세금이 없습니다.

> **Tax Tips**
>
> 국내주식형(상장) ETF는 국내 주식형 펀드와 마찬가지로 국내 상장주식 매매·평가차익에 대해 비과세되므로 기타 ETF 대비 절세효과가 있습니다.

Q21. 국내주식 외 원유, 차이나 등 ETF에 투자했는데 매매차익에 대하여 어떻게 과세되나요?

A21. 국내 주식형이 아닌 ETF를 기타 ETF라고 하며, 여기서 발생한 수익은 배당소득으로서 과세표준기준가 증가분과 실제매매차익 중 적은 금액이 과세됩니다. 즉, 국내주식형 ETF보다는 세금이 발생할 수 있습니다.
또한 매매가 아닌 보유기간을 기준으로 과세가 될 수 있으며, 자세한 것은 발행사 또는 운용사의 상품정보를 확인하시기 바랍니다.

※ 국내 상장 기타 ETF 예시: TIGER, 원유선물KStar, 단기

통안채, KODEX레버리지 등

해당 상품에 대하여도 23년 이후 매도 시 금융투자소득세 과세대상이며, 국내 주식 등 外 모든 상품과 통산하여 연간 250만 원 1회 공제, 22%(3억 원 초과분 27.5%) 세율 적용됩니다.

> **Tax Tips**
>
> 기타 ETF는 보유기간에 따라 과세되므로 분배금 지급일을 피해 매수하는 것이 절세에 유리할 수 있습니다. 기타 ETF의 경우 매년 12월 마지막 거래일이 기준일이며, 분배금 지급규모를 기준일 2일 전에 한국거래소 ETF 홈페이지(http://kind.krx.co.kr)에 공시합니다(주식형 ETF의 경우 분배금 지급 기준일이 매년 1, 4, 7, 10, 12월의 마지막 거래일임).

Q22. 국내 KODEX ETF는 세금이 있나요?

A22. 대부분의 매매차익이 비과세되는 국내 주식형 ETF는 국내 파생에 투자함으로 분배금과 과세표준 증가분이 없음으로 매매차익에 대한 세금도 대부분 발생하지 않습니다만, 과세표준 기준가는 반드시 재확인하시기 바랍니다.

Q23. 예를 들어, 고객이 기타 ETF(Ex: Tiger 차이나 A 레버리지)를 매도하려 하는데, 매도 시 세금이 얼마나 나오는지 물어보네요? 어떻게 산출하죠?

A23. 먼저, 과세표준 기준가 증가분을 산정해야 하며, 매수 시 과세

표준 기준가와 매도일 과세표준 기준가 차액의 주수를 곱한 것이 과세표준기준가 증가입니다. 그리고 예상 매매차익을 비교하여 과세표준 기준가 증가분과 예상 매매차익 둘 중 적은 금액이 세전 배당소득이며, 여기에 15.4% 원천징수하여 고객의 계좌에 입금됩니다.

> **Notice**
>
> ETF가 과세되는 것은 국내 상장 주식형 외에는 과표가격 상승분과 매매차익 중 작은 것이 과세라는 것을 암기하셔야 하고, 과표가격 상승분을 확인하는 작업만 하시면 됩니다.
> 극단적으로 기타 ETF를 1,000주를 10,000,000에 매수하였고(매수 당시 과표기준가 10원) 매도 시에는 20,000,000(매도 당시 과표기준가 20원)에 매도하였으면 결국 Min(1,000주 * 10원, 20,000,0000) 으로 10,000원이 배당소득으로 과세되는 구조입니다.

Q24. ETF 과세표준기준가는 어디서 확인해야 하나요?

A24. 상품 운용사 홈페이지 및 HTS에서 별도로 확인하셔야 합니다.

Q25. 해외주식시장에 상장된 ETF에 투자하면 국내에서 상장된 해외에 투자하는 ETF처럼 배당소득으로 과세되는 거 맞죠?

A25. 아닙니다. 해외에 상장되어 있는 ETF에 직접 투자 시 해외주식이라고 간주하시면 됩니다. 즉, 배당소득이 아닌 양도소득으로 과세가 됩니다. 중요한 것은 ETF 편입 기초자산으로 판단

하는 것이 아닌 ETF가 국내 시장이냐 해외시장에서 거래가 되느냐를 기준으로 판단하셔야 합니다.

※ 대표적으로 국내 상장 중국본토 ETF: KINDEX 중국본토 CSI 300, TIGER 차이나 A 300, TIGER 합성 등은 국내 상장임으로 양도소득이 아닌 기타 ETF로서 배당소득이 과세가 됩니다.

Q26. 손실 난 ETF를 증여하려 합니다. 증여 평가는 어떻게 해야 하나요?

A26. 대체출고일 전 종가가 증여가액이 됩니다. 상장주식인 경우 대체 출고일을 기준으로 전 두 달과 후 두 달, 총 네 달 종가평균액이 증여가액이 되지만, ETF는 펀드임으로 전일 종가가 증여가액이 됩니다.

Q27. 파생상품 양도소득세는 매매차익에 대하여 국내 및 해외 각각 별도로 구분되어 계산되나요?

A27. 아닙니다. 2018년 세법개정으로 17년 귀속분부터 국내, 해외 모두 통산하여 계산하며 기본공제 250만 원 1회 적용됩니다. 다만, 22년까지는 국내주식 및 해외주식과 별도로 250만 원 공제가 된다는 점을 기억하시기 바랍니다.

> 조금 더 알아봅시다. 코스피 200 야간 옵션 문제 해소.
>
> 코스피 200옵션의 경우 주간 거래는 국내 선물 옵션이지만, 야간에 유럽파생상품(Eurex)에 거래되는 코스피 200 옵션은 해외선물로 취급되어, 같은 종목이라도 국내와 해외 거래의 매매차손익은 상계되지 않는 문제점이 있었습니다. 세법개정으로 위 문제점은 해소되었습니다.

Q28. 20년 귀속분부터 국내주식 및 해외주식 매매차손익은 서로 상계되어 매매차익을 계산하는데, 파생상품매매차익은 주식 매매손익과 정산되나요?

A28. 아닙니다. 유가증권인 양도소득세 부과 주식 간 매매차 손익이 합산정산이 되는 것이며 파생상품은 별도로 매매차익에 대해 과세가 됩니다(주식은 주식끼리, 파생은 파생끼리) 파생상품 내 국내 및 국외 매매차손익만 합산되는 것입니다.

> 조금 더 알아봅시다!
> 파생상품 양도차익은 주식 양도차익과 합산이 되지 않아 별도로 연간 250만 원 양도소득 기본공제가 적용됩니다.

Q29. 파생상품 관련 모든 거래에 대해 양도소득세 과세대상이에요?

A29. 아닙니다. 법에서 정한 코스피 200 선물·옵션, 코스피 200 미니 선물·옵션, 코스피 200 ELW, 해외선물 등 주가지수관련 파생상품만이 과세대상입니다. 즉, 개별주식파생상품은 과세

제외입니다.

> **조금 더 알아봅시다! 개별주식선물옵션 투자 권유**
>
> 선물옵션거래고객에게 파생상품 양도소득세 부과는 비단 세금에 대한 납부뿐만 아니라, 본인의 거래대금내역을 국세청이 인지하고 있는 사실에 더 큰 부담을 가지고 있습니다.
> 양도소득세 신고 자체를 우려하는 고객에게는 개별주식선물옵션 투자로 유도할 수 있습니다.

또한, 23년 이후 결제분부터 역시 파생상품 매매손익은 금융투자소득세로 과세되며, 국내 주식 등 外 모든 상품과 통산하여 연간 250만 원 1회 공제, 22%(3억 원 초과분 27.5%) 세율 적용됩니다.

> **조금 더 알아봅시다!**
> **19년 파생상품 양도소득세 과세대상 상품들은 4월 1일부터 매각분이 적용 대상입니다.**
>
> 기존에는 코스피 200선물·옵션(미니포함), 코스피 200 ELW 정도가 과세대상에 해당하였으나, 세법개정으로 19년 4월 1일 이후 매각분부터 모든 주가지수관련 파생상품이 과세대상이 됩니다.
> 과세대상에 추가되는 상품: 코스닥 150 선물·옵션, KRX300선물, 섹터지수선물, 배당지수선물, 코스피 200 변동성지수선물, 유로스톡스 50선물 등 모든 주가지수 파생상품(장내·외, 국내·외)

Q30. CFD(contract for difference)가 과세가 되나요? 금융투자소득세 시행 시 어떻게 과세되는 거죠?

A31. 작년 4월1일 이후 매매 분부터 파생상품 양도소득세로 과세가 되며 매매차익에 11%로 과세가 됩니다.

조금 더 알아봅시다.

CFD(contract for difference)는 투자자가 '직접' 주식을 보유하지 않고 진입가격과 청산가격의 차액만을 현금으로 결제하는 신종 '장외파생상품'을 말합니다. 소득세법상 파생상품이 과세가 되려면 과세대상소득으로 '열거'가 되어 있어야 합니다. 작년 말 소득세법 시행령 개정으로 과세대상 파생상품의 범위에 CFD(차액결제거래)가 신설되었습니다(근거: 소득세법시행령 제159조의2 제1항 2호) 따라서 작년 4월 1일부터는 기존 과세대상이었던 국내·외 주가지수를 기초자산으로 하는 장내 파생상품, 국외 장내파생상품, 주식워런트증권(ELW) 외 CFD도 과세대상이 됩니다.

Q31. 가상화폐는 언제부터 과세되고 과세방식은 어떻게 되나요?

A31. 금년부터 과세예정이었던 가상화폐 과세 시행시점이 23년부터로 1년 유예되었습니다. 비트코인 및 거래되는 알트코인 전부 23년부터 매매차익에 대하여 연간 250만 원 공제를 차감한 가액에 22% 단일세율을 적용해 기타소득으로 과세가 됩니다. 가상화폐 기타소득은 종합과세에 합산되지 않습니다.

> **조금 더 알아봅시다.**
> **가상화폐 실제 계산 방식.**
>
> KRW마켓기준) 매도가액 2천만 원, 매수가액 1천만 원, 수수료, 세무사 신고수수료
>
> | 구분 | 금액(원) | 비고 |
> |---|---|---|
> | 총수입금액 | 20,000,000 | |
> | 필요경비 | 10,000,000+15,000+100,000
=10,115,000 | 의제취득가액 미적용
수수료율 KRW마켓 0.05% 가정 |
> | 소득금액 | 9,885,000 | |
> | 과세최저한 | 2,500,000 | |
> | 산출세액(22%) | 1,624,700(지방소득세 포함) | (소득금액-과세최저한)*세율 |

Q32. 고객이 노란우산공제가 가입가능한지 물어보는데요, 그게 뭐예요?

A32. 노란우산공제는 은행, 우체국에서 가입가능하며 증권사는 가입이 불가합니다. 노란우산공제는 근로자가 아닌 사업자만 대상이며(부동산임대업제외) 연금저축과 마찬가지로 불입금액에 연 최대 500만 원 소득공제가 가능하며, 폐업 시 공제부금을 퇴직소득으로 수령하실 수 있습니다. 자세한 내용은 본문을 참고하시길 바랍니다.

> **Notice.**
>
> ## 서울시 올해 '노란우산 공제' 가입하면 月 2만 원 지원
> 중소기업뉴스 22.04
>
> 서울시는 연매출 2억 원이하 사업자가 올해 노란우산 공제가입 시 월 2만 원씩 12개월 장려금 지급을 하고 있습니다. 관리자는 증권업 외 타 금융권 상품에도 관심을 가져 선제적 안내를 해 주신다면, 고객의 신뢰를 얻을 수 있습니다.

Q33. 골드뱅킹은 어떤 소득으로 과세되나요?

A33. 골드뱅킹 매매차익은 '18년 1월 1일 이후 매매분부터 과세로 변경되었습니다.

골드뱅킹은 신한, 우리, 국민은행 계좌를 통해 금을 거래하는 금융상품을 말하며, 고객이 현금을 골드뱅킹에 입금하면 은행이 입금액에 해당하는 금을 그램(g)으로 환산해 통장에 기재하고 돈을 찾을 때는 금 실물이나 금 시세에 해당하는 현금을 돌려주는 방식입니다.

> **Tax Tips**
>
> 금 관련 투자는 크게 국내 상장 금 ETF(배당소득), 해외 상장 금 ETF(양도소득), 골드뱅킹(과세), KRX 금(비과세), 골드바(부가가치세) 등으로 나눌 수 있는데, 각각 과세되는 구조가 다른 것을 이해하셔야 합니다. 증권사에서 거래할 수 있는 KRX 금현물은 매매차익에 대하여 양도소득세(배당소득 X)가 과세되지 않습니다(단, 금현물 인출 시 부가가치세 10% 과세).

Q34. KRX 금거래의 세무적 장점은 무엇인가요?

A34. 거래세도 없고 매매차익이 비과세된다는 점입니다. 금 현물 매입 시는 부가가치세가 부과되고, 금을 펀딩해도 매매차익에 대하여 배당소득이 부과되는 것을 고려 시 KRX 금 거래는 세무적으로 가장 유리합니다.

조금 더 알아봅시다. 최근 안전자산 선호현상이 강화되고 있습니다.

돌아온 金의 시간… 지금 투자해도 될까

머니S 22.03.06

금년 러시아-우크라 전쟁 발발에 따른 지정학적 리스크와 미국 기준금리인상 및 테이퍼링으로 인해 안전자산으로 옮겨 타려는 수요가 강한 것이 사실입니다. 대표적인 안전자산 중 금을 선호하는 고객에게는 증권사 판매상품 중 매매차익이 비과세되는 KRX 금 현물을 추천할 수 있습니다.

골드바는 금 실물 거래이며 그 외 골드뱅킹과 금 펀드는 비실물 거래입니다. 골드바의 경우 매매 시 부가가치세 10%가 부가되며, 골드관련 펀드의 경우 금융투자소득세 시행 전까지 매매차익에 대하여 배당소득(15.4% 원천징수)으로 과세됩니다. 단, 골드뱅킹은 17년까지 매각분에 대하여 비과세였으나, 2018년 1월 1일 이후 매각분부터 과세됩니다.

		KRX 금시장	골드뱅킹	골드펀드 및 ETF	골드바(현물거래)
거래단위		1g	0.01g	상품별 상이	주로 1돈 단위
가격		공정가격(시장가)	고시가격(은행고시)	상품별 상이	공정가격(시장가)
장내거래	수수료	증권사 온라인수수료 평균 0.2% 내외	통장거래형: 1% 실물거래형: 5%	선취수수료 (1~1.5%)	실물거래만 존재
	세금	매매차익 양도세면제 VAT(10%) 면제	매매차익 배당소득과세*1 ('18 이후 지급분)	매매차익 15.4% 배당소득세	
실물인출	인출비용	1개당 20,000원 내외	실물형만 인출가능 인출비용 無	실물인출 불가	거래가격의 10%
	VAT	거래가격의 10%	거래가격의 10%		

*1) 골드뱅킹 매각이익을 파생결합증권의 이익으로 명문화하여 배당소득(15.4% 원천징수)으로 과세함

Q35. 보험 계약자 변경을 하면 불이익이 있나요?

A35. 보험 계약자 변경이 발생하면 보험회사는 계약자 변경 내역을 국세청에 통보하도록 되어 있으며(명의변경 명세서) 불필요한 세무조사를 야기할 수 있습니다.

> **관련법규: 상속세 및 증여세법 82조 지급명세서의 제출**
> 생명보험이나 손해 보험의 보험금 등을 지급하거나 명의변경을 담당하는 자는 지급일 또는 명의변경일이 속하는
> 분기종료일의 다음 달 말일까지 관할 세무서장에게 제출하여야 한다.

Q36. 보험 가입 시, 계약자와 수익자를 다르게 설정해도 괜찮나요?

A36. 다르게 설정하시면 안 됩니다. 증여로 추정됩니다. 계약자(돈 불입자)와 수익자(돈 수령자) 불일치하면 증여세를 과세하도록 세법에서 규정하고 있습니다.

Q37. 자녀명의로 비과세 보험을 가입했는데, 국세청에서 조사가 나올까요?

A37. 보험사고일의 보험지급액이 연 1천만 원을 초과하는 경우 관련 자료가 국세청에 통보되는 바, 조사가 나올 수 있습니다.

Q38. 고객이 해외에서 직접 판매되는 보험을 가입하려고 하는데, 좀 불안해요. 어떤 문제점이 있을까요?

A38. 해외에서 판매되는 보험을 역외보험이라고 하는데, 국내보험법에 보호받지 않고 세법에서는 세금을 부과합니다. 역외보험은 일부 자산가들에게 높은 금리, 높은 사망보장금, 계약자 변경의 자유 등 판매가 되고 있지만 이는 제도권 외 금융상품입니다. 국내소비자보호법에 보호되지 않을 뿐만 아니라 세무상 리스크가 높으며 세법상에서도 해외 금융상품으로 보아 투자 시 자금출처, 보유 시 이자소득, 만기 시 전부 과세합니다.

Q39. 보험을 타인 명의로 계약(불입)한 경우 증여 시점은 언제인가요?

A39. 원칙으로 보험사고일(해약, 만기, 중도인출일등)입니다. 타인 명의로 계약(불입)한 시점이 아니라, 보험사고일을 증여일로 봄으로써 원금에 보험차익까지 가산한 금액에 대해 증여세를 부과받게 됩니다.

조금 더 알아봅시다.

계약자변경 시점을 증여일로 본 국세청 해석사례도 있습니다.
Q&A에서 언급하였듯이 원칙은 보험사고일을 증여일로 인지하면 크게 무리가 없습니다. 다만 일부 해석에서 계약일로 보는 경우도 있는 바, 보험에 관하여 증여 이슈가 발생되면 세무사의 자문을 받으시기 바랍니다.

Q40. 보험금도 상속재산에 포함되나요?

A40. 계약자(불입자)가 피상속인이며, 피상속인의 사망으로 인해 받는 보험금은 상속세 과세대상입니다.

> **Tax Tips**
>
> 피상속인이 보험료를 불입한 사망보험금에 대해서만 상속세가 과세 됩니다. **본문에서 언급했듯이 계약자 및 수익자는 아들로, 피보험자는 부모로 해서 발생한 부모의 사망보험금은 과세대상이 아닙니다. 보험을 설계할 때 반드시 참고해야 합니다.**

Q41. 증권사 창구에서 방카슈랑스 가입을 하려고 하는데요, 저축성 보험이 세제적격, 세제비적격으로 표기되는데 무슨 말이죠?

A41. 쉽게 말해 세제적격이란 세액공제가 되는 연금저축보험을 의미하는 것이며, 증권사에서 판매하는 연금저축펀드를 지칭하는 것입니다. 세제비적격은 그 외 세액공제는 되지 않으나 일정조건을 충족하면 이자소득이 비과세되는 즉시연금 등이며 대부분 지점에서 판매되는 방카슈랑스 상품은 세제비적격 비과세 저축성 보험에 해당합니다.

Q42. 저축성 보험이 과세되면 무슨 소득으로 과세되나요?

A42. 세제비적격인 경우 이자소득으로 과세됩니다. 세제비적격 저

축성 보험의 매매차익은 이자소득이며, 금융소득종합과세에 합산되는 소득입니다. 단, 저축성보험을 10년 이상 유지(계약) 하면 비과세로 특별적용 해 주는 것입니다.

Q43. 저축성 보험의 비과세 조건은 어떻게 되나요?

A43. 개인만 적용되며 일시납의 경우 인별 1억 원 납입 후 10년 이상 계약 유지 조건이며 적립식의 경우 월 150만 원 이하로 5년 이상 불입하며 10년 이상 계약 유지조건을 충족하여야 합니다. 위 일시납 및 월납은 중복적용이 가능합니다. 즉, 일시납 상품 1개 가입, 월납상품 1개 가입의 경우 각각 비과세혜택을 받을 수 있습니다. 한편, 법인의 경우 저축성 보험의 비과세는 없습니다.

Q44. 상속형, 종신형, 확정형의 차이가 뭐예요?

A44. 상속형은 계약자가 사망까지는 이자만 받고, 사망 시 원금을 수령하는 구조이며 종신형은 사망 시까지는 이자와 원금을 분할하여 받으며 확정형은 사망과 관련 없이 정해진 기간 동안 이자와 원금을 분할 수령하는 구조입니다. 단, 종신형은 중도해지가 불가합니다.

Q45. 종신형 즉시연금(또는 확정형)에 가입하면 상속세를 줄일 수 있나요?

A45. 정기금 평가로 상속세 절세가 가능합니다.

예를 들어 아버지가 계약자(수익자)이고 피보험자가 자녀인 종신형 즉시연금을 가입할 경우, 아버지가 사망한 후 연금 수령 권리가 자녀에게 이전됩니다. 연금 수령 권리를 종신형으로 설계할 경우 자녀의 기대여명(잔여보험 지급기간)까지 연 3.0%(2017년 개정, 2017.03.10 이후 적용)를 적용하여 현재가치로 환산하여 상속재산에 가산합니다.

이해의 편의상 5억 원을 일시에 증여하는 경우와 1억 원씩 5년간 분할(정기금)지급하는 증여 시 증여재산가액은 500,000,000원에서 457,950,000원으로 총 42,050,000원의 증여재산가액이 축소되는 결과가 발생됩니다 (100,000,000*4.5797 = 457,970,000).

※ 3.0% 연금 현가계수

1년	2년	3년	4년	5년
0.9709	1.9135	2.8286	3.7171	4.5797
6년	7년	8년	9년	10년
5.4172	6.2303	7.0197	7.7861	8.5302

Q46. 연금저축보험(세제적격)과 연금저축펀드(증권)의 가장 큰 차이점이 뭔지요?

A46. 세액공제는 동일하지만 연금소득을 '종신으로 수령 할 수 있는지 여부' 및 예금자보호여부가 가장 큰 차이입니다. 연금저축보험은 종신형으로 설계하여 사망 시까지 연금보험을 수령할 수 있으며, 예금자보호가 가능합니다.

Q47(즉시) 연금보험의 이자소득 비과세 혜택은 어떻게 적용받나요?

A47. 아래 표와 같습니다.

구분	비과세 요건	비고
일반 저축성보험	1인당 납입보험료 합계액 1억 미만 (보험유지기간 10년 이상)	확정형: 기간 확정시까지 이자+원금
적립식 저축성보험	최초 납입일로부터 납입기간이 5년 이상인 월 150만 원 이하 적립식 계약 (보험유지기간 10년 이상)	종신형: 사망 시까지 이자+원금 상속형: 사망 시까지 이자, 원금 상속인 이전

Q48. 변액보험과 펀드의 차이는 무엇이죠?

A48. 변액보험(VI)은 보험의 기본적 기능인 보장기능에 보험료 납입한 부분은 채권 펀드 등으로 운용하여 운용실적을 배당하는 상품입니다. 큰 틀에서는 펀드와 다를 게 없으나, 펀드의 기본성격에 보험기능과 10년 이상 매매차익 비과세를 적용한 상품으

로 보시면 됩니다(변액보험의 경우 보험사가 별도 사업비 형태로 납입금액의 5~10% 징수합니다).

Q49. 법인이 10년 이상 저축성보험을 유지하면 보험차익이 비과세 되나요?

A49. 이자소득으로 과세됩니다. 개인만이 비과세이며 법인은 전 금융상품이 법인세로 과세됩니다.

Q50. 법인의 보험계약 보험차익도 원천징수 대상인가요?

A50. 계약일로부터 10년 이내 보험금 수령 시는 15.4% 원천징수대상이며, 10년 이후 법인이 보험금을 수령한다면 원천징수 하지 않습니다.

※ 저축성 보험 개인vs법인

구분	개인	법인
원천징수 대상	만기 10년 이상 – 비과세 만기 10년 미만 – 원천징수	만기 10년 이상 – 원천징수 × 만기 10년 미만 – 원천징수
원천징수 세율	15.4%	15.4%(2015 지방세법 개정)
과세소득	이자소득 단, 10년 이상 장기저축성보험 차익 비과세	모든 이익 과세

Q51. 법인 보험계약의 장점은 무엇인가요?

A51. 법인이 보험에 관한 수수료를 부담하며 그에 발생된 사업비등 비용도 회계상 비용처리가 가능합니다(법인세절세). 또한 보험금에 대하여 법인은 중도입출금을 통해 자금을 유용할 수 있으며 임직원에게 보험혜택을 부여할 수 있습니다.

Tax Tips

직원에게 단체보장성 보험료 중 연간 70만 원까지는 법인이 직원에게 근로소득이 비과세로 지급이 가능합니다.

제4절 금융상품(주식 외) 자산관리전략

1. 금융투자소득세 대비 최선의 선택, 중개형 ISA 상품 제안

- 중개형 ISA 가입: ISA 내에서 상장주식 투자가 가능하며, 상장주식 투자 시 매매차익에 200만 원까지는 비과세 200만 원 초과분에 대해서는 9.9% 분리과세를 합니다.
즉, 금융투자소득세의 매매차익 22% 과세 대비하여 절세효과가 매우 뛰어납니다.

- 적극적인 증여: 금융투자소득세 상장주식 매매차익에 대하여 개인당 연간 5천만 원으로 한도가 생성되기 때문에 가족계좌를 확보하기 위한 사전증여를 통해 절세효과를 누려야 합니다.

2. 틈새절세 상품 즉시연금 등 저축성 보험

> **Notice**
>
> 이자소득이 비과세되는 세제비적격 저축성 보험은 세부담이 급격히 높아지는 요즘 현실하에 고객이 반드시 가입해야 할 상품입니다.
> 비과세 콘셉트로만 판매를 하는 것이 일반적이지만, 즉시연금보험은 상속, 증여이슈 고객에도 매우 효율적인 절세상품입니다.

(1) 포인트

: 이자소득 비과세, 상속재원마련, 상속세 절세

(2) 접근프로세스

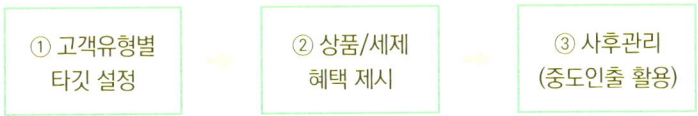

1) 고객유형별 타깃 설정

: 금융소득종합과세, 상속·증여 등 관련 절세 니즈 보유 고객

2) 세제혜택 제시

구분	세무상 이슈	(보험) 세제 혜택	비고
금융소득종합과세	종합소득세, 지역건강보험료 증가	보험차익 비과세 - 종합소득세 절감 - 지역건강보험료 절감	금융소득 종합과세 편 참조

구분	세무상 이슈	(보험) 세제 혜택	비고
상속세 절세 (납부재원 포함)	상속세 납부재원 부족(부동산 국세청물납위험)	사망보험금 상속세납부재원	상속편 참조
	상속세 절세	정기금평가로 인한 총 상속재산가액 감소	
증여세 절세	일시 증여로 인한 과도한 증여세	정기금 증여로 인한 증여재산가액 감소	본문 참조

① 사후관리

: 중도인출 기능을 통한 방카슈랑스 가입자금 활용

3. 세제 혜택 상품 적극적 투자 제안

비과세와 분리과세는 Mass 고객에게는 세후수익률 증대, HNWI고객에는 금융소득종합과세 회피라는 장점이 있습니다.

금융상품에 대한 세제혜택은 과거보다 많이 축소되었지만, 작년부터 시행되는 공모 리츠 배당소득 9% 분리과세와 남아 있는 10년 이상 장기채권 및 방카슈랑스, 비과세 종합저축, ISA 등은 적극적으로 활용할 필요가 있습니다.

※ 절세상품 Map

구분	대상상품	세제·혜택	대상자	비고
비과세	비과세종합저축	기존 생계형 +세금우대 통합 5천만 원 한도 내 비과세	만 65세 이상 장애인 등	
	ISA	순소득 200만 원 비과세, 초과분 9.9% 분리과세 21년 이후 중개형ISA 상장주식 가능 (22년·개정) 중개형ISA 내 상장주식 매매손실 ISA 내 타소득과 통산가능	21년 이후 만19세 이상 가능	ELS, 채권 등 쿠폰 지급 상품 활용
	브라질국채	이자소득세 면제	제한 없음	한·브 조세조약
	국내주식, 국내주식형 펀드	주식 매매, 평가차익 비과세		
	저축성보험	10년 이상 유지 시 비과세 (인당 1억) *단, 5년 납 월 150만 원 적립식 계약		예금자보호법적용, 최저보증이율
분리과세	상장주식, 채권투자	매매차익 비과세		
	장기채권 (만기 10년 이상)	33% 분리과세 발행~상환 10년 이상 장기채권 *2013.1.1. 이후 발행분 3년 이상 보유 시 33% 분리과세		과세표준 8,800만 원 이상 고객 (38.5%) 추천
	공모·리츠 등 배당소득 9% 분리과세	인당 5천만 원 이내 투자일부터 3년 이내 배당수령 시 분리과세 적용기한 2년 연장(22년 개정)		23.12.31 까지 적용

구분	대상상품	세제·혜택	대상자	비고
분리과세	뉴딜 인프라 펀드 등	뉴딜인프라펀드(9.9%) 22년·말까지 가입 시 가입 후 3년간 지급받는 배당, 금융투자소득 분리과세(22년 개정)		22.12.31. 까지
분류과세	해외주식 (랩, 신탁포함)	양도소득세 과세 22%		
	비상장주식	양도소득세 과세(11~22%)		
기타	연금저축 (IRP포함)	연 400만 원 한도 16.5%(13.2%) 세액공제 등	소득 있는 고객	
	해외채권 직접투자	개인 해외채권 매매차익 및 환차익 비과세	제한 없음	
	노란우산 공제	연 500만 원 소득공제	사업소득 고객	은행가입

4. 고객별 맞춤형 상품 제안

세무적으로 아래와 같이 맞춤형 상품을 고려해 볼 수 있습니다.

* 세무적 금융상품 활용 예시

구분	고객 니즈 등	특징	비고
개인	비상장주식 투자 및 소득공제 목적	사업자 벤처직 간접투자 소득공제 가능	벤처기업직간접투자
	금 투자 수익, 상속 대비	KRX, 골드뱅킹, 골드바	비과세, 자산 은폐
	선물옵션 양도소득세 회피	개별선물옵션 제안	
	ETF 수익 괴리율 불만	ETN 대체투자	기준가 과세
	상속, 증여 절세 니즈	저축성보험	정기금평가

구분	고객 니즈 등	특징	비고
개인	사업자 소득공제 목적	노란우산공제	
	금융소득종합과세 회피	비과세, 분리과세, 분류과세	1번 전략 참고
	(퇴직)연금 수익률 불만	ETF 편입 후 수익증대	수익연금소득 저율과세
법인	법인 자산의 개인이전(임원)	저축성 보험	CEO 플랜
	법인 자산의 개인이전(직원)	퇴직연금	
	임직원 복리후생 증진	스톡옵션 전용계좌	양도세

5. 고배당 금융상품 증여 Vs 평가손실 금융상품 증여

가. 고배당예상 금융상품 증여

고배당(쿠폰)이 예상되는 펀드, ELS 때문에 금융소득종합과세자가 될 우려가 있다면 해당상품을 타인에게 대체하고 증여세 신고를 하는 것이 바람직합니다.

펀드 대체 시 결산일 후 과세표준증가분에 대해 소득세를 원천징수 하지만 향후 펀드를 통한 과세이익이 예상된다면 원천징수 세금에도 불구하고 배당소득 이전 효과가 더 클 수 있기 때문입니다.

ELS의 경우 대체 시 소득세를 원천징수 하지 않으므로 펀드보다 훨씬 대체가 자유롭습니다.

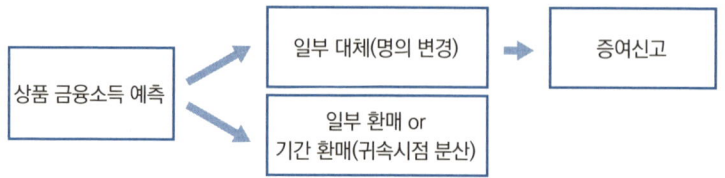

나. 평가손실 금융상품 증여

평가손실 된 금융상품을 증여 시 금융상품은 대부분 증여일의 평가가액이 증여가액이 됨으로 낮은 증여가액으로 증여가 가능하기 때문에 증여를 적극적으로 활용해야 할 필요가 있습니다.(증여재산평가부분은 증여편 참고).

6. 벤처기업 투자 세제혜택 활용

금년 말까지 개인투자자가 벤처기업(개인투자조합 포함) 등에 출자함으로써 취득한 주식 또는 출자지분에 대해서는 일정요건 해당 시 양도소득세 비과세되며, 소득공제 혜택까지 주어지므로, 적절하게 활용할 필요가 있습니다.

구분	요건				비고
양도소득세 비과세 (조특법 제14조)	벤처기업 주식을 아래의 방법으로 취득한 경우 양도소득세를 비과세 함				22.12.31. 까지 투자분
	구분	기업요건	취득요건	보유요건	
	① 벤처기업 (개인투자조합) 직접투자	창업 5년 이내 (벤처 전환 3년 이내)의 특수관계 없는 벤처기업에 투자	설립 시 자본금 납입, 설립 후 7년 이내 유상증자 등	3년 보유	
출자금액 소득공제 (조특법 제16조)	벤처기업에 직접투자(타인 지분 양수 X)하는 경우 투자금액의 3천만 원 이하 분 100%, 5천만 원 이하 분 70%, 5천만 원 초과분 30%에 상당하는 금액을 해당 과세연도의 종합소득금액의 50% 한도로 소득공제(소득공제 대상연도 변경을 신청하는 경우 신청한 과세연도에서 공제 가능) 단, 20년 이후 투자분부터 소득공제 대상연도 변경 시 변경 신청을 해야 함				22.12.31. 까지 출자 (투자) 분
스톡옵션 행사이익 비과세 한도 확대 (조특법 제16조의2)	벤처기업 임직원의 스톡옵션 행사이익에 대하여 연간 5천만 원 한도 내에서 행사차익을 비과세 하므로, 벤처기업의 임직원을 대상으로 절세가능				

7. 사업자 고객 포함 연금저축펀드 납입한도 확대 활용

만 50세 이상(금융소득종합과세 미대상)&총 급여 1.2억 원 이하(종합소득 1억 원 이하)자의 경우 연금저축납입에 따른 세액공제가 확대되어 해당 상품을 활용 시 추가 절세혜택이 있고 금년 납입분부터 ISA 만기계좌의 자금을 연금저축으로 전환할 경우 전환금액의 10%(300만 원 한도)의 추가 세액공제한도가 생성됩니다.

(1) 절세 포인트

근로소득자 뿐만 아니라 개인사업자도 연간 400만 원 한도 연금저축 세액공제 가능(예금자보호 가능 및 종신수령가능).

(2) 접근 프로세스

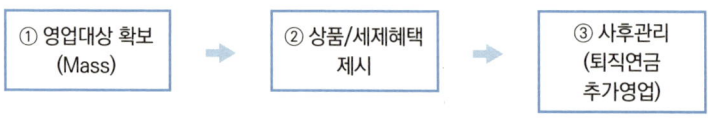

① 절세 가능한 고객

: 개인사업자 or 근로소득자 고객

② 상품/세제혜택 제시

구분	예시	세액공제액		
개인사업자	개인사업자도 세액공제를 적용받을 수 있는 금융상품	종합소득금액 (총급여액)	세액공제 대상납입한도 (퇴직연금포함)	공제율
근로소득자	연금저축보험을 통해 세액공제가 되는 상품	4천만 원 (5.5천만 원)이하	600만 원 (900만 원)	15%
		1억 원 (1.2억 원) 이하		12%
		1억 원 (1.2억 원) 초과	300만 원 (700만 원)	

제4장
금융투자소득세편

PB와의 대화

이번엔 '금투세' 밀어붙이려는 巨野… 정부·여당은 '반대'
아시아경제 22.11.08

PB: 금융투자소득세, 휴. 어떤 방향으로 흘러갈 것으로 보세요?

세무사: 단정적으로 말씀드리기는 어려우나 우리나라뿐만 아니라 글로벌 상황을 고려했을 때, 인플레이션 압력이 수그러지지 않았고 그에 따른 금리인상 기조하에 경제 및 증시가 좋지 않은 것 같습니다. 엎친 데 덮친 격으로 내년 금융투자소득세 시행으로 급진적인 세제개편까지 단행한다면 우선 여론은 좋지 않을 것 같습니다.

지점: 내년 금투세 시행이 어렵다는 거죠? 그럼 어떻게 준비해야 할까요?

세무사: 국내 투자자들이 가장 선호하는 국내 상장주식을 예로 들어볼까요.

상장주식 대주주 과세를 분야에서 지금 가장 큰 관심은 고액주주 100억 기준이 내년부터 도입되면 금년 말(12월 결산법인 기준) 10억 기준은 무시하도 되기 때문에 금년에 매도하느냐 내년 비과세 적용받고 매도하느냐가 주된 포인트가 되겠죠.

과거 20년 말 비슷한 상황을 겪었는데 당시에도 대주주 과세기준을 3억 원으로 강화하느냐, 여전히 10억 원을 사수하느냐라는 문제를 두고 당시 엄청난 혼란이 있었죠.

결국 소득세법 시행령 개정사항이라 입법은 연말을 지나 단행되었지만, 연말 전에 당시 기재부 장관이었던 홍남기 경제부총리의 10억 원 유지라는 정책적인 코멘트가 있긴 했었습니다.

하지만 그때와 달리 금투세가 시행되느냐 마냐는 시행령 개정사항이 아닌 본법의 국회통과가 관건이기 때문에 어찌됐던 금년까지는 정치권의 합의를 통해 판가름이 나야 하며, 기재부 장관의 일방적인 코멘트로 결정될 사안은 아닙니다. 연말까지 긴장을 놓을 수 없는 상황이 이어질 것 같습니다.

In-depth Topic. 금융투자소득세 시행여부에 따라 세금대응전략은 달라집니다.

금융투자소득세는 기존 장내거래 상장주식, 채권매매차익 등 과세사각지대에 있었던 개별섹터까지 모두 과세대상 소득으로 전환하면서, 인별 공제한도를 기본 5천만 원으로 주는 것으로 현재와 과세전략은 달라져야 하는 것이 맞습니다.

즉, 기존에는 비과세 섹터에 집중투자를 하게 되면 과세소득으로 노출되지 않기 때문에 분산투자의 니즈가 적으나, 금투세 이후에는 철저하게 분산투자를 해야 하기 때문에 가족, 친척 등 계좌를 동원하여 최대한 분산투자를 해야 손익통산을 활용한 절세가 가능해 집니다. 22년 하반기 현재에는 개인투자자의 과세방향에 대한 혼란이 가중되고 있으나, 본 챕터에서 금융투자소득세에 대한 내용을 미리 학습하고 바뀌는 셈법에 미리 대비하는 자세가 필요합니다.

제1절 금융투자소득세 핵심내용

1. 금융투자소득세 기본구조

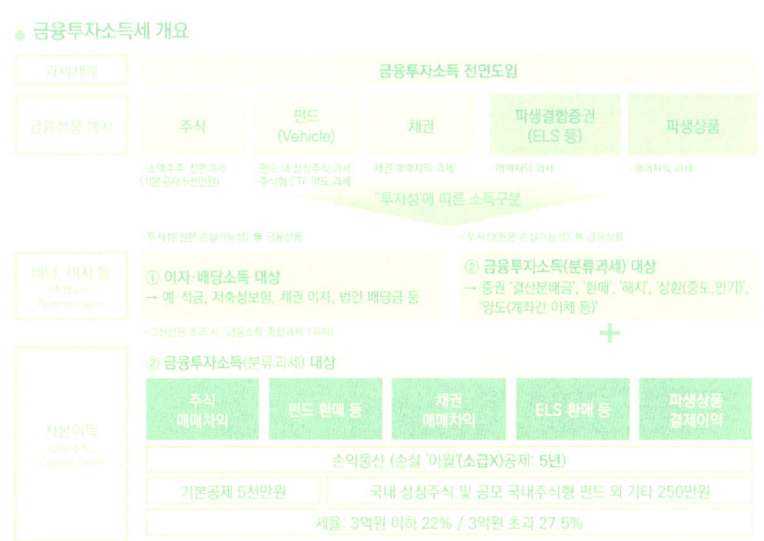

2. 금융투자소득세의 절세 포인트

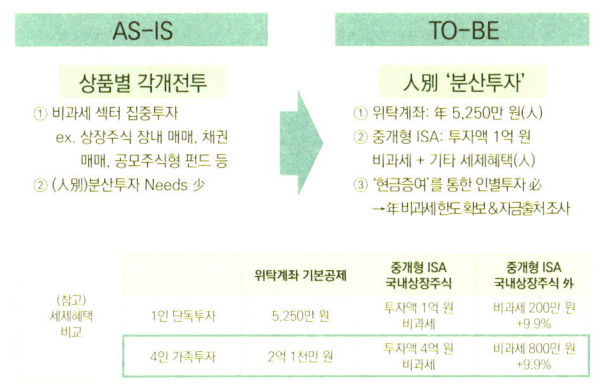

3. 금융투자소득세 핵심요약표

구분	내용	비고
금융투자소득 범위(6가지)	① 주식 매매차익 ② 채권 매매차익 ③ 투자계약증권 매매차익 ④ 집합투자기구(펀드) 이익 ⑤ 파생결합증권(ELS, ETN 등) 이익 ⑥ 파생상품(선물·옵션, ELW 등) 거래이익	
금융투자 소득금액계산	① 주식: 양도가액 – 필요경비('이동평균법') ② 채권: (양도가액 – 보유기간이자) – 필요경비(이동평균법, 22개정) ③ 투자계약증권: 양도가액 – 필요경비 ④ 집합투자증권(펀드): (좌당 양도소득 * 환매 등 발생좌수) – 각종 보수 및 수수료 ⑤ 파생결합증권: (1증권 당 양도소득금액 * 증권 수) + 분배소득 ⑥ 파생상품: 선물, 선도, 스왑 각 상품 별 상이	선입선출법 (FIFO) 매매차익 괴리현상 해소
과세표준 및 세율	① 과세표준: 금융투자소득금액 – 이월결손금(5년) – 기본공제*1) *1)(1그룹): 국내 상장주식, 공모 국내주식형 펀드 (5천만 원) (2그룹): 위(1그룹) 외 금융상품(250만 원) ② 세율: 22%, 27.5%(2단계, 3억 원 이하, 초과)	
신고납부 및 원천징수	① 예정신고: 반기 말 ~ 2개월 이내 자진신고·납부 (8월, 2월) ② 확정신고: 익년 5월 말까지 자진신고·납부(5월) ③ 원천징수(금융회사): 반기별 22% 원천징수	

제2절 금융투자소득세 기본내용

1. 금융투자소득세 22년 개정세법

> **Tax Tip**
> **22년 금투세 관련 세법개정 요약.**
>
> 금년도 금융투자소득세와 관련한 주요 개정사항은 복수의 금융회사에서 기본공제 분할적용 가능, 채권의 소득금액 평가방법이 기존 개별법, 이동평균법 중 선택에서 개별법으로 명확화, 5천만 원의 기본공제가 적용되는 K-OTC 종목의 중소·중견기업의 판정시점이 주식 양도일 현재로 일원화되었다는 부분입니다. 대세에 지장이 없는 일부 개정사항이므로 이 보다는 전체 숲을 보는 것이 더 중요합니다.

구분	개정 전	현행	적용시기
원천징수 제도 개선	▷(적용기관) 기본공제 그룹별로 각각 하나의 금융회사 적용	▷(적용기관) 하나의 금융회사 → 복수의 금융회사 Ex)(현행) A증권사 5천만 원 일괄공제 (개정) A증권사 2천, B증권사 3천만 원	(기본공제 신청) 23.1.1. 전 신청 분 허용
금융투자 소득세 확정신고 대상축소	▷원천징수세액 및 예정신고 납부세액 대비 추가납부세액이 있는 자 ▷환급세액이 있는 자 ▷비과세·세액감면을 적용받고자 하는 자 (단서추가) ▷과세기간의 결손금을 확정하려는 자(단서추가)	(좌동) (좌동) (좌동) -분리과세금융투자소득만 있는 자는 제외 -예정신고 대상소득*이 없는 자는 제외 *금융회사를 통하여 지급받지 않거나, 원천징수 되지 않은 금투소득	23.1.1. 이후 발생 소득분

구분	개정 전	현행	적용시기
채권 등 취득가액 평가방법 일원화	▷(주식 등) 이동평균법 ▷(채권 등) 이동평균법, 개별법 중 납세자가 신고한 방법 -단, 미신고 시 개별법으로 평가 ▷(투자계약증권) 개별법	(좌동) ▷(채권 등) 개별법 *납세자의 평가방법 신고 불필요 (좌동)	23.1.1. 이후 발생 소득분
원천징수 계산방법	▷실지명의별 보유계좌 내 소득금액을 기본공제 그룹별* 합산 *① 국내상장주식 등: 5천만 원 ② 기타 금투소득: 250만 원 (신설)	-주식 등* 소득금액 계산 시, 의제취득가액 적용 *① 주권상장법인 주식 ② K-OTC 중소·중견기업 주식 ※ 단, 대주주 판단 시점에 해당 법인의 주식 등을 10억 원 이상 소유한 거주자는 적용 제외 → 원천징수 시 의제취득가액을 적용받은 대주주는 확정 신고	23.1.1. 이후 양도분
금융투자 소득 관련 중소·중견 기업 범위 변경	▷K-OTC 주식 양도 시, 중소·중견기업의 주식 등 -금투소득 기본공제 5천만 원 및 의제취득가액 적용 ▷ 중소·중견기업의 범위 -중소기업: 주식 양도일이 속하는 사업연도의 직전 사업연도 종료일 현재 「중소기업기본법」상 중소기업 요건을 갖춘 기업 -중견기업: 주식 양도일 현재 「조세특례제한법」상 중견기업	(좌동) -주식 양도일 현재 「중소기업기본법」에 따른 중소기업 -주식 양도일 현재 「중견기업법」에 따른 중견기업	23.1.1. 이후 양도분 적용

2. 현행 및 개정 소득세법의 상품별 과세방식 비교[44]

현행	23년 이후 귀속 분
이자소득(14%, 금융소득종합과세)	**이자소득(14%, 금융소득종합과세)**
·국내 및 국외 예금이자 ·채권 또는 증권의 이자와 할인액 ·보험차익 ·파생결합 예금이익(주가연계예금, 엔화스왑예금)	좌동 좌동 좌동 좌동 ·파생결합사채 이익(ELB, DLB)
배당소득(14%, 금융소득종합과세)	**배당소득(14%, 금융소득종합과세)**
·이익 또는 잉여금의 분배(의제, 인정, 간주) ·집합투자기구 이익(이자·배당 분배) ·집합투자기구 이익(채권양도, 환매·양도) ·파생결합증권 이익(ELS, ETN 등) ·파생결합사채 이익(ELB, DLB) ·출자공동사업자 이익	·좌동 ·좌동 ·배당소득 → 금융투자소득 ·배당소득 → 금융투자소득 ·배당소득 → 이자소득 ·좌동
	금융투자소득(20%, 25%)
	·주식 양도소득(전면과세) ·채권 양도소득 ·투자계약증권 양도소득 ·집합투자기구 이익(상장주식 및 채권 양도) ·집합투자기구 이익(환매, 양도) ·파생결합증권 이익(ELS, ETN, ELW) ·파생상품 소득
양도소득	
·주식 양도소득(대주주 상장주식 등)(10~30%) ·파생결합증권이익 (주가지수ELW)(10%) ·파생상품 소득(주가지수선물·옵션 등)(10%)	·양도소득 → 금융투자소득 ·양도소득 → 금융투자소득 ·양도소득 → 금융투자소득
비과세 소득	
·상장주식 양도소득(소액주주) ·채권 양도소득 ·집합투자기구 이익(상장주식 양도) ·주식형 ETF 양도소득 ·파생결합증권(ELS, DLS) 양도소득 ·개별 주가종목·금리·통화 파생 등	·비과세 → 금융투자소득 ·비과세 → 금융투자소득 ·비과세 → 금융투자소득 ·비과세 → 금융투자소득 ·비과세 → 금융투자소득 ·비과세 → 금융투자소득

---

[44] 기획재정위원회, 소득세법 일부개정법률안에 대한 검토보고서 참조

3. 금융투자소득의 범위

> **Tax Tip.**
> **금융투자소득세.**
>
> 금융투자소득세를 한마디로 설명하면 국내 및 해외거래 주식, 채권, 펀드, ELS, 선물옵션 등 수수료 등 경비를 차감한 금융상품 매매차익에 대하여 전부 상계를 한 순매매차익에 3억까지 22% 3억 초과 27.5%를 양도소득세 대신 금융투자소득세 항목으로 과세하는 것을 의미합니다. 여기서 국내상장주식과 국내주식형펀드 매매차익에 대해서는 연간 5천만 원 공제를 별도로 해 주며 기타 250만 원 공제 등이 있습니다. 기존에 매매가 아닌 금융상품 보유로 발생하는 이자배당소득 여전히 금융소득종합과세 대상입니다.

개인투자자의 금융투자소득세는 기존 세법과 마찬가지로 과세대상의 구분이 가장 중요합니다. 즉, 기존대로 이자소득 및 배당소득으로 귀속되는지 새로운 금융투자소득세(분류과세)의 과세대상이 되는지 구분하는 것이 핵심입니다.

이하 내용에서는 예정대로 23년부터 금융투자소득세가 시행된다는 가정하에 서술하였으므로, 추후 시행시기가 25년 이후부터로 결정되는 경우 시점을 바꿔 보시면 됩니다.

구분	범위	예시	비고
주식	매매차익 (국내·외)	삼성전자, 테슬라 매매차익 등	배당은 여전히 '금융(배당)소득'이며, 연간 2천만 원 초과 시 금융소득종합과세 대상이 됨
채권	매매차익 (국내·외)	HMM 199CB 매매차익 등	보유기간 이자 등은 여전히 금융(이자)소득'이며, 연간 2천만 원 초과 시 금융소득종합과세 대상이 됨

구분	범위	예시	비고
집합투자기구	펀드 분배금 환매차익	사모펀드, 일반펀드, KODEX, ETF 등	집합투자기구의 이익은 적격, 비적격, 국외집합투자기구 여부에 따라 분배금 및 환매이익에 대하여 금융소득 및 금융투자소득으로 과세될 수 있음. 단, 환매(처분)이익은 금융투자소득으로 과세
파생결합증권	ELS 분배금, 매매차익	ELS, ETN, ELW	금융투자소득세 과세
파생상품	선물, 옵션 결제차익	KOSPI 200 등	금융투자소득세 과세

※ 실무상 취급 않는 투자계약증권은 제외

조금 더 알아봅시다.
집합투자기구로부터 의의 이익에 대한 과세체계.

집합투자기구에 대한 이익의 과세체계는 크게 3가지 카테고리로 구분할 수 있습니다.

1. 적격 집합투자기구

*적격
집합투자기구란 자본시장법상 집합투자기구로서 매년 1회 이상 결산·분배를 하고, 금전으로 위탁 및 환급받는 것을 요건으로 하며, 23년부터 적격집합투자기구가 되려면 국세청에 매년 신탁재산 소득금액 등에 관한 내용을 신고하는 것을 요건으로 합니다.

현행

구분		계약형	회사형
		분배 환매	배당 양도
국내상장	주식형 ETF	과세제외	대주주 과세 / 소액주주 과세제외
	기타	배당	대주주 양도 과세 / 소액주주 과세제외
국외	비상장 등록 미등록	배당 배당 양도	양도 양도

23년 이후

구분		계약형
분배	원천 : 금융투자소득	금융투자소득
	원천 : 금융투자소득 外	배당
	환매·양도	금융투자소득

배당소득으로 일원화 되어 과세되는 대부분의 증권사 판매용 펀드(주로 계약형)가 해당됨. 23년 이후 부터는 분배금의 원천이 금융투자소득인지 여부에 따라 금융투자소득 혹은 배당소득으로 구분되며, 환매 및 양도소득은 금융투자소득으로 분류됩니다.

4. 금융투자소득의 소득금액 계산방법

금융투자소득은 주식, 채권, 펀드 등 카테고리별로 소득금액을 계산한 후 모든 소득을 합산하여 세금을 계산하는 구조이며, 소득금액의 상세한 계산내역은 아래와 같습니다.

표를 보면 어렵게 느껴질 수 있으나 쉽게 생각해 보면 사실상 매매차익은 단순하게 판 금액에서 산 금액을 차감한다는 논리를 벗어날 수 없기 때문에 얼마를 벌었는지를 파악하는 것이 핵심이 됩니다.

구분	계산방법	비고
주식	·소득금액=양도가액−필요경비[1]−양도비 등[2] [1] 취득가액 및 취득 시 발생한 소송비용 등 [2] 증권거래세, 수수료 등 ·취득가액 평가방법: 계좌별로 평가& '이동평균법' (선입선출 X) ·소액주주[3]의제취득가액: Max(실제 취득가액, 22년 말 종가) [3]상장 소액주주, 비상장 & K-OTC & 중소·중견 소액주주	
채권	·소득금액=(양도가액−보유기간이자) − 필요경비 − 양도비 등 ·취득가액 평가방법: 계좌별로 평가& '개별법(22 개정)'	필요경비, 양도비 등은 주식과 동일
투자계약 증권	·소득금액=양도가액−필요경비−양도비 등 ·취득가액 평가방법: 계좌별로 평가&개별법	필요경비, 양도비 등은 주식과 동일

구분	계산방법	비고
집합투자 기구 (펀드)	·소득금액=(1좌당 양도소득금액*4) * 환매 등 발생 좌수)-보수 및 수수료 *4) 1좌당 양도소득금액 ① 주식형 ETF 등 상장투자회사 집합투자증권: 환매 시 기준가격-매수 시 기준가격 ② 기타: 환매 시 기준가격-직전 결산·분배 직후 기준가격 ±직전 결산·분배 시 과세되지 않은 손익 ③ 상장 집합투자증권을 증권시장에서 매도: 실제 매도 가격-실제 매수가격 ·적격 집합투자기구 분배소득=(좌당 분배소득*5) * 결산·분배 시 보유좌수)-각종 보수 및 수수료 *5)좌당 분배소득 ① 주식형 ETF, 상장투자회사 집합투자증권: 좌당 분배금액 중 '금융투자소득' ② 기타: 결산 시 기준가격-직전 결산·분배 직후 기준가격 ±직전 결산·분배 시 과세되지 않은 손익(한도: 투자자에게 실제 분배되는 금융투자소득금액)	
파생결합 증권	·소득금액=파생결합증권 양도소득금액*6) + 분배소득금액 *6) 파생결합증권 양도소득금액 =(1증권 당 양도소득금액*7) * 증권 수)-각종 보수 및 수수료 *7) 1증권 당 양도소득금액 ① 상장지수증권(ETN): 증권시장에서 매도: 실제 매도가격 - 실제 매수가격 그 외: 상환 시 기준가격-매수 시 기준가격 ② ELW 제외 기타: 실제 매도가격(상환금액)-실제 매수가격	
파생결합 증권	·분배소득금액=(1증권 당 분배소득 * 증권 수)-각종 보수 및 수수료 ·상장지수증권(ETN)의 의제취득가액=Max(기재부령 평가액, 실제 취득가액)	

구분	계산방법	비고
파생상품	·파생상품 소득금액 (선물·옵션) 계약체결 당시 약정, 최종결제가격, 거래승수 고려 기재부령 산출손익 (선도) 계약에 따라 수취하는 금전-지급하는 금전 (스왑) 과세기간에 수취하는 금전-지급하는 금전	

조금 더 알아봅시다.
23년에 금융투자소득세가 시행된다는 가정하에 상장주식 22년말 의제취득가액 적용대상은 소액주주만! 대주주가 의제취득가액을 적용받았다면 익년 5월에 반드시 확정신고

상장주식 소액주주에 대하여 23년 이후 장내에서 주식을 매도하는 경우 및 비상장주식 소액주주가 K-OTC를 통해 양도하는 중소·중견기업 주식의 취득가액은 22년 말 종가(K-OTC: 금융투자협회가 공표하는 최종시세가액)와 실제 취득가액 중 큰 금액을 적용하도록 합니다(의제취득가액 = Max(22년 말 종가, 실제 취득가액).

많이들 물어보시는 내용 중 23년부터 상장 소액주주도 전면과세 된다는 기사를 접하고 22년 까지 주식을 모두 처분해야겠다는 고객분들이 있는데 위 규정이 적용되면 급하게 매도할 필요가 없습니다. 바로 의제취득가액이 적용이 가능하기 때문입니다.

금년 세법개정으로 유념해야 할 사항은 대주주의 판정여부에 따라 양도손익이 크게 차이가 발생하는데, 대주주 여부의 판단은 개별 증권회사에서 수행하지 않기 때문에 고객의 별도 고지가 없는 이상 증권사에서는 의제취득가액을 적용하여 취득가액을 적용할 여지가 있습니다. 이 경우 대주주에 해당하는 고객의 경우 23년 양도소득이 과소계상 되기 때문에 반드시 24년 5월에 확정신고를 통해 실제 취득가액과 의제취득가액의 차이를 추가 납부해야 합니다. 다만, 기존 대주주에 대해서는 무조건 '실제취득가액'을 적용하기 때문에 소액주주에 대하여만 적용된다는 점을 기억하시기 바랍니다.

> **조금 더 알아봅시다.**
> **집합투자증권도 '의제취득가액' 적용가능!**
>
> 상장주식의 의제취득가액처럼 펀드에도 의제취득가액 개념을 적용합니다. 즉, 위 표에서 펀드의 경우 '매수 시 기준가격'을 '22년' 과세기간 종료일 시점의 계산한 금액을 적용할 수 있습니다.
>
> 예를 들어 주식형 ETF의 경우 '매수 시 기준가격'은 다음의 산식에 따라 22년 종료일 시점 금액으로 환산한 가액을 의제취득가액으로 보기 때문에 23년 이후 환매하는 경우 소득금액이 감소하게 됩니다. 주식시장에서 23년 이전 급격한 투자자들의 매도 행렬을 방지하기 위한 논리를 상품 간 형평성 측면에서 펀드에도 적용하는 것입니다.
>
> 매수 시 기준가격 = A-(B-C)
> A: 22년 과세기간 종료일의 기준가격
> B: 22년 과세기간 종료일의 '과세표준기준가격'
> C: 매수 시 '과세표준기준가격'

5. 금융투자소득의 과세표준 및 세율

각 금융상품별로 계산된 금융투자소득금액이 계산된 후 상품을 2가지 그룹으로 구분하는 작업이 필요한데 현행 양도소득세에서 인당 250만 원을 공제하듯이 금융투자소득세에서도 그룹별로 기본공제를 차등적용하게 됩니다. 다만, 23년 이후 발생한 결손금(손실)을 금융투자소득금액에서 '우선' 공제하며, 그 이후 그룹별 기본공제를 적용합니다.

[금융상품 별 기본공제 적용을 위한 그룹핑]

구분	국내 상장주식		국내상장 주식형펀드)					
	국내 상장 주식	국내 상장 주식형 펀드*1)	국내 비상장 주식	해외 주식	기타 펀드	파생 결합 증권	파생 상품
기본 공제	연간 5천만 원		연간 250만 원					
과세 표준	(금융투자소득금액 − 금융투자 이월결손금) − 기본공제 (IF. 23년 발생한 과세표준이 〈0인 경우 24년부터 5년간 공제 가능(이월결손금)							
세율	22%(과세표준 3억 원 이하) / 27.5%(과세표준 3억 원 초과분)							

*1) 국내주식형 펀드란, 자산총액의 2/3 이상을 국내 상장주식으로 운용하는 펀드를 말함(사모펀드 제외)

조금 더 알아봅시다.
금융투자소득 사례별 계산사례

Case 1) 23년 귀속 분 연간 금융투자소득이 국내상장주식에서 1억 원, 기타 금융투자소득금액에서 2억 원이 발생한 경우

구분	제1그룹			제2그룹				합계
	국내 상장 주식	국내 상장 주식형 펀드	국내 비상장 주식	해외 주식	기타 펀드	파생 결합 증권	파생 상품	
소득금액	+1억 원	-	-	-	-	2억 원		3억 원
기본공제	5천만 원			250만 원				5,250만 원
공제후 소득금액	5천만 원			197,500,000				2,475억 원
과세표준				247,500,000				247,500,000
세율				22%(지방소득세 포함)				
산출세액				54,450,000				54,450,000

Case 2)
23년 귀속 분 연간 금융투자소득이 국내상장주식에서 △5천만 원, 기타 금융투자소득금액에서 3억 원이 발생한 경우

구분	제1그룹			제2그룹				합계
	국내 상장 주식	국내 상장 주식형 펀드	국내 비상장 주식	해외 주식	기타 펀드	파생 결합 증권	파생 상품	
소득금액	△5천만 원	-	-	3.5억 원				3억 원
기본공제	-			250만 원				250만 원
공제후 소득금액	△5천만 원			347,500,000				297,500,000
과세표준				297,500,000				297,500,000
세율				22%(지방소득세 포함)				
산출세액				65,450,000				65,450,000

위 두 가지 사례를 비교해 본 결과 동일한 연간 3억 원의 금융투자소득을 실현했다고 하여도 두 번째 케이스에서 더 많은 세금을 납부하였다는 것을 알 수 있습니다. Case 1)에서는 국내 상장주식에서 기본공제 5천만 원을 모두 사용하였고, Case 2)에서는 그렇지 못한 결과인데, 연간 기본공제는 이월되지 않고 즉시 소멸하므로, 세무상 포트폴리오를 계획할 때는 국내 상장주식 및 펀드 그룹에 조금 더 많은 이익을 포지셔닝 해야 절세가 가능하다는 것을 의미합니다.

6. 금융투자소득의 신고 및 납부

금융투자소득세의 계산은 금융회사를 통해 이루어지게 되며, 금융회사는 반기별로(연간 총2회) 납세자의 금융투자소득을 계산 후 세금을 '원천징수'하여 반기의 마지막 달의 다음달 10일까지 세무서에 신고·납부합니다(상반기: 7월 10일, 하반기: 1월 10일).

따라서 대부분의 고객들은 금융투자소득세의 세금신고를 직접 할 필요가 없으나 다음의 경우 직접 세무신고를 해야 합니다.

(1) 예정신고
① 금융회사 등을 통하여 지급받지 않은 소득(신고기한: 지급일이 속하는 반기의 말일로부터 2개월)
② 금융회사 등을 통해 지급받았으나 원천징수 되지 않은 소득(지급일이 속하는 달의 말일로부터 2개월)
→ 위 두 가지 예외적인 경우 납세자가 직접 반기별로 금융투자상품 거래내역서 사본 및 양도비 등 명세서를 첨부하여 직접 세무서에 자진신고 및 납부해야 합니다.

(2) 확정신고(익년 5월말, 1회)
① 원천징수세액 및 예정신고 납부세액 대비 추가 납부세액이 있는 경우
② 환급세액이 있는 경우
③ 비과세 및 세액감면을 적용받고자 하는 경우(단, 분리과세금융투자소득만 있는 자

는 제외)
　④ 결손금을 확정하는 경우(단, 예정신고 대상소득*이 없는 자는 제외)

조금 더 알아봅시다.
금융투자소득에 대한 확정신고(자진신고)가 필요한 경우

금융투자소득에 대한 과세는 대부분의 고객(연간 금융투자소득 3억 원 이하)의 경우 사실상 금융회사의 원천징수로서 과세가 종결되는 경우가 대부분 일 것이나, 고액 자산가들의 경우 필연적으로 자진신고를 해야 할 것으로 예상됩니다.
주요 발생 가능한 케이스는 다음과 같습니다.

Case 1)
23년 A증권사에서 금융투자소득 2.8억 원, B증권사에서 3천만 원 발생 시
이 경우 각 증권사에서 금융투자소득에 대한 원천징수세율이 22%만 적용되었기 때문에 연간 증권사별 계좌를 합산할 경우 3억 원을 초과하여 1천만 원에 대해서는 27.5%의 세율을 적용해야 합니다. 이 경우 익년 5월에 고객이 직접 추가납부세액을 자진신고 해야 합니다.

Case 2)
23년 A증권사에서 금융투자소득 1억 원, C증권사에서 1억 원 발생 시
이 경우에는 고객의 연간 금융투자소득이 3억 원을 초과하지 않기 때문에 확정신고 의무가 발생하지 않습니다. 이미 금융회사에서 22%의 원천징수를 실행하였고, 금융투자소득세 역시 동일한 세율을 적용받기 때문에 별도의 신고의무가 없습니다.

Case 3)
23년 A증권사에서 금융투자소득 2.8억 원, D증권사에서 △1억 원 발생 시
이 경우 타사에서는 세금이 원천징수 되지 않았으나, A증권사에서는 이미 2.8억 원에 대한 22% 세금이 원천징수 되었으므로 손익을 통산하게 되면 결과적으로 A증권사가 세금을 더 원천징수하게 된 결과입니다. 이 경우 고객이 자진신고를 통해 A증권사에서 발생한 세금의 일정부분을 환급받게 됩니다.

Case 4)
23년 A증권사에서 금융투자소득 △0.5억 원, 타사에서 △1억 원 발생 시
24년 이후 발생한 금융투자소득에서 23년 발생한 1.5억 원의 결손금을 이월공제 받기 위해서는 23년 발생한 손실에 대하여 '확정신고'를 해야 합니다. 따라서 이런 경우에도 확정신고가 필요합니다.

조금 더 알아봅시다.
기본공제 적용 단일 증권사 → 복수의 증권사 허용

22년 개정세법에서는 기존 고객들에게 상장주식 및 기타 금융투자소득에 대하여 1개의 금융회사에게만 '기본공제'(5천만 원, 250만 원)를 신청하여 적용하도록 하였으나, 복수의 금융회사에 기본공제를 분할적용 하는 것을 허용했습니다.

즉, 기존에는 국내상장주식 등에 대하여 고객에게 선정된 단일 A증권사가 기본공제 5천만 원을 단독으로 적용하는 것이었으나, 개정세법에 따르면 A증권사 2,500만 원, B증권사 2,500만 원으로 분할적용이 허용된 것입니다. 이렇게 기본공제 분할적용을 허용함에 따라 고객의 공제한도를 관리하는 기관이 필요한데, 이는 금융투자협회에서 담당하게 되며, 각 증권사는 협회에 고객이 신청한 사항을 즉시 통지하도록 세법이 개정되었습니다.

제3절 금융투자소득세 FAQ

> **Notice.**
> 본 금융투자소득세 챕터에서는 당장 내년부터 금융투자소득세가 시행된다는 시뮬레이션하에 문답을 서술하였습니다.
>
> 현재로서는 금융투자소득세 시행이 23년이 될지 25년이 될지 불투명한 상황이지만, 기존 입법대로 23년에 시행을 가정하고 집필했으며, 당장 내년부터 시행된다면 어떻게 독자여러분의 세금이 바뀔지를 미리 생각해 볼 수 있는 기회를 드리는 취지에서 기획하였습니다.

Q1. 금융투자소득세가 시행된다면 금융투자소득과 금융소득은 합산해서 신고해야 하는 건가요?

A1. 그렇지 않습니다. 금융소득종합과세는 매매차익에 대한 세금이 아니라, 이자·배당소득으로 과세되는 이른바 금융소득이 2천만원을 넘는 경우 금융소득 외 타 소득과 합산하여 정산과세 하는 것이므로, 금융투자소득세와는 별개의 세금입니다. 즉, 국내든 해외든 주식에 대한 배당소득이 금융소득이 종합소득세에 영향을 미칩니다.

Q2. (23년 금투세 시행가정) 23년 금융투자소득세가 시행되면 22년 말 의제취득가액 적용여부에 따라 세금차이가 많을까요? 만일 금년 말 종가가 실제 취득가액보다 낮다면 손해 아닌가요?(12월 말 법인의 경우)

A2. 의제취득가액이란 22년 종가와 실제 취득가액 중 '큰' 금액을 취득가액으로 적용하므로 실제 취득가액이 더 크다면 해당 가격이 취득가액이 됩니다. 22년 말 종가가 실제취득가액보다 큰 상황에서는 절대적으로 대주주 과세기준을 회피하여 의제취득가액을 적용 받는 것이 유리하며, 양도차익이 발생하는 가정 하에서 세 부담 차이는 아래 사례를 통해 비교해 볼 수 있습니다.

따라서 금융투자소득세가 시행되기 전에 대주주 과세기준인 지분율 및 시가총액기준을 충족하여 금융투자소득세 시행 이후 세금을 줄이도록 미리 종목별 지분 및 금액을 조절해야 할 필요가 있습니다.

매도가 6,000원 동일	Case 1. 실제취득가 적용 (대주주)				Case 2. 의제취득가적용 (소액주주)			
	취득가	종가	의제취득	양도차익	취득가	종가	의제취득	양도차익
실제 취득가 1,000 < 종가3,000	1,000	3,000	N/A	5,000	1,000	3,000	3,000	3,000[45]

Q3. 해외주식뿐만 아니라 국내주식에 대해서도 이월과세 규정이 시행된다는데 금년에 증여받은 주식을 23년 이후에 파는 경우에 적용되는 건가요?

A3. 이월과세규정이란 배우자에게 증여받은 주식을 수증자가 매도하는 경우 받는 자의 취득가격을 증여 시점의 평가액이 아닌 당

---

45) 소액주주 지위를 유지하여 의제취득가액 적용을 받게 되면 그렇지 않은 경우보다 양도차익이 주당 2천 원 감소되어 절세달성

초 증여자의 취득가액으로 의제하여 양도차익을 계산하는 규정을 말합니다. 이 규정은 당초 투자자의 평가차익이 크게 발생한 경우 부부간 6억 원의 증여공제 등을 이용하는 절세전략으로 매매차익의 귀속자를 타인으로 전가하면서 취득단가를 올려 양도차익을 줄이는 전략입니다.

하지만 현행 세법하에서는 23년 이후 발생하는 소득분부터 '양도일로부터 소급하여 1년 이내' 배우자에게 증여받은 주식을 양도하는 경우 당초 증여자의 취득가액으로 의제하여 양도차익을 재계산하게 되며 당초에 납부한 증여세는 경비로 처리하게 됩니다.

해당 규정은 23년 이후 발생소득분부터 적용되므로 금년 내 증여받은 주식을 금년 내 양도하는 경우 적용되지 않으며, 23년 이후 부터는 반드시 증여 후 1년간의 보유기간을 유지하고 매도해야 합니다.

Q4. 금융투자소득세 시행 시, 일반 위탁계좌에서 국내상장주식을 매도하면 5천만 원의 기본공제가 적용되고, 이미 가입해 둔 ISA 계좌에서 동일한 국내상장주식을 매도하면 비과세가 적용된다는데, 일반 고객들은 ISA에서 주식을 운용하는 게 유리하지 않나요?

A4. 그렇습니다. ISA 계좌가입 시점 이전 3년간 금융소득종합과세 대상자에 해당된 적이 없는 고객의 경우 ISA 가입이 가능하며, 바뀌는 세법하에서는 중개형 ISA에서 국내상장주식 등을 투자

하는 경우 파격적인 세제혜택을 제공하는 것이므로 ISA 가입은 필수입니다.

Q5. 상장주식 대주주 판단할 때는 본인뿐만 아니라 배우자, 직계존비속도 합산하여 10억 기준을 따졌는데, 금융투자소득세에서 국내주식 등 기본공제 5천만 원도 그런가요?

A5. 기본공제는 각 인별로 적용되는 것입니다. 즉, 각 인별로 23년부터 금투세 적용 시, 국내상장주식 등에 기본공제 5천만 원, 기타 상품에 250만 원이 적용이 됩니다.

Q6. 내년부터 국내 상장주식에서 현금배당이 발생하게 되면 역시 금융투자소득세 대상인가요? 현물배당(무상주, 주식배당)은 어떻게 되죠?

A6. 금융투자소득세가 시행되더라도 금투세는 매매차익에 대한 세금이며, 현금배당, 현물배당에 대한 소득은 지금과 마찬가지로 '금융소득' 과세대상에 해당되므로 금융투자소득세와는 무관합니다. 해당 소득과 다른 이자 및 배당소득을 합산하여 2천만 원이 넘어서면 금융소득종합과세 대상입니다.

Q7. 상장주식에 대한 취득가액은 22년 말 대주주가 아니라면 '의제취득가액'이 적용되는 것으로 알고 있고, 금융투자소득세 이후로는 이동평균법이 적용된다고 하셨습니다. 그럼 취득단가는

구체적으로 어떻게 적용되나요?

A7. 22년 이전에 A종목을 1,000주(주당 200원) 보유하고 있는 상장법인 소액주주가 23년 이후 주식을 양도하는 경우 이동평균법에 따른 일자별 취득가액은 다음과 같은 방법으로 계산됩니다 (22말 종가 800원) 즉, 주당 당초 취득가 200원과 22년 말 종가 주당 800원 중 큰 금액이 취득가액으로 적용됩니다.

구분	수량	이동평균단가[46]	계산식
22.12.31.	기말잔고 1,000주	800	Max(200 실제 취득가, 800 의제 취득가)
23.1.1.	1,000주 매수 (@1,000)	900	(1,000*800+1,000*1,000)/2,000
23.2.1.	1,000주 매수 (@1,100)	966	(1,000*800+1,000*1,000+1,000*1,100)/3,000
23.3.1.	1,000주 매수 (@900)	950	(1,000*800+1,000*1,000+1,000*1,100+1,000*900)/4,000

조금 더 알아봅시다.
대주주는 의제 취득가액 적용이 불가합니다.

즉, 당초 주식 매수가액이 낮은 대주주의 경우 의제 취득가액 적용이 불가하며, 22년 말 종가가 아닌 당초 취득가가 취득가액을 간주됨으로 대주주에 해당되지 않도록 관리해야 합니다.

---

[46] 주식의 물량흐름을 계산할 때 이동평균법하에서는 당초 취득가액보다 높은 단가로 추가 매수하게 되면 평균단가가 높아지는 효과가 있음을 보여 줌.

Q8. 고객이 A증권사에는 대주주 기준금액 미만으로 보유하고 있으나 타 증권사에도 동일종목을 추가보유하고 있어 의제취득가액 적용대상이 아님(대주주해당)에도 의제취득가액을 기준으로 원천징수가 되었습니다. 이 경우 별도의 신고를 해야 하나요?

A8. 그렇습니다. 주식 양도일이 속하는 직전사업연도 말 10억 원 이상 소유한 경우 의제취득가액 적용대상이 아니기 때문에, 양도차익이 과소 계상되어 낮은 세금을 원천징수 당했기 때문에, 이 경우에는 반드시 익년 5월에 자진신고를 통해 세금을 정산해야 합니다.

> **조금 더 알아봅시다.**
> **금융회사는 국세청처럼 고객의 모든 잔고에 대한 파악이 어렵습니다.**
>
> 금융투자소득세 시행이 된다면 실무적으로 각 증권회사에서는 고객의 신청에 의하여 의제취득가액을 적용할 여지가 있으며, 고객이 대주주 지위에 해당하는지 몰라 양도차익이 오류로 계산될 일도 있을 수 있습니다. 이 경우 원천징수로 세금신고가 종결된 경우 오류 수정을 위해 고객이 다시 한번 자진신고를 통해 세금을 바로 잡아야 한다는 의미입니다.

Q9. 금년('22 발생소득)에 해외주식 쪽에서 큰 평가손실이 예상됩니다. 금년 매매차손으로 확정하면(매도하면) 23년부터 발생하는 금융투자소득에서 발생하는 이익과 상계가 되나요?

A9. 상계되지 않습니다. 현행 세법하에서도 동일한 과세연도 내에서 국내주식과 손익통산만이 가능할 뿐이며, 다른 과세연도 간 통

산은 불가능합니다. 나아가 23년 이후 시행될 예정인 금융투자소득세 과세체계하에서도 23년 발생한 손실이 장래를 향하여 5년 동안 이월될 뿐 금년(22년) 발생한 손실은 이월 공제되지 않습니다.

Q10. 이자, 배당 등 기존에 금융소득(이자, 배당)으로 과세되던 것들은 금투세가 시행되면 금융투자소득으로 새롭게 과세되나요?

A10. 아닙니다. 은행 예·적금이자, 채권이자, 보험차익, 국내 주식 배당, 해외주식 배당 등 전통적인 이자, 배당 성격의 소득은 내년에 금융투자소득세가 시행되더라도 금융소득종합과세 대상(15.4% 원천징수+2천만 원 초과 시 종합과세)입니다.

다만, 기존에 대부분 배당소득으로 과세되었던 '펀드' 환매이익과 파생결합증권(ELS, ETN 등)의 이익은 기존 금융소득이 아닌 신설 '금융투자소득세' 과세대상으로 분류되며, 기존에 기존 국내 상장주식 소액주주, 채권 매매차익 등 과세 제외되었던 소득들도 23년 이후에는 모두 '금융투자소득'이라는 카테고리로 전면 과세된다는 점을 기억하시기 바랍니다.

Q11. 기존 과세대상 '펀드'를 보유하고 있는 고객의 경우 금융투자소득세 시행에 환매하여 배당소득으로 과세되는 것과, 금융투자소득세 시행 이후 환매하는 것 중 어떤 것이 유리한가요?

A11. 우선 원천징수세율이 기존에는 15.4%, 23년 이후로는 22%이기 때문에 증권사에서 일괄 적용하는 단순 원천징수세율 차이만 놓고 보면 금융투자소득세 시행 전인 금년 내로 환매하는 것이 유리해 보일 수 있는 생각을 할 수 있습니다.

하지만 다양한 상품 중 특히 펀드 환매이익 부분은 기존 금융소득에서 금융투자소득세로 과세유형이 바뀌는 대표적인 사례이므로 다양한 경우의 수를 따져 봐야 합니다.

※일반적인 펀드의 환매이익 실현시기 검토 시, 고려해야 할 부분

	금융소득종합과세 (현행)	금융투자소득세 (23년 이후 환매 분)
원천징수세율	15.4%	22%
추가세금	2천만 원 초과 시, 고객의 소득구간별 세율 (최고 49.5%)과 15.4% 차액 추가부담	3억 원 초과분 27.5%(한도)
검토사항 1 타 상품과 통산 여부	펀드 이익과 타 상품군 손익의 통산(상계) 불가	펀드 이익과 타 상품군 손익의 통산가능(23년 이후 발생분)
검토사항 2 의제취득가액 여부	의제취득가액 미적용	23년 이후 환매 시, 펀드도 의제취득가액 적용 (공모 주식형 펀드 한정)
검토사항 3 손실 이월여부	펀드 손실 발생 시 이월공제 불가, 22년 손실로 소멸	23년 이후 발생 펀드 확정손실 발생 시, 장래 5년간 결손금 이월공제 가능
검토사항 4 금융소득종합과세 비교분석	49.5%의 고소득고객은 2천만 원 초과분 소득에 대하여 34.1%만큼 추가세금부담	고소득 고세율 고객의 경우 최고세율이 27.5%이므로 금융소득종합과세보다 유리

따라서 단순 비교할 사안이 아니며, 금융소득종합과세 금융투자소득세의 철저한 학습을 통해 고객의 상황에 맞는 최적의 의사결정을 도출해야 합니다.

> **조금 더 알아봅시다.**
> **금융소득종합과세자는 배당소득보다 금융투자소득이 일반적 유리**
>
> 직관적으로 의제취득가액이 적용되지 않는 사모펀드 등에 가입한 고소득 고객은 펀드 매매차익이 배당으로 과세되는 경우 금융소득종합과세에 합산되어 49.5% 최고세율의 종합소득세 및 건강보험료 납부가 예상되지만, 이를 금투세 시행 이후 금융투자소득으로 과세되는 경우 단일세율 최고 27.5%로 과세되고 건강보험료 추가납부가 없음으로 일반적으로 금융투자소득이 유리할 경우가 많을 것이라 판단됩니다.

Q12. 기존 조세특례 등 금융소득 비과세 및 분리과세 대상이었던 상품들은 23년 이후 금융투자소득세 시행 이후에는 어떻게 되나요? 전부 과세로 바뀌는 건가요?

A12. 기존 금융소득 중에서 비과세, 저율분리과세 대상이었던 상품들은 23년 이후에 금투세가 시행되더라도 해당 과세특례 적용 기한 이내에는 여전히 비과세 및 분리과세 대상에 해당되신다고 보면 됩니다.

즉, 기존에 금융소득으로 비과세, 분리과세 되었던 부분이 23년 이후 금융투자소득세 시행 시 전부 과세소득으로 바뀌지 않습니다. 참고로, 현재 펀드의 조세특례로는 비과세종합저축,

재형저축, 해외주식전용펀드(이상 비과세), 뉴딜펀드, 공모부동산펀드, 세금우대종합저축(이상 9% 분리과세), 투융자펀드(이상 14%)의 7가지 특례가 있으며, 23년 이후에 발생하는 소득에 대해서도 기존 조세특례가 적용됩니다.

> **조금만 더 알아봅시다.**
> **금융투자소득세가 시행되더라도 기존 펀드에 대한 조세특례는 여전히 유효합니다.**
>
> 기존에 세제혜택 대상인 펀드를 보유하고 있는 경우 내년 금융투자소득세가 시행된다고 하더라도 기존조세혜택은 유지되는 방향으로 입법되었기 때문에 해지할 필요는 없습니다. 나아가, 바뀌는 금융투자소득세 셈법과 비교하여 유리한 방향으로 선택할 수 있기 때문에 더욱 그렇습니다.
> 즉, 배당소득 9%, 14% 분리과세 상품들(뉴딜펀드 등)은 일반 금융투자소득 합산 과세 시 비과세 및 분리과세 시 보다 세액이 적은 경우 일반금융투자소득세 합산과세를 허용하여 납세자에게 유리한 방향으로 과세되는 점을 기억할 필요가 있습니다.
>
> 사례) 뉴딜인프라펀드의 금융투자소득이 200만 원인 경우 9% 분리과세 시 세액은 18만 원이고, 금융투자소득 과세 시 세액은 0원이 되므로 이 경우 분리과세특례를 포기하고 일반 금융투자소득세 적용이 가능합니다(200만 원-기본공제 250만 원=과세소득 無)
>
> 사례2) 위 사례1에서 금융투자소득이 1천만 원이라면 9% 분리과세 시 세액은 90만 원이나, 일반 금융투자소득 과세 시 세액은 150만 원(1,000만 원-기본공제 250만 원=750만 원*20%)이기 때문에 분리과세를 적용받는 것이 유리하므로 분리과세 유지가 가능하다는 것입니다.

Q13. 기존 조세특례 대상 상품에 대하여 금융투자소득 과세방법과 비교하여 기존 특례적용보다 일반 금융투자소득 합산과세가 유리하다면 별도의 신고가 필요한가요? 금융회사에서 자동으로 적용시켜 주나요?

A13. 네, 기존 펀드 조세특례를 포기하려면 별도의 신청서를 익년도 말일까지 세무서에 제출해야 합니다. 결국 이 경우에는 확정신고에 준하는 세금신고가 필요하다는 것입니다.

Q14. 23년 금융투자소득세가 시행되는 것이 불투명한 상황인데 그래도 중개형 ISA는 가입하는 것이 좋나요?

A14. 우선, 지금까지 없었던 파격적인 비과세 혜택이 중개형ISA에 고스란히 담겨 있습니다. 국내 상장주식, K-OTC 중소중견기업 주식, 공모형 국내 주식형 펀드를 ISA 계좌 내에서 운용하는 경우 투자원금 1억 원에 한해서 한도 없는 비과세 혜택이 있습니다.

ISA 연간 납입한도는 2천만 원이나, 미리 가입해 두면 추후 납입한도가 연간 2천만 원씩 증액되기 때문에 한꺼번에 고액을 납입할 수 있는 장점이 있고, 역시 당장 투자하지 않아도 의무가입기간 3년이란 시간을 지나야 세제혜택이 주어지기 때문에 기한의 이익을 누릴 수 있습니다.

> **Notice**
> 직전 3년간 1회라도 금융소득종합과세자가 된 고객은 기본적으로 비과세 분리과세 상품가입 불가능합니다.

Q15. 직접투자 형태로 채권위주로 투자하는 고객이신데, 금융투자소득세 시행되면 채권 환매이익에도 과세 전환되므로, 이 경우에는 금년 차익실현 후 다시 투자하는 게 맞을까요?

A15. 국내 주식 등에 대해서는 '의제취득가액' 시스템이 적용되어 대주주가 아니라면 22년 말 종가와 당초 취득가액 중 큰 금액으로 취득가액특례가 적용되나, 채권의 취득가액은 해당사항이 없습니다. 따라서 금융투자소득세 시행 전 비과세로 매매차익을 실현하고 다시 도모하는 것을 고려해 볼 수 있습니다.

Q16. CFD(contract for difference)가 과세가 되나요? 금융투자소득세 시행 시 어떻게 과세되는 거죠?

A16. 네 작년 4월1일 이후 매매분부터 파생상품 양도소득세로 과세가 되며 매매차익에 11%로 과세가 됩니다. 파생상품 양도소득세로 과세되는 것은 금년(22)년 발생한 매매차익까지이며, 23년부터는 역시 CFD도 금융투자소득세(2그룹, 250만 원 기본공제) 과세대상으로 전환됩니다.

> **조금 더 알아봅시다.**
>
> CFD(contract for difference)는 투자자가 '직접' 주식을 보유하지 않고 진입가격과 청산가격의 차액만을 현금으로 결제하는 신종 '장외파생상품'을 말합니다. 소득세법상 파생상품이 과세가 되려면 과세대상소득으로 '열거'가 되어 있어야 합니다. 작년 말 소득세법 시행령 개정으로 과세대상 파생상품의 범위에 CFD(차액결제거래)가 신설되었습니다(근거: 소득세법시행령 제159조의2 제1항 2호) 따라서 작년 4월 1일 부터

는 기존 과세대상이었던 국내외 주가지수를 기초자산으로 하는 장내 파생상품, 국외 장내파생상품, 주식워런트증권(ELW) 외 CFD도 과세대상이 됩니다.

Q17. 기존 과세대상이 아니었던 소액주주 국내 상장주식의 매매차익, 채권 매매차익, 국내주식형 펀드, ETF, 주가지수 파생상품 외 미열거 파생상품 거래이익 등도 전부 금융투자소득세가 시행되면 과세전환 되나요?

A17. 네, 모든 금융상품을 '전면과세'한다는 것이 금융투자소득세의 골자입니다. 쉽게 설명해 드리면 비과세소득 및 '분리과세' 대상소득이 아니라면 모두 과세대상으로 보시면 됩니다(ISA, 비과세종합저축 등).

> **조금 더 알아봅시다.**
> **CFD 도 2023년 이후부터 금융투자소득세 과세대상입니다.**
>
> 자본시장법상 '장외파생상품' CFD(차액결제거래) 발생한 소득은 과세가 되지 않았는데 21년 4월 이후 매도분부터 파생상품 11% 양도소득세 과세대상이 됩니다. 그리고 2023년부터는 CFD매매차익도 금융투자소득세 과세대상이 됩니다.

Q18. 금융상품 전부가 과세대상이 되면 매매차손익 상계도 전부 가능한가요?

A18. 네, 그렇습니다. 예를 들어, 기존에는 국내 상장주식 대주주의 매매차익과 주가지수선물옵션 같은 파생상품의 매매차손익은 서로 상계(통산)이 불가하였으나, 금융투자소득세하에서는 가

능하다는 것이 장점이면 장점이겠습니다.

Q19. 금융투자소득세가 시행되면 인별 5천만 원 별도 공제가 있다고 하는데 어떤 상품에 적용되나요?

A19. 국내 상장주식 매매차익, K-OTC 소액주주의 중견·중소기업 주식, 국내주식형펀드 매매차익에 대해서만 연간 5천만 원 공제가 적용되며, 그 외의 장내채권매매차익, 펀드, ELS 등 기타 상품군에 대해서는 연간 250만 원만 공제가 됩니다. 각 상품별이 아니며 자세한 사항은 본문을 참고하시기 바랍니다.

Q20. 금융상품 매매차손은 5년간 '이월공제'가 된다고 하는데 그럼 23년도 귀속분 금융투자소득세 계산 시 22년 이전에 발생한 손실도 공제가 되나요?

A22. 그렇지 않습니다. '이월과세'란 특정 과세연도에 발생 및 확정된 손실이 '장래'를 향하여 공제되는 것을 말하며, 과거의 손실을 소급공제 할 수는 없습니다. 다시 말해서, 시행시기가 23년 발생 소득분부터이므로 시행이전인 22년 이전의 투자손실은 당연히 공제대상이 아닌 것입니다. 따라서 23년 투자이익, 24년에 투자손실이 발생했다면, 24년에 확정된 손실은 25년 이후 과세연도에서 공제가 가능합니다(23년 이익은 과세종료).

Q21. 금융투자소득세가 시행된다면 금융소득종합과세는 없어지나요?

A21. 금융소득종합과세는 유지됩니다. 금융소득종합과세는 투자원본에 대한 과실 즉, 보유에 따른 이자, 배당소득이며, 금융투자소득세는 투자원본 매도에 따른 매매차익에 따른 세금입니다. 예를 들어, 기존 배당소득으로 과세되었던 펀드, ELS 매도 시 매매차익에 대하여 배당소득으로 과세가 되었지만 2023년부터는 금융투자소득세로 과세가 됩니다.

Q22. 기존 금융소득종합과세 대상이 되는 금융소득과 신설되는 금융투자소득으로 구분하는 상품별 구체적인 기준이 있나요?

A22. 구분의 대전제는 '투자성(원본손실가능성)'에 따라 구분된다는 것입니다. 즉, 세법이 보는 시각은 예금 등 원본손실 가능성이 없거나 금융상품 보유에 따라 발생하는 이자 배당은 보유소득으로 보아 금융투자소득세 시행 이후에도 여전히 '금융소득'으로 분류합니다. 따라서 금융회사 원천징수 명세서상 이자 소득, 배당소득으로 명기된 것은 연간 2천만 원을 초과하는 경우 금융소득종합과세로 과세됩니다.

조금 더 알아봅시다.
투자성에 따른 모호함은 여전히 남아 있습니다.

금융투자소득세에 대한 개념적인 입법은 대부분 완료되었고, 금년에도 일부 개정이 이뤄졌지만 금융상품과세와 관련한 가장 주된 이슈는 '소득구분'이 됩니다. 위에서 언급한 '투자성'에 따른 구분은 실무에 적용하기에 매우 모호한 부분이 있으며, 이 모호성은 시행과정에서 '금융투자협회'의 가이드라인을 따라 모든 증권회사가 일괄적용하게 됩니다.

Q23. 현재 상장주식 대주주, 해외주식, 파생상품 양도소득세(주가지수 관련 일부파생상품) 양도소득세는 그럼 없어지는 건가요?

A23. 네, 법 시행시기 이전인 '22년 귀속 분 소득'까지는 현재와 동일하게 과세대상 양도소득세를 자진신고 납부하셔야 합니다. 즉, 상장주식인 경우 직전사업연도 말 시가총액이 10억 원이 넘어설 경우 익년도 매매차익에 대하여는 반기별로 신고해야 하며, 그 외 해외주식, 파생상품, 비상장주식 양도세도 계속 자진신고 납부해야 합니다. 따라서 23년 투자이익, 24년에 투자손실이 발생했다면, 24년에 확정된 손실은 25년 이후 과세연도에서 공제가 가능합니다(23년 이익은 과세종료).

Q24. 금융투자소득세 시행 시, 주식을 포함한 금융상품을 증여하는 경우 취득가액은 어떻게 산정되죠?

A24. 상장주식은 증여일 기준 ±2개월 종가평균 등 금융투자소득세가 아닌 현 상속증여세법에 따라 증여재산평가의 증여재산액으로 산정됩니다. 단, 증여세법상 평가가액이 전산으로 반영될지 여부는 지켜보셔야 합니다.

> **조금 더 알아봅시다.**
> **금융상품 가족 증여 후 매도?**
>
> 예를 들어 해외주식 등 양도소득세(금융투자소득세포함)를 줄이기 위해 금융상품을 배우자, 자녀에게 증여 후 즉시 매도행위는 내년부터는 배우자에게는 증여하고 1년

이내 매도는 금지됩니다(배우자 이월과세적용) 배우자 외 자녀 부모는 증여 후 바로 매도가 가능합니다.

Q25. 그럼 상속인의 경우에도 금융상품의 취득가액은 장부상 잔고가액이 아닌 세법상 평가가액대로 상속세 신고를 하면 되는 건가요?

A25. 네. 상속인 경우도 증여와 마찬가지로 장부상가액이 아닌 상속증여세법 평가액으로 취득가액이 적용됩니다.

Q26. 금융투자소득도 금융소득종합과세처럼 자진신고 대상인가요?

A26. 금융소득종합과세는 금융소득이 연간 2천만 원 초과 시, 이미 원천징수 된 15.4%의 세금과 고객의 종합소득세율과의 차액에 대하여 추가로 자진신고 및 납부를 합니다.
마찬가지로 금융투자소득이 연간 3억 원을 넘어서는 경우 각 금융회사는 22%의 세금만 원천징수했으므로, 3억 원 초과분 소득에 대하여 익년 5월까지 5.5% 차액을 자진신고 및 납부해야 합니다.
즉, 금융소득 종합과세자가 아니면서 연간 금융투자소득이 3억 원 이하일 경우 일반적인 경우 세무서에 자진신고가 필요 없이 금융회사 원천징수로 납세의무는 종결됩니다.

Q27. 건강보험료 부과기준에 대상소득이 금융투자소득도 포함될까요?

A27. 현재 건강보험료 부과기준의 대상이 되는 '소득'은 '종합소득'(이자 및 배당소득의 경우 1천만 원 초과분 분리과세 소득도 포함)으로 하기 때문에 양도소득과 같은 별도의 '분류'과세 대상인 '금융투자소득'은 해당사항이 없습니다. 다만, 기존 금융소득 일부가 금융투자소득으로 대체되어 건보료 부과기준 재원에 공백이 있는 만큼 추후 보건복지부의 정책 발표로 포함될 여지가 있다고 판단됩니다.

Q28. 금융투자소득세는 '비거주자'도 적용되나요?

A28. 아닙니다. 비거주자의 소득구분은 여전히 현재 이자, 배당, 양도소득 과세체계가 유지되며, 금융투자소득세는 '거주자'를 대상으로 합니다.

제4절 금융투자소득세 자산관리전략

1. 금융투자소득세 대비, 중개형 ISA 적극활용은 필수

금융투자소득세가 시행된 이후에는 특히 ISA 계좌의 Merit가 각광받을 수 있습니다. ISA 계좌 내 국내 상장주식과 공모 국내주식형 펀드의 매매차익에 대해서는 한도 없이 전액 비과세되며, 반대로 해당 부분에서 매매차손이 난 경우 ISA 계좌 내 다른 매매소득과 손익통산이 가능하기 때문입니다.

ISA의 강력한 세제혜택을 위해서는 우선 3년간의 의무가입기간을 충족해야 하기 때문에 금융투자소득세 시행 전에도 미리 계좌를 확보할 필요가 있습니다(ISA에 관한 보다 자세한 내용은 금융상품편 참고).

Case1. ISA 계좌를 적극활용(매매차익)
vs 일반계좌 이용 시 세부담 비교

구분	ISA		일반위탁계좌		비고
	국내상장 주식 등	기타	국내상장 주식 등	기타	
양도차익	2억 원	1천만 원	2억 원	1천만 원	
비과세	2억 원	200만 원*	-	-	
기본공제	-	-	5천만 원	250만 원	
소득금액	0	8백만 원*	1.5억 원	750만 원	
세율	0%	9.9%	22%		
세금	-	792,000원	3,465만 원		ISA 절대 유리

*2백만 원 일반형 비과세 가정

Case2. ISA 계좌를 적극활용(매매차손) vs 일반계좌 이용시 세 부담 비교(22년 개정세법)

구분	ISA		일반위탁계좌		비고
	국내상장 주식 등	기타	국내상장 주식 등	기타	
양도차익	△1억 원	2억 원	△1억 원	2억 원	
비과세	-	200만 원	-	-	
기본공제	-	-	5천만 원	250만 원	
소득금액	-	1억 원**	△1억 원	1.975 억 원	
세율	0%	9.9%	22%		
세금	-	9,702,000원	21,450,000원		ISA절대유리

**국내상장주식 매매차손은 ISA 내 기타 소득부분에서 상계(22년 개정세법)

2. 5천만 원 공제금액 확보를 위한 사전 증여전략

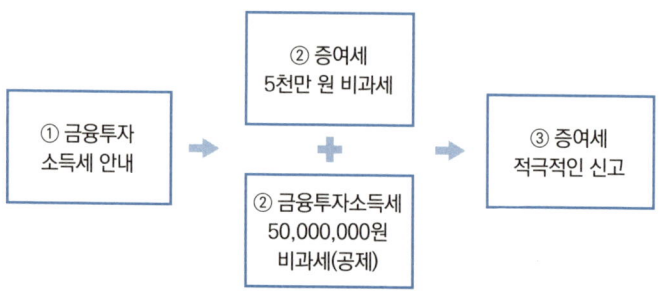

국내 상장주식 투자자의 경우 금융투자소득세 적용하에 최고 27.5%의 세율로 과세되는 바, 사전 가족계좌 등에 주식 분산을 통해 인별 국내주식투자금액 연간 5천만 원 금액을 미리 확보하여 금융투자소득세 공제를 도모할 필요가 있습니다.

① 1억 공제확보전략: 증여세 성년 5천만 원 비과세(미성년2천만 원) + 금융투자소득세 연간 5천만 원 비과세, 증여자금 국세청 자금원천 확보

② 적극적인 증여세 신고를 통한 자금원천 대비

3. 절세매매 생활화

금융투자소득세 시행 시 각 상황별 다양한 경우의 수는 있지만 대표적으로 아래와 같이 절세매매를 활용할 수 있습니다.

가. 평가손실 실현을 위한 적극매매

구분	실현이익	구분	평가손실
인텔리안테크	+70,000,000	LG화학	-20,000,000

금융투자소득세 시행 시 위 실현이익만 가지고 납부할 세금은 4,400,000원{(7천-5천 공제)*22%}이지만 평가손실 -2천만 원을 매도 후 재매수하여 확정손실로 전환할 경우 납부할 세금은 0원입니다(7천-5천 공제-2천) 즉, 고객의 금융상품의 포트폴리오 관리 할 때 평가손실을 적극적으로 확정손실로 전환시켜 약정과 고객의 세금을 줄이는 합리적인 매매전략을 구사하셔야 합니다.

나. 매매차익 괴리현상 제거

금융투자소득세 이전 양도소득세 부과대상이 되는 주식 등은 선입선

출법으로 계산이 되어 고객이 HTS상 평균법을 통해 실제 얻는 매매차익과 괴리가 발생하는 경우가 많았으나, 금융투자소득세에서 매매차익 산출은 선입선출법이 아닌 HTS상 평균법을 사용하기 때문에 그 괴리가 사라집니다. 즉, 물타기(코스트에버리지)등 활용하더라도 매매차익 괴리현상은 사라집니다.

4. 그룹별 공제한도 최대 이용

앞서 본문에서 살펴 본 내용대로 금융투자소득은 기본적으로 전방위적으로 손익통산이 가능하나, 기본공제는 그룹별 소득금액이 음수(-)라면 공제받을 수 없습니다.

Case 1. 국내 상장주식의 기본공제를 전부 사용한 경우의 세금 (기본공제 5,250만 원)

구분	제1그룹		제2그룹					합계
	국내 상장 주식	국내 상장 주식형 펀드	국내 비상장 주식	해외 주식	기타 펀드	파생 결합 증권	파생 상품	
소득금액	+1억 원	-	-	-	-	2억 원		3억 원
기본공제	5천만 원		250만 원					5,250 만 원
공제 후 소득금액	5천만 원		197,500,000					2.475 억 원
과세표준	247,500,000							
세율	22%(지방소득세 포함)							
산출세액	54,450,000							

Case 2. 국내 상장주식의 기본공제를 사용하지 못한 경우 세금 (250만 원 1회 적용)

구분	제1그룹			제2그룹				합계
	국내 상장 주식	국내 상장 주식형 펀드	국내 비상장 주식	해외 주식	기타 펀드	파생 결합 증권	파생 상품	
소득 금액	△5천만 원	–	–	3.5억 원				3억 원
기본 공제		–		250만 원				250만 원
공제 후 소득 금액	△5천만 원			347,500,000				297,500,000
과세 표준	297,500,000							
세율	22%(지방소득세 포함)							
산출 세액	65,450,000							

 두 가지 케이스 모두 금융투자소득이 3억 원으로 동일함에도 약 1,100만 원의 세금차이가 나는 이유는 Case 2에서 세무적으로 포트폴리오를 비효율적으로 설계하여 금융투자소득에서 기본공제를 250만 원밖에 적용받지 못하였기 때문입니다.

 따라서 위 사례를 유념하여 최소한 5천만 원의 기본공제를 모두 적용받을 수 있는 국내 상장주식 및 펀드에 기본적으로 최소한의 포트폴리오를 가져갈 필요가 있습니다.

제5장
금융소득종합과세와 건강보험료

PB와의 대화

건강보험료 부과체계 2단계 개편 예정대로 9월부터 시행
보건복지부 22.08.30

PB: 지난 20년 11월 고지분부터 건강보험료 피부양자 탈락과 지역가입자 건보료가 크게 인상되어 고객들의 원성이 자자했습니다. 2단계 개편은 올해('22) 7월부터라는데 금년 소득을 기준으로 하는 거죠?

세무사: 당초 7월부터였지만 몇 달 연기되어 9월부터 시행되었습니다. 그리고 대상소득은 금년(22년) 기준이 아니고 20년 기준입니다. 기존 건강보험료 부과체계 1단계에서는 부과대상소득이 3,400만 원이었는데, 금년 9월부터는 소득기준을 2,000만 원으로 대폭 강화하여 적용합니다.

PB: 네? 21년도 아니고 20년 귀속이라고요? 제 고객이 작년에 ETF 투자수익이 좀 많이 나와서 피부양자 박탈되었다고 통보가 온 것 같아요. 올해는 손실일 것 같아서 안심했는데 큰일이네요? 잘못 안내를 드린 거 같아요.

세무사: 네, 침착하시고요. 왜냐면 21년 소득은 몇 달 전 5월에 와서야 신고가 완료됐기 때문에 9월 보험료 산정 시 공단이 아

직 그 자료를 확보할 수가 없어요. 국세청에서 확정된 소득이 건강보험공단에 이첩되는 시차가 있기 때문에, 21년 귀속 분 소득은 금년 11월 부과 분부터 반영되게 됩니다.

PB: 하.. 이거 큰일이네요 빠져나갈 방법이 없나요?

세무사: 네, 소득이 엉뚱하게 잘못 잡히거나 사실과 다르게 소득신고를 한 케이스가 아니라면 사실상 어렵습니다. 만일 오류로 소득이 잡혔다면 종합소득세 수정신고(혹은 경정청구)를 통해 소득을 바로잡고 건보공단에 가면 이의신청이 가능하죠. 이렇게 피부양자 박탈된 고객들은 4년간 한시적으로 일정비율 건보료를 감면해 줍니다.

건강보험료는 과거 소득을 기준으로 하기 때문에 미리 준비하지 않는 한 지금 시점에서 피할 수는 없습니다. 과거는 잊고 앞으로의 금융소득을 최대한 조정하여 피부양자 자격을 재취득하거나 건강보험료를 줄일 수밖에 없습니다. 지역건강보험료는 매년 소득이 변함에 따라 자격 및 산정보험료가 달라지기 때문입니다. 공시가격 상승 등으로 고객분들은 건강보험료에 대한 부담과 관심이 어느 때보다 높은 시기입니다.

Notice.
복잡한 건강보험료 부과체계! 최소한 이것은 꼭 기억하세요.

소득은 전년도 소득기준, 재산은 당해 연도 기준으로 11월부터 1년간 부과
* 고객이 월급을 받고 있으면 직장가입자이고 월급 외 금융소득이 2,000만 원이 넘는 경우 건강보험료가 추가되니 연간 금융소득 2,000만 원(직전연도) 이하 관리
* 고객이 사업을 하는 지역가입자이면, 금융소득(비과세 제외,분리과세포함)이 1천만 원을 넘으면 건강보험료가 늘어나므로 연간 금융소득 1천만 원(직전연도) 이하로 관리
* 고객이 피부양자이면서 공시가격 6억 초과 주택을 보유하면서 금융소득이 1천만 원 넘으면 피부양자 자격에서 박탈(지역가입자O) → 연간 금융소득 1천만 원(직전연도) 이하 관리(단, 공시가격 15억 초과 시 소득과 무관하게 무조건 자격박탈)

제1절 금융소득종합과세와 건강보험료 핵심내용

구분		내용	비고
건강보험	구분	직장가입자: 월급에 비례 지역가입자: 소득 및 재산에 비례 피부양자: 보험료 미부과	
	건강보험 피부양자 자격상실 기준	(~22.8.31 1단계) ① 금융소득* 3,400만 원 초과 　(재산세 과세표준액 5.4억 원 이하인 경우) ② 재산세 과세표준액 5.4억 원 초과 & 연소득(과세소득 합산) 1천만 원 초과 ③ 재산세 과세표준액 9억 원 초과	2단계 부과체계 시행일 '22년 9월~
		(2단계 '22.9.1.~) ① 금융소득* 2,000만 원 초과 　(재산세과세표준액 3.6억 원 이하인 경우) ② 재산세 과세표준액 3.6억 원 초과 & 연소득(과세소득 합산) 1천만 원 초과 ③ 재산세 과세표준액 9억 원 초과	*단, 금융소득은 연간 1천만 원 초과 시 전액이 부과대상 금융소득으로 간주
	지역가입자 개편내용	① 재산공제 확대(일괄 5천만 원) ② 정률제 보험료 부과(직장가입자와 동일, 기존 등급별 점수제 폐지) ③ 보험료부과대상 자동차 축소	
금융소득종합과세	대상자	거주자 개인별 과세 (부부합산 X, 비거주자 X, 법인 X)	국내 세법상 거주자만 적용
	대상소득	세전 이자·배당소득	양도소득 (금융투자소득) 및 비과세·분리과세 제외
	귀속시기	이자지급상품, 펀드, ELS: 소득을 지급받은 날 주식배당금: 주총일(잉여금처분결의)	1.1~12.31

구분		내용	비고
금융소득 종합과세	금융소득 종합과세	세전금융소득(이자+배당) 2천만 원 초과 시, 타 종합소득과 합산, 종합소득세 신고 必	금융소득 2천만 원 이하, 확정신고 없이 종결
	종합 과세란	2천만 원 초과 시, 금융소득·근로·사업·기타·연금소득을 합산 6~45% 세율로 종합과세	기타소득은 300만 원 초과 시 종합과세
	신고대행 유의사항	금융소득내역 누락 방지 * 세무서 개인납세과 방문 * 국세청 홈택스를 조회발급	
	종합소득 세율	과세표준 / 세율(지방세제외) 0~1,200만 원 / 6% 1,200만 원~4,600만 원 / 15% 4,600만 원~8,800만 원 / 24% 8,800만 원~15,000만 원 / 35% 1.5억 원 초과~3억 원 / 38% 3억 원 초과~5억 원 / 40% 5억 원 초과~10억 원 / 42% 10억 원 초과 / 45%	속산계산법 본문 참조
	신고·납부일	대상소득 발생연도의 다음해 5월 말일까지	
	고객파급 효과	소득세 증가 / 다른 소득과 합산하여 종합소득세 추가 부담 건강보험료 증가 / 금융소득 및 주택임대소득과 비례하여 건강보험료 증가 소득(세액)공제 배제 / 연말정산 및 종합소득세 신고 시 소득(세액)공제 배제 자금출처조사 / 금융자산 원본 추정액을 통한 자금출처조사	

제2절 금융소득종합과세와 건강보험료 기본내용

1. 건강보험료(국민건강보험법)

(1) 가입자별 구분

① 직장가입자(근로소득자)

② 지역가입자(사업소득자)

③ 피부양자(건강보험료를 내지 않는 사람)으로 구분됩니다.

조금 더 알아봅시다!

우선 직장가입자와 지역가입자가 중복되면(근로+금융소득을 포함한 사업소득) 직장가입자로 구분되며 직장가입자는 본인이 받는 급여에 비례하여 건강보험료가 산정됩니다. 단, 근로소득 외 다른 소득이 '22년 9월 이후 2,000만 원 초과 시 추가로 건강보험료가 부과되는 구조입니다.

---

(2) 국민건강보험법 개편 주요 내용

지난 8월 30일 국민건강보험법 시행령 일부개정령안이 국무회의에서 의결되어 보건복지부는 건강보험료 부과체계 2단계 개편에 대한 발표를 했습니다. 따라서 바뀐 보험료는 9월 26일 경 개별적으로 고지되어 9월 분 건강보험료부터 적용됩니다.

① 지역가입자

지역가입자의 부과체계가 가장 큰 폭으로 변동되는데 지역가입자는 기존 재산점수(자동차 포함) 및 소득점수를 합산하여 점수를 산출한 후 연간 1점당 보험료(22년 기준 1점당 205.3원)를 곱하여 산정합니다.

주요 개편내용은 1) 기본 재산공제액을 현행 최대 1,350만 원에서 일괄 5천만 원까지 확대하며 실 거주 목적의 주택부채(1세대 무주택, 1주택 세대 한)도 감안하여 추가로 공제하므로 재산점수가 일부 감소하는 효과가 있고, 2) 소득에 대한 부분을 기존 점수제에서 정률제('22년 6.99%, 소득 * 보험료율)로 전환되는 것이 주요 골자[47]입니다.

②피부양자의 자격기준 강화
또한 기존 18년 1단계 부과체계개편안 시행 시, 예고된 대로 소득능력이 있는 피부양자는 지역건강보험료를 부과함으로써 형평성을 강화하는 것이 주요 골자인데, 이 부분에 대해서는 기존 소득기준 3,400만 원이 2천만 원으로 대폭 강화되므로 특히 금융소득에 대한 소득조절이 주요 이슈가 됩니다. 한편, 지역가입자로 전환된 경우 4년간 보험료의 일부를 감면해 줍니다(1년 차 80%, 2년 차 60%, 3년 차 40%, 4년 차 20%)

---

47) 보건복지부 보도자료 "건강보험료 부과체계 개편 예정대로 9월부터 시행, 2022.8.30.

구분	1단계: '18년 7월~	2단계: '22년 9월~ (현행)
① 직장가입자 보수 외 보험료 부과기준	근로소득 외 타 과세대상소득 3,400만 원 초과 시	근로소득 외 타 과세대상소득 2,000만 원 초과 시
② 피부양자의 지역가입자 전환 기준	a. 재산세 과표 9억 원 초과 b. 재산세 과표 5.4억 초과 & 연 소득 1천만 원 초과 c. 금융소득 포함 종합소득 3,400만 원 초과 시	a. 재산세 과표 9억 원 초과 b. 재산세 과표 3.6억 원 초과 & 연 소득 1천만 원 초과 c. 금융소득 포함 종합소득 2,000만 원 초과 시

*1) 재산세 과표란 공시가격의 60%(주택), 70%(토지, 건축물)을 말함.
*2) 금융소득이란, 연간 1천만 원을 초과 시 전액이 금융소득이 됨. 즉, 연간 금융소득이 960만 원인 경우 금융소득은 0(zero)인 것이고, 1,600만 원인 경우 금융소득은 1,600만 원이 됨.

여기서 과세대상소득이란 비과세소득을 제외한 것으로서 현재 금융소득의 경우 연간 금융소득이 2천만 원 이하라도 1천만 원을 초과하는 경우 해당 금융소득 전액이 합산됨에 유의.

【타 소득이 없이 재산 과표가 3.6억 이하인 금융소득종합과세 대상자일 경우 건강보험료 납부 의무자 판단 기준】

-적용기간: 2022년 9월~

구분	보험료 유형	금융소득 2,000만 원 초과 시
기존 건강보험료 납부자일 경우	직장 가입자	건강보험료 추가 납부
	지역 가입자	건강보험료 증가(소득보험료↑)
기존 건강보험료 납부자가 아닐 경우	–	피부양자 자격상실(지역가입자로 전환)

(3) 부과시기: 직전연도(21년) 소득을 기준으로 22년 11월부터 부과

> **조금 더 알아봅시다!**
> 근로자로서 의무가입 해야 하는 4대 보험은 국민연금, 건강보험료, 고용보험, 산재보험을 합니다.
>
> | 구분(2022년) | 총 부담 | 근로자 | 사업주 |
> |---|---|---|---|
> | 건강보험
(보수월액기준) | 6.99% | 3.495% | 3.495% |
> | 장기요양보험료
(건강보험료 기준) | 건강보험료의
12.27% | 근로자부담 50% | 사업주부담 50% |
> | 국민연금 | 9% | 4.5% | 4.5% |
> | 고용보험(실업급여) | 1.6% | 0.8% | 0.8% |
> | 산재보험
(제조업기준) | 0.7~2.5% | - | 0.7%~2.5% |
>
> 일반적으로 직장가입자의 4대 보험은 월 보수를 기준으로 근로자와 사업주가 절반씩 부담하며, 4대 보험 중 건강보험료만 금융소득종합과세와 관련이 있습니다.

(4) 건강보험료 부과대상 소득종류

과세대상소득은 사업소득[48], 금융소득(이자+배당), 근로소득, 기타소득이며, 연금소득은 5대 공적연금자료[49]를 기반으로 부과합니다.

---

48) 사업자등록이 된 사업소득(주택임대소득 포함)은 1원이라도 발생 시, 피부양자 자격에서 박탈되며 지역가입자로 전환됨
49) 5대 공적연금: 공무원연금, 군인연금, 사학연금, 별정우체국연금, 국민연금

소득구분	보험료 부과 시 기준소득
사업·기타소득	소득금액(수입금액 − 필요경비)
이자·배당소득	총 수입금액
근로·연금소득	총 수입(급여)금액(필요경비적 성격 소득공제 미반영)

(5) 건강보험료 부과시기(보험료반영소득 귀속연도)

전년도 발생한 소득을 익년 5월에 종합소득세 신고하므로, 국세청에서 건강보험공단에 10월에 과세소득자료를 이관 후 11월부터 보험료를 부과하는 체계입니다.

보험료 부과시기	소득 귀속연도	재산 귀속연도
2021.11~2022.10	2020년 귀속분 소득	2021년 재산세 부과기준
2022.11~2023.10	2021년 귀속분 소득	2022년 재산세 부과기준
2023.11~2024.10	2022년 귀속분 소득	2023년 재산세 부과기준

단, 공적연금기관의 연금소득자료는 전년도 귀속분 소득금액을 매년 1월부터 적용하므로, 2021년 귀속분 연금소득금액으로 2022년 1월부터 12월까지 보험료 부과

(6) 금융소득종합과세(및 주택임대소득)로 증가되는 건강보험료 확인

* 콜센터 확인: 국민건강보험공단 고객센터 1577-1000
* 인터넷 확인: (지역가입자) 건강 보험료 산출 방법 예시

1) 건강보험공단 홈페이지 접속

http://www.nhis.or.kr 접속하여 보험료계산기 '클릭'

2. 종합소득세 개요

우리나라 개인에 대한 소득세(개인)는 철저하게 '열거주의' 방식을 채택하고 있습니다. 열거주의 방식이란 세법에 규정되어 있는 소득만 과세하겠다고 구체적으로 규정(단, 금융소득은 유형별 포괄주의[50] 채택)하고, 규정된 소득이 아닌 경우 과세하지 않겠다는 방식이기 때문에, 어떠한 소득이더라도 법인의 순자산이 증가하면 모두 과세하겠다는 법인의 방식과는 큰 차이가 있습니다.

우리 소득세법상 소득구분 및 과세방법[51]은 아래와 같습니다.

---

50) 금융소득의 대상이 되는 금융상품은 워낙 선진적인 방식으로 상품이 개발되며 세법이 그 방식을 쫓아가기 어려워 과세대상으로 포착하는 것이 어려움. 따라서 소득세법의 과세대상이 되나, 예외적으로 법인세법처럼 법에 열거한 소득과 유사한 방식을 띠는 소득을 과세하는 유형별 포괄주의 과세방식을 채택하고 있음
51) 국세청 홈페이지 참조

구분	내용
(1) 정의	① 거주자인 개인(법인X)이 1.1~12.31. 발생한 ② 이자, 배당(금융소득), 사업, 근로, 연금, 기타소득을 합산하여(퇴직X, 양도X) ③ 익년 5월 31일까지 자진신고납부 * 법인, 퇴직소득, 양도소득, 금융투자소득은 금융소득종합과세와 무관

구분	내용
(2) 세율	① 종합소득세율은 고객의 소득구간을 파악할 수 있는 지표 ※ 현재 종합소득에 대하여 적용되는 세율표 - 과세표준(총수입-비용-각종소득공제)이란 순이익의 개념이며, 과세표준 구간에 따라 세율이 증가하는 누진세율 구조이므로, 총 과세표준에서 아래 누진공제액을 차감해 줘야 함 | 구분 (과세표준)	세율 (지방세 제외)	간단계산표 (속산표)
---	---	---
0~1,200만 원	6%	
1,200만 원 ~4,600만 원	15%	15%-1,080,000원
4,600만 원 ~8,800만 원	24%	24%-5,220,000원
8,800만 원 ~1억5,000만 원	35%	35%-14,900,000원
1.5억 원 초과~ 3억 원이하	38%	38%-19,400,000원
3억 원 초과~5억 원 이하	40%	40%-25,400,000원
5억 원 초과~10억 원 이하	42%	42%-35,400,000원
10억 원 초과('21년 신설)	45%	45%-65,400,000원	
(3) 계산 예시	(예시1) 과세표준이 160,000,000원인 고객의 종합소득 산출세액은? Ex. 160,000,000원×38% - 19,400,000원(누진공제액) = 41,400,000원 (예시2) 과세표준이 350,000,000원인 고객의 종합소득세 산출세액은? Ex. 350,000,000원×40% - 25,400,000원(누진공제액) = 114,600,000원

> **조금 더 알아봅시다!**
>
> 고객이 국세청에 납부하는 실제 납부세액은 위의 산출세액을 계산한 다음, 미리 납부한 기납부세액(원천징수)을 차감하면 됩니다. 즉, 『실제납부세액 = 산출세액 - 기납부세액(원천징수세액)』을 의미하는 것입니다.
>
> (예시) 과세표준이 160,000,000원이고 기납부(원천징수)세액이 15,000,000원인 경우 실제 납부세액은?
> F(160,000,000원×38% - 19,400,000원) - 15,000,000원 = 26,400,000원

3. 금융소득종합과세

앞서 설명드린 대로 금융소득[52]의 범위는 소득세법에 열거되어 있으며, 금융소득은 특히 이자소득 및 배당소득을 말합니다.

(1) 이자소득[53]

이자소득의 종류는 예금의 이자, 채권 또는 증권의 이자와 할인액, 저축성보험의 보험차익, 환매조건부 채권 및 증권의 매매차익, 직장공제회 초과반환금, 비영업대금의 이익, 유형별 포괄주의에 해당하는 이자, 파생결합상품의 이자로 열거되어 있습니다.

(2) 배당소득[54]

한편 배당소득의 종류로는 실지배당, 의제배당, 인정배당(법인세법에 의하여 배당으로 처분된 금액), 간주배당, 집합투자기구로부터의 이익, 파생결합증권 또는 파생결합사채로부터의 이익, 출자공동사업자의 배당, 유형별 포괄주의 배당, 파생결합 신종금융상품의 배당으로 열거되어 있습니다.

한편 배당소득금액은 이자소득금액과 달리 배당소득 중 일정한 소득

---

52) 한편, 금융소득을 제외한 타 소득의 경우 수입금액에서 필요경비를 뺀 나머지 금액을 '소득금액'으로 하여 소득을 창출하기 위해 필수적으로 소요된 비용을 차감하여 소득금액을 계산하는데, 금융(이자·배당)소득은 기본적으로 소득창출활동 성격 자체가 '불로소득'으로서의 성격을 띠고 있기 때문에 필요경비를 인정하지 않으며 수입금액이 바로 소득금액이 되는 특수한 소득입니다.
53) 소득세법 제16조 제1항
54) 소득세법 제17조 제1항

에 대하여는 배당가산(Gross-up, 11/100[55])한 금액을 배당소득에 더하여 소득금액을 계산하는데 이를 배당가산액이라고 합니다.

(3) 배당가산제도[56](Gross-up제도)

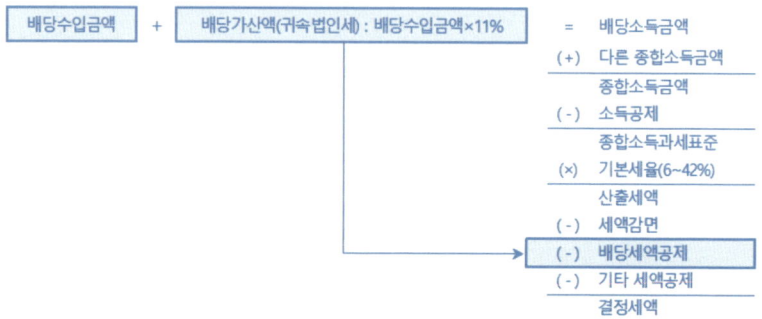

법인이 개인 주주에게 배당을 집행[57]하는 경우 필연적으로 법인 단계에서 1차적으로 법인세가 과세되고, 잔여 소득이 분배되면 주주는 2차적으로 소득세가 과세되므로 개인주주는 이중과세의 우려가 있습니다.

따라서 우리나라 세법은 이러한 이중과세를 방지하기 위해 법인세 과세된 재원이 배당이 되는 일정한 배당소득에 대하여 배당금의 일정비율을 곱하여 법인세가 과세되지 않은 상태로 개인과세를 한 후, 동

---

55) 배당가산율: 2011.1.1. 이후 배당소득 분은 100분의 11(09.1.1.~10.12.31.까지의 배당소득 분은 100분의 12) 적용(소득세법 제17조 제3항)
56) 표 출처: 조세일보 2018.04.18 금융상품과 세금 금융소득금액의 계산
57) 법인이 법인주주에게 배당금을 집행할때는 원천징수하지 않는다. 법인의 경우 법인세법상 수입배당금 익금불산입 제도를 통해 이중과세를 조정하기 때문에 개인과 같이 배당가산제도를 채택하지 않음

일한 배당가산액을 개인의 세액공제로 공제해 주게 되는데, 이러한 일련의 프로세스를 배당가산제도라고 말합니다.

실무적으로는 금융소득 원천징수 영수증 상에 'G'라고 표시된 소득이 이러한 배당가산 제도의 영향을 받는다고 알고 있으면 충분하며, 국내 기업이 지급하는 배당금, 일정한 의제배당은 대부분 이런 배당가산 제도의 적용을 받으며, 대부분의 집합투자기구(펀드)의 이익은 배당가산 제도가 적용되지 않습니다.

배당가산 적용	배당가산 미적용
내국법인으로부터 받은 배당 법인으로 보는 단체로부터 받은 배당 일정 의제배당 법인세법 상 배당처분 금액 사모투자전문회사로부터 받는 배당	외국법인으로부터 받는 배당 출자공동사업자의 배당 집합투자기구(사모투자전문회사 제외)의 이익 자기주식 소각 등 특정한 의제배당 분리과세 배당소득 종합과세 대상 배당소득 중 2천만 원 이하 등

(4) 금융소득금액의 계산(종합과세되는 금융소득)

앞서 살펴본 이자소득 및 배당소득 중에서 비과세 대상은 기본적으로 과세를 하지 않으며, 분리과세 대상 금융소득은 소득을 지급하는 자가 원천징수하여 과세의무가 종결되므로 비과세 및 분리과세대상 금융소득을 제외한 나머지 금융소득을 종합과세 대상 금융소득으로 하며, 해당 대상금융소득이 '연간' 2천만 원을 초과하게 되는 경우 금융소득종합과세 대상이 됩니다.

```
금융소득 = 이자소득 + 배당소득
종합과세 배제 금융소득 = 비과세소득 + 분리과세소득
종합과세 대상 금융소득 = [전체 금융소득 −(비과세 + 분리과세 금융소득)] 〉 2천만 원
```

Tax Tip
양도소득, 금융투자소득, 비과세, 분리과세 소득은 금융소득종합과세에 합산되지 않습니다.

즉, 금융상품을 매매하여 얻은 소득이 양도소득, 금융투자소득인 경우는 금융소득종합과세랑 상관없이 별도로 과세가 됩니다. 금융소득종합과세랑 상관이 없으니 건강보험료와도 상관이 없습니다.

조금 더 알아봅시다.

이자배당 수령 시 원천징수된 15.4%는 종합소득세 계산 시 차감됩니다.
고객이 국세청에 납부하는 실제 납부세액은 위의 산출세액을 계산한 다음, 미리납부한 기납부세액(원천징수)을 차감하면 됩니다. 즉, 『실제납부세액 = 산출세액 − 기납부세액(원천징수세액)』을 의미하는 것입니다.

(예시) 과세표준이 160,000,000원이고 기납부(원천징수)세액이 15,000,000원인 경우 실제 납부세액은? Ex. (160,000,000원×38% − 19,400,000원) − 15,000,000원 = 26,400,000원

(5) 금융소득종합과세 요약표

구분	내용
금융소득의 정의	① 국내에서 발생(국내 금융사 경유 해외투자발생소득포함)한 세금 차감 전 이자·배당소득 ② 비과세 및 분리과세*, 분류과세소득**은 금융소득종합과세 대상이 아님 ③ 펀드의 환매이익은 23년 이후 금융소득이 아닌 '금융투자소득세' 대상임(금융소득종합과세 대상 X) * 10년 이상 저축성보험차익, 비과세 종합저축, 연 1,200만 원 이하 금융기관 연금저축 등 ** 양도, 금융투자소득, 퇴직소득을 말하며, 종합과세대상이 아니며 개별 신고
귀속시기	① 이자소득: 이자를 지급받은 날(현금수령일) ② 주식배당소득: 배당결의일 ③ 펀드, ELS 등 주식배당금 외 배당소득: 배당 받은 날(현금수령일)
금융소득 종합과세	① (1.1~12.31)1년간 발생한 비과세, 분리과세소득 제외한 세전 이자 및 배당소득이 ② 2천만 원을 초과하는 경우 ③ 이자·배당소득 외 타 소득과 합산하여 종합소득세율로 정산과세함
판정	<table><tr><th>구분</th><th>종합과세되는 금융소득</th><th>세율적용</th></tr><tr><td rowspan="2">판정대상금액 〉 2천만 원</td><td>금융기관 원천징수 세전 이자·배당</td><td>2천만 원 초과분 → 다른 소득과 합산하여 누진세율</td></tr><tr><td></td><td>2천만 원 이하분 → 14% 세율 적용</td></tr></table> 단, 비영업대금이익이 원천징수되지 않았다면 무조건 종합과세 대상임
계산	2천만 원 ×14% +(과세표준−2천만 원)×종합소득세율 ※ 정확한 세액산출 목적이 아닌 만큼 분리과세 비교세액은 다루지 않음

> **조금 더 알아봅시다!**
> **후강퉁, 미국 주식 보유로 얻은 배당소득은 금융소득종합과세 대상인가?**
>
> 쉽게 국내 증권사 등을 통해 해외에 직접 투자한 것은 국내 금융소득으로 보는 것이며, 국내 증권사 등을 통하지 않고 해외에 고객이 직접 계좌를 개설하여 금융소득을 받은 것은 국외 금융소득입니다. 즉, 대부분의 고객이 국내 증권사를 통해 해외주식을 거래하는 바, 해외증권을 보유한 계좌에서 발생한 이자배당소득은 금융소득종합과세 해당 소득입니다.

4. 금융소득종합과세로 인한 고객 파급효과

구분		내용
금융소득종합과세	소득세 증가	다른 소득과 합산하여 종합소득세 (6%~45%) 추가부담
	건강보험료 증가	금융소득과 비례하여 건강보험료 증가
	소득(세액)공제배제	연말정산, 종합소득세 신고 시 부양가족 공제 불가
	자금출처조사	금융자산 원본 추정액을 통한 자금출처조사 가능

(1) 금융소득종합과세자의 피부양자 소득공제 적용가능 여부

피부양자의 소득이 2천만 원 초과로 종합소득세 신고를 하게 되면 부양자의 기본공제대상자에서 제외됩니다.

(연말정산 등) 소득공제 여부 판단

구분 (피부양자의 소득)		내용	부양자의 소득공제 대상유무
금융소득	금융소득 2천만 원 이하자	분리과세 종결	가능
	금융소득 2천만 원 초과자	종합합산 신고	불가

※ 종합소득세 신고유무와 상관없이 금융소득종합과세자는 소득공제에서 제외하는 것이 원칙임

(2) 금융소득 증가로 인한 자금출처조사 위험증대

국세청에서는 금융자산원본을 추정하여 자금출처조사를 시행하는 바, 급격한 금융소득증가 및 감소는 국세청에 조사를 일으킬 수 있습니다.

제3절 금융소득종합과세와 건강보험료 FAQ

Q1. 지역가입자로 건강보험료 내고 있는데, 건강보험료를 아끼려면 금융소득이 얼마를 넘으면 안 되는 건가요?

A1. 1천만 원으로 보셔야 됩니다. 현재 비과세소득은 제외하고, 분리과세 소득을 포함한 금융소득이 1천만 원이 넘는 경우 건강보험료 소득기준 대상소득으로 보고 있기 때문에 소득세 신고와는 별개로 1천만 원이 넘지 않는 수준으로 소득금액을 관리해야 합니다.

Q2. 건강보험료를 내지 않고 있던 고객이 금융소득종합과세자가 된다면 건강보험료를 내야 하나요?

A2. 네, 그렇습니다. 건강보험료를 내지 않고 있다는 것은 직장가입자의 피부양자 자격이기 때문에 그렇고, 재산 및 사업소득, 근로소득 등 다른 소득 없이 금융소득만 있는 고객의 경우 금융소득이 2,000만 원이 초과 시 지역가입자로 전환되어 건강보험료를 부담해야 합니다(4년간 보험료 일부 경감, 본문 참조).

단, 재산세 과세표준(공시가격의 60% 수준)이 3.6억 원~9억 원 이내이면서 금융소득이 1천만 원을 넘어서는 경우는 소득이 2천만 원이하여도 지역가입자로 전환됩니다.

> **조금 더 알아봅시다.**
> **금융소득을 합산한 종합과세소득 2,000만 원이 기준입니다.**
>
> 본문에서 설명했듯이, 건강보험료 부과대상 소득은 각 소득별로 따지는 것이 아니라, 1천만 원을 초과하는 분리과세 금융소득 및 연금소득, 기타소득 등을 합산하여 판단하는 구조입니다.

Q3. 건강보험료를 내던 고객인데(지역가입자), 건강보험료를 줄이려고 금융소득종합과세를 피해 2천만 원 이내로 소득을 조정하고 있었습니다. 갑자기 건강보험료 대상소득에 금융소득이 포함되어 보험료가 많이 나왔다고 하는데 이게 어떻게 된 일이죠?

A3. 금융소득이 1천만 원 초과 시 건강보험료 부과 대상이 소득이 됩니다. 국민건강보험법이 개정되어 2020년 11월부터 건강보험료를 납부하고 있던 고객은 금융소득이 1천만 원 초과 시 건강보험료를 비례하여 추가로 납부하게 됩니다.

Q4. 건강보험료를 내지 않고 있던 고객인데, 금융소득도 2천만 원 이하로 관리를 하고 있었습니다. 보험료가 왜 나온 거죠?

A4. 보유하고 있는 부동산의 재산세 과세표준이 증가하고 금융소득이 1천만 원이 넘어서 그렇습니다. 건강보험료를 내지 않는 피부양자는 재산세 과세표준이 3억 6천이 넘고 동시에 금융소득이 1천만 원 초과 시 또는 재산세과세표준이 9억을 초과할 경우 지역가입자로서 건강보험료를 신규로 납부하게 됩니다.

> 조금 더 알아봅시다.
> 재산세 과세표준이 9억 원(공시가격 15억 원)이 넘는다면 소득기준과 무관하게 피부양자 자격에서 박탈됩니다.
>
> **[단독]부동산 공시지가 상승이 밀어올린 건강보험료**
> 머니투데이 2019.12.02
>
> 최근 급격한 주택가격 상승으로 인해 공시가격 또한 급격하게 증가하는 지역이 있습니다. 해당 주택을 보유한 고객의 경우 소득기준과 무관하게 재산기준만으로 피부양자에서 박탈되기 때문에 고가주택 보유자들은 지역가입자로 전환될 수 있습니다.

Q5. 부동산을 보유하지 않는 고객입니다. 금융소득이 1,900만 원이고 연금소득이 연간 3천만 원이 조금 넘습니다. 고객이 소득금액 기준으로 2,000만 원이 넘었는데 지역가입자 건강보험료를 내는 건가요?

A5. 네, 그렇습니다. 20년 11월 고지분부터 연간 1천만 원을 초과하는 금융소득도 부과대상 소득으로 산정되며, 금년 9월부터는 3,400만 원이 2천만 원으로 강화되므로 위와 같은 경우에는 무조건 지역가입자로 전환되어 보험료를 납부해야 합니다.

Q6. 삼성전자에서 근무하는 고객인데, 금융소득도 2천만 원이 넘었습니다. 건강보험료가 직장가입자도 추가로 내나요?

A6. 지역가입자 전환과 마찬가지로 근로소득 외의 금융소득, 부동산임대 등 과세대상소득(비과세제외)이 2,000만 원 초과 시 추

가로 지역보험료가 부과됩니다. 즉, 근로소득과 금융소득만 있다는 가정하에 근로소득 외 금융소득은 2,000만 원이 초과하면 건강보험료가 추가로 부과됩니다.

Q7. 작년에 소득기준이 조금 넘어서 보험료 부과가 됐네요. 건강보험료 무시 못 하겠는데, 안 낼 수 있는 방법이 있을까요?

A7. 이미 지역가입자로 전환되었다고 해도 소득기준은 매년 변동하게 됩니다. 따라서 만일 작년(21) 금융소득이 1천만 원 초과되어 되는 경우 금년도 금융소득 전체와 타 소득을 합산하여 종합과세소득을 2,000만 원 이하로 줄이고, 익년(23)도 6월에 주소지 관할 건강보험공단 지사에 방문하여 소득이 2,000만 원 이하라는 사실확인서 및 아래의 피부양자 자격 취득 신고서 제출을 통해 피부양자자격을 취득하시면 됩니다.

Q8. 금융소득 종합과세자가 되면 국민연금도 더 내야 하나요?

A8. 아닙니다. 금융소득종합과세 대상자의 경우는 국민연금 의무가입자에 해당하지 않으며 금융소득과 국민연금은 상관없습니다.

Q9. 금융소득종합과세는 어떤 기간을 대상으로 하죠? 소득은요?

A9. 금융소득종합과세는 거주자 개인만 해당되는 것이며, 원칙적으로 비거주자 및 법인은 해당사항이 없습니다(비거주자: 원천징수종결, 법인: 법인세). 즉, 거주자 개인이 1.1~12.31 기간동안의 분리과세, 비과세를 제외한 세전 금융소득이 2천만 원 초과 시 해당이 됩니다.

Notice
금융소득 종합과세자를 회피하기 위해 고의로 비거주자 계좌 생성 시 세무상 리스크가 큽니다.

더욱이 FATCA 등으로 비거주자 계좌는 국세청 및 외국정부에 자동 통보됨을 유의하시길 바랍니다. (기타 자세한 사항은 국제조세편을 참고)

조금 더 알아봅시다.
이자 및 배당소득을 연도를 기준으로 분산시키는 것이 중요합니다.

개인의 종합소득은 예외 없이 1.1~12.31 기간 동안 누적해서 과세하므로 소득이 특정 연도 한해에 집중되지 않도록 관리하셔야 합니다.

Q10. 법인도 금융소득종합과세 신고를 하나요?

A10. 법인은 금융소득종합과세신고가 아닌, 통상 3월 법인세신고를 하시면 됩니다. (12월 말 결산법인 기준)

Q11. 금융소득종합과세를 피하려고 펀드, ELS를 가족(혹은 법인)에게 매매형태로 넘기려고 하는데, 이때 양도소득세가 과세될까요?

A11. 평가이익이 난 펀드 및 ELS는 매매하여 출고하더라도 양도소득세가 부과되지 않습니다. (양도세 과세대상 아님) 단, 출고자는 출고일 기준 평가가액으로 매매가액을 산정 후 대가를 수수하여야 합니다(무상으로 이전 시 상대방에게 증여세 등이 발생할 수 있습니다.).

조금 더 알아봅시다.
펀드의 경우 대체출고 시 환매로 간주하여 배당소득세가 원천징수 됩니다.

펀드를 타인명의 계좌로 대체출고 하는 경우 당초 명의자의 평가이익에 대하여는 배당소득으로 1차 과세 된 후 대체출고 됩니다. 단, ELS는 대체출고를 한 경우에도 배당소득세가 원천징수 되지 않습니다.

Q12. 금융소득종합과세 대상자 인지 여부는 국세청에서 알려 주나요?

A12. 네 그렇습니다. 국세청에서는 매년 5월 금융소득종합과세 대상자의 주소지로 종합소득세신고안내문을 일반 우편 발송해

줍니다(최근에는 정보제공동의를 한 경우 카카오톡, SMS 등으로 발송)

간혹 주소변동 등의 사유로 안내문을 수령하지 못하는 경우가 있는데, 이 경우에도 안내문 수령여부와 관계없이 자진하여 세무서에 반드시 세금신고를 해야 합니다.

Notice!
금융소득 내역은 각 금융기관에서 통보해 줍니다.

거래하는 금융기관에 불원체크를 하지 않은 계좌이면서, 계좌별 금융소득이 100만 원 초과되거나 고객별 금융소득합계액이 400만 원 초과 시 3월 말에 고객 주소지등으로 금융소득(금융소득 원천징수 명세서)을 통보하여 줍니다. 불원이거나 상기 기준이 안 되는 금융소득내역은 고객에게 발송이 되지 않을 수 있습니다. 즉, 고객본인이 자신의 금융소득을 모두 챙겨서 자진신고 하여야 합니다(계좌별 금융소득 기준은 금융회사별로 달라질 수 있습니다)

Q13. 증권회사에서 발행한 원천징수명세서를 받았습니다. G라고 적혀있는 게 뭐죠?

A13. G란 Gross-up의 약자로서 본문에서 설명해 드린 대로 배당가산제도를 의미합니다. 주식에 대한 세전배당소득이며 개인이 국내 주식투자로 발생한 주식배당소득을 세전금액으로 환산하기 위하여 약 11/100을 할증하고, 동일한 금액을 세액공제로 깎아주는 것이며, 그 대상소득임을 원천징수명세서에 기록한 것입니다.

배당가산제도는 대부분 국내주식 주식배당금만 해당되며 ELS, 펀드, 해외주식 주식배당금은 해당되지 않습니다. Gross-up은 법인의 소득에 법인세가 과세된 후 주주에게 지급하는 배당금에 소득세를 과세하면 이중과세에 해당합니다. 이런 부분 현상을 방지하기 위하여 별도로 개인의 주식 배당금에 대해서는 11% 세액공제를 적용해 줍니다.

Q14. 거래하고 있는 증권회사 금융소득 말고 타사에서 거래하는 금융소득은 어떻게 확인하나요? 한꺼번에 확인할 수는 없나요?

A14. 연초에 각 금융기관에서 발송하는 「금융소득 원천징수 내역」을 통해 거래하는 금융기관별로 확인하거나 금융기관에 직접 방문하면 확인이 가능합니다.

그러나 말씀드렸듯이 금융소득 종합과세 신고 시 금융기관별로 발급받은 금융소득 내역만을 합산한다면 일부 금융소득이 누락될 가능성이 있기 때문에 반드시 국세청 홈택스에서 확인하거나 또는 주소지 관할세무서-개인납세과에 방문(신분증 지참)하여 확인할 수 있도록 안내하시기 바랍니다.

[국세청 홈택스를 통한 고객의 전체 금융소득 조회방법]
① 회원 가입 후 공인인증서를 통해 로그인
② 신고/납부메뉴클릭
③ 신고/납부에서 종합소득세클릭

④ 금융소득 보기 클릭 -> 출력

Q15. 다른 소득 없이 이자소득으로만 생활하는 고객입니다. 21년 금융소득이 세전 6천만 원 정도 발생했는데 올해 세금이 안 나오더라고요 왜 그런 거죠?

A15. 네, 이자소득만 있는 경우 세전 6천만 원 정도 금융소득이 발생한 경우라면 세금이 부과되지 않는 것이 맞습니다. 이미 이자·배당소득을 수령할 때 금융기관이 15.4%(지방세포함) 원천징수를 하였고 종합합산 과세했을 때 실효세율이 높지 않기 때문에 추가적으로 납부할 세금은 없습니다.

[이자소득만 있는 경우 종합과세와 분리과세의 납부세액이 동일한 소득 계산식]

X 14% =(X-20,000,000) 종합소득세율 + 20,000,000 14%

산식을 풀어 보면, X는 72,200,000원이 되며, 여기서 소득공제까지 가정하면 약 7,500만 원까지는 추가적으로 납부할 세금이 없습니다. 즉, 이자소득만 있는 경우 추가납부세액이 없는 소득구간은 7,500만 원 내외가 됩니다. (단, 개인마다 소득공제 수준이 상이하므로 정확한 금액은 세무사와 상의하시기 바랍니다)

Q16. 다른 소득 없이 21년 주식배당금으로만 약 1억 원(원천징수 15.4%)이 발생했습니다. 역시 세금이 안 나오는데 Q15처럼 7,500만 원 정도를 넘어섰잖아요? 왜 세금이 안 나온 거죠?

A16. 네 역시 납부할 종합소득세는 없습니다. 이자소득을 기준으로 금융소득 종합과세 시 추가납부세액이 발생하지 않는 금융소득 구간은 약 7,500만 원이지만, 주식의 배당소득은 배당세액공제(Gross-up)를 별도로 해 주기 때문에 약 1.31억 원까지는 추가 세금부담이 없습니다.

Q17. 2천만 원이 넘었어도 금융소득만 있는 경우처럼 추가적으로 납부할 세금이 없다면 신고를 안 해도 되죠?

A17. 그래도 신고하는 것을 권고드립니다. 납부할 세금이 없다 하더라도 신고하는 것이 원칙입니다. 신고 여부와 상관없이 국세청에서는 이미 금융소득 내역을 파악하고 있으므로, 신고여부와 상관없이 금융소득내역을 국민건강보험공단에 통보하며 자동으로 건강보험료는 부과됩니다.

Q18. 금융소득종합과세 신고를 안 하면 건강보험료도 안 올라가나요?

A18. 신고여부와 무관하게 금융소득내역은 국세청에서 국민건강보험공단을 자동 자료 이송됩니다.

Q19. 2021년 사업소득이 1억 원, 금융소득(15.4%원천징수)이 3천만 원이라면 추가로 납부해야 할 세금은 얼마인가요? 정확하지는 않더라도 간략하게 계산할 수 있나요?

A19. 금융소득종합과세로 발생할 수 있는 세액은 최대 210만 원입니다.

〈문의〉
고객님 금융소득종합과세로 인한 추가 세금을 파악하기 위해 질문 하나만 드릴게요.

① '고객님 작년에 소득세를 얼마나 내셨어요?'
OR
② '고객님 작년에 소득세율이 몇 프로 구간에 속하셨나요?

〈대답〉
① 전 작년에 1,900만 원 정도 냈던 거 같아요.
② 전 작년에 35% 구간이었던 거 같아요.

〈답변〉
고객님은 소득이 크게 변동 없으시다면 35% 구간에 해당하셔서 금융소득종합과세로 인해 예상되는 추가세금은 210만 원입니다. 즉, 고객님은 35% 합산 세율 구간이지만, 금융기관에서 받은 금융소득은 14%를 이미 원천징수를 하였기 때문에 실효세율은 21%(35%-14%)라 할 수 있습니다. 금융소득종합과세 기준금액 2,000만 원을 초과한 1천만 원에 실효세율을 곱한 것이 예상 추가 납부세액입니다.
∵ (35%-14%)×(3,000만 원-2,000만 원) = 210만 원(지방세 제외)

* '전년도에 납부한 총 세금을 파악한다는 것'은 세율구간 파악이 목적입니다.

소득세 납부구간	세율 (지방세 제외)	과세표준 구간
~720,000원	6%	0~1,200만 원
720,000원~5,820,000원	15%	1,200만 원 ~4,600만 원
5,820,000원~15,900,000원	24%	4,600만 원 ~8,800만 원
15,900,000원~37,600,000원	35%	8,800만 원 ~1억5,000만 원
37,600,000원~94,600,000원	38%	1억5천만 원 ~ 3억 원
94,600,000원~174,600,000원	40%	3억 원~5억 원
174,600,000원~384,600,000원	42%	5억 원~10억 원
384,600,000원 초과	45%	10억 원 초과

☞ 상기 사례의 경우 1,900만 원의 세금을 납부하였다고 한 만큼 35% 세율구간에 속함을 알 수 있습니다.

Q20. 증권회사에서 해외주식을 투자해서 배당금이 나왔습니다. 미국에서 원천징수 된 세금은 우리나라에서 금융소득종합과세 신고할 때 공제되나요? 안 해 주면 이중과세 아니에요?

A20. 네, 금융소득종합과세 대상자에 한하여 외국납부세액공제 항목으로 세금을 깎아 줍니다. 이중과세 방지를 위하여 종합소득산출세액*(국외소득금액/전체소득금액) 초과 시를 한도로 세액공제 하여 줍니다.

Q21. 금융소득종합과세 신고할 때 원천징수 된 세금이 오히려 더 많다면 환급도 되나요?

A21. 금융소득종합과세는 환급이란 개념이 없습니다. 국내든 해외든 원천징수 된 세금이 납부할 세금보다 많다고 하더라도 환급이 되지 않습니다. 사례를 통해 알아보도록 하겠습니다.

예를 들어 금융소득이 2천만 원이 약간 넘어 금융소득종합과세 대상자가 되었으나 근로소득에 대한 타 소득에 대한 과세표준이 1,200만 원 이하여서 6%(지방세 제외)의 세율이 적용되는 구간을 가진 고객이 있다고 가정 해 보겠습니다.

이 경우 금융소득에 대한 원천징수세율(14%, 지방세 제외)보다 오히려 타 소득 구간의 세율이 낮아(6%) 종합과세 기준금액을 초과하는 금융소득의 산출세액이 오히려 원천징수세액보다 적어질 수 있는데 이 경우에는 상식적으로 금융회사에서 이미 뗀 세금을 돌려주는 것이 논리적으로는 합당해 보입니다. 하지만 금융소득 종합과세의 입법취지는 2천만 원을 초과하는 금융소득을 종합소득에 합산하여 누진세율로 과세하고자 하는 기본취지가 있기 때문에 이런 경우는 법률로서 최소한 원천징수세율로 과세한다는 기본 개념을 가지고 있습니다. 이를 비교과세제도라고 합니다. 즉, 환급되지 않는다고 보시면 됩니다.

Q22. 외국 시민권자가 한국에서 계좌를 개설하면 금융소득 종합과세 대상에서 제외되나요?

A22. 여기서 중요한 것은 시민권자 여부가 아니고 우리나라 세법상 비거주자가 맞느냐입니다.

비거주자는 기본적으로 금융소득 종합과세 대상에서 제외되나, 비거주자에 해당되는 지 여부는 시민권자 등 국적 여부로 판단하는 것이 아니며, 실무상 '국내원천소득 제한세율 적용신청서'에 의거하여 국내에 주소 또는 거소가 183일(1년 중) 이하인지를 기준으로 판단합니다(2018년부터 1년 중 183일로 개정).

비거주자로서 계좌 개설을 하고 국내에 부동산소득 등이 없는 경우라면 금융소득 종합과세 신고는 하실 필요가 없습니다.

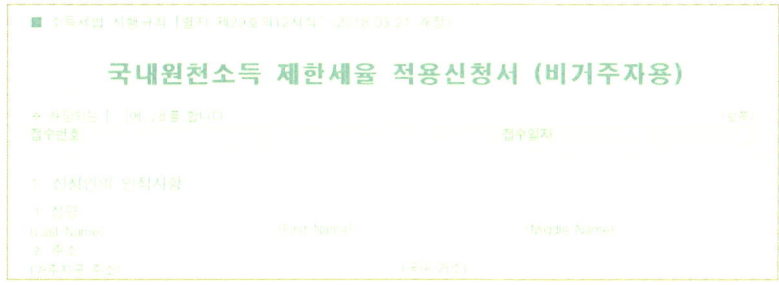

Q23. 부실화된 채권이나 신탁을 보유하고 있는데, 오랜 기간이 흘러 원금이 회수된다고 합니다. 근데, 세금을 생각보다 많이 떼네요? 왜 그런 거죠?

A23. 논리적으로 불합리 하다고 생각될 수 있습니다.

하지만 세법에 의거 약정된 이자가 있으면 이자부터 회수되는 것으로 보며, 이는 금융소득종합과세에 합산되는 국내 이자소득으로 간주됩니다. 세법상 채권 손실 시 기존 이자약정이 있으면, 원금이 회수되어도 이를 이자부터 회수된 것으로 간주하여, 이자소득을 부과하도록 되어 있습니다.

> **Notice!**
> 관련 유권해석을 참조하시기 바랍니다.
>
> * 소득
> 46011-2457
> 이자지급일의 약정이 없는 경우는 실제로 이자를 지급받는 날이 수입시기가 되며, 대금 중 일부만 지급받는 경우 원금부터 상환한 것으로 지정하지 않는 경우는 이자부터 지급받는 것으로 봄.

Q26. 금융상품에 투자했는데 기타소득으로 과세되는 게 있네요? 이건 역시 금융소득 종합과세 대상인가요?

A26. 금융소득이라 함은 이자소득과 배당소득만을 말하며, 기타소득은 포함되지 않습니다. 기타소득은 기타소득금액이 300만 원 초과 시 타 소득과 함께 종합소득세 합산 신고를 하셔야 합니다(기타소득금액 300만 원 이하면 분리과세 종결) 즉, 고객 입장에서 익년 5월에 세금신고를 하는 것은 동일하나 사실은 금융소득 종합과세가 아닌 일반 종합과세를 말합니다.

Q27. 연금저축 해지했을 때도 기타소득으로 과세된다고 하는데요. 이때 연금해지에 따른 기타소득도 연간 300만 원 초과하면 종합소득세 신고를 별도로 해야 하는 건가요?

A27. 아닙니다. 예외적으로 연금저축 해지 시 기타소득은 16.5% 원천징수 되고 예외적으로 합산과세가 되지 않습니다.

Q28. 금융소득이 2천만 원 이하여도 금융소득종합과세 신고를 해야 하는 소득이 있나요?

A28. 네, 대표적으로 개인 간 서로 주고받은 이자(소위 차용증 이자)와 해외현지에서 직접 계좌개설한 후 받은 이자배당소득입니다.

원천징수 되지 않은 사인 간 차용증거래에서 발생한 이자는 비영업대금이라 표현하고 이는 무조건 금융소득종합과세 대상으로서 신고해야 합니다. 또한 국내 증권사를 통하지 않고 해외에 직접계좌를 개설하고 투자한 금융상품에 발생한 이자배당도 동일합니다.

Q29. 고객이 해외 현지에서 직접 계좌를 만들어 금융소득이 발생했다고 하는데, 이 경우에도 금융소득종합과세 신고만 하면 되죠?

A29. 금융소득종합과세는 물론이고, 국세청에 지분투자내역신고 및 잔고금액 원화 5억 초과 시 해외금융 계좌신고를 하셔야 합니

다(자세한 내용 국제조세편 참고).

Q30. 부모로부터 차용증을 쓰고 빌린 자금이 있는데, 이자와 원금을 한 번에 갚아드렸어요. 이때 따로 세금신고를 한 적은 없는데 어떻게 과세되는 건가요?

A30. 세법상 이런 거래로 인하여 발생한 소득을 비영업대금의 이익이라고 하며, 이자소득으로 분류됩니다. 비영업대금의 경우 약정된 이자율에 대하여 이자지급자가 원칙적으로 27.5% 세금을 국세청에 신고 원천징수 납부해야 합니다. 원천징수를 안할 경우 무조건 국세청에 이자전액을 신고하여야 합니다.

> **Notice!**
> 부동산 가격 급등으로 가족 간 차용거래가 급증하고 있습니다.
>
> **"엄마 돈 좀 빌려줘요"...차용증도 썼는데 증여세를 내라니**
>
> 땅집GO 21.11.30
>
> 대출규제 등으로 부동산 구입자금부족으로 가족 간 차입거래가 급증하고 있습니다. 가족 간 거래이더라도 이자지급 증빙 등이 명확하다면 차입거래로 인정은 받을 수 있으나, 그에 지급되는 이자는 비영업대금이자로 이자수령자가 최소 27.5%가 과세되는 등 이자소득에 대한 세금부담도 상당하다는 것을 주지하시길 바랍니다.

Q31. 금융소득종합과세 대상자가 되면 연말정산 시 피부양자 인적공제 및 세액공제를 받을 수 없나요?

A31. 피부양자 자격이 박탈되고 부양자는 피부양자에 대한 각종 인적공제 및 세액공제를 받을 수 없습니다. 즉, 금융소득종합과세로 인해 납부세액이 '0원'이라 하더라도 소득금액은 100만 원을 초과하였으므로 소득공제 및 세액공제 적용대상자로 등재하면 안 됩니다. (금융소득이 2천 100만 원이면 종합소득이 2천 100만 원이며, 1,999만 원이면 종합소득은 0원입니다)

Q32. 공적연금(국민연금, 군인연금, 사학연금 등)을 받고 있습니다. 금융소득이 2천만 원이 넘었는데 종합소득세 신고할 때 합산신고 해야 되나요?

A32. 네. 공적연금도 금융소득과 합산하여 신고해야 하며, 연금소득 원천징수영수증을 각 연금공단을 통해 수령하신 후 5월 종합소득세 신고 시 참조하셔야 합니다.

제4절 금융소득종합과세와 건강보험료 자산관리전략

Notice
금융투자소득세가 시행되더라도 금융소득 종합과세는 유지됩니다.

건강보험료 2단계 개편이 금년 9월부터 시행되었기 때문에 준비가 되지 않은 고객의 입장에서는 소득세분만 아니라 막대한 건강보험료까지 큰 부담이 될 수 있습니다. 다음의 자산관리전략을 숙지하여 본인의 세금을 절감할 수 있는 최적의 상품에 투자하시기 바랍니다.

-니즈환기-
종합소득세율 및
건강보험료 증가
→
-내용안내-
파급효과 및
회피방안 안내
→
고객의 니즈에 맞는
금융상품 선택투자

1. 금융소득의 소득유형 변경
   (금융소득(종합과세) → 양도소득(분류과세))

Notice
양도소득세(금융투자소득세)는 종합소득세율과 합산되지 않는 단일과세 상품이며 동시에 건강보험료도 부과되지 않습니다.

분류과세는 일반적으로 국내외주식 직접투자로 발생되는 양도소득세를 의미하며, 양도소득세는 단일세율로 과세된다는 점과 건강보험료로 부과되지 않는다는 것을 간접투자(펀드)상품과 비교하여 명심하시기 바랍니다.

　개인 세제에 있어 본인이 어떤 소득을 적용 받을지에 대한 결정은 본인에게 있습니다.

상대적으로 근로자가 사업소득세제를 적용 받기 위해서는 본인의 분야에 사업자등록을 해야 하고 개별 유관법령에 따라 허가사항이 있을 수 있는 등 어려운 것이 사실이지만, 금융상품을 투자함에 있어 소득의 결정은 매우 간단한데, 어떤 상품이 어떻게 과세되는지를 사전에 학습하고 그 상품을 투자하면 되는 것입니다.

대표적으로 고소득근로자 혹은 사업가 등 본인의 유효세율이 매우 높은 고객들은 간접투자 보다는 직접투자로 투자방식을 변경하여 종합과세에서 분류과세유형으로 소득전환을 반드시 도모해야 할 필요가 있습니다.

※분류과세 예시

(지방소득세 포함)

구분	내역	비고
양도소득	국내비상장	세율 11%~27.5% (단 K-OTC 비과세)
금융투자소득	해외주식	세율 20%
	23년[58] 이후 모든 금융상품 매매손익 (2단계 세율)	22% (3억 원 초과분 27.5%)

2. 과세대상 금융소득 축소(비과세, 분리과세 금융상품 집중투자)

한편 금융소득에 대한 과세는 본문에서 자세히 살펴본 것처럼 세전

---
58) 22년 세법개정안이 국회에서 통과되어 2년 유예되는 경우 25년 이후 모든 금융상품 매매손익으로 변경

연간 기준으로 1년간의 금융소득이 2천만 원을 넘어서게 되면 모든 종합과세되는 소득(근로소득, 사업소득 등)과 합산하여 정산과세가 되므로, 위 1번 전략처럼 소득유형을 변경할 수 없다면 금융소득 비과세, 분리과세 상품에 적극투자를 하여야 합니다.

금융소득 비과세 및 분리과세 상품군은 다음과 같으며, 향후 금융투자소득세가 시행된 이후에는 표의 우측 칼럼을 참고하시기 바랍니다.

구분	내역	현행 과세체계	금융투자소득세 下 과세체계
비과세 및 저율 분리과세	국내 상장주식 매매차익	비과세 (상장주식: 대주주제외 채권: all 과세제외)	매매차익 금투세 과세 (5천만 원 기본공제 대상) 단, 배당은 금융(배당)소득
	국내 장내채권 매매차익		매매차익 금투세 과세 (250만 원 기본공제 대상) 단, 보유기간이자 등은 금융(이자)소득
	해외 채권 매매차익	매매차익, 환차익 비과세 (단, 이자소득과세) 달러채권, 사우디아라비아, 러시아국채 등	매매차익 금투세 과세 (250만 원 기본공제 대상) 단, 이자소득은 금융소득
	국내주식형펀드 (ETF, ETN포함)	펀드 절세효과: 주식형〉혼합형〉채권형 ETF,ETN과세: Min(매매차익, 과세표준기준가 상승)	환매이익 금투세 과세 (5천만 원 기본공제 대상) 단, 분배금은 금융(배당)소득

구분	내역	현행 과세체계	금융투자소득세 下 과세체계
비과세 및 저율 분리과세	저축성 보험	10년 이상 인당, 1억 한도 (단, 월납 150만 원 한도)	좌동
	브라질국채	이자소득, 매매차익, 환차익 비과세	이자소득 비과세 매매차익 금투세과세 (250만 원 기본공제대상)
	비과세종합저축	65세 이상 인당 5천만 원 한도	좌동
	KRX 금 투자	금 현물 시장 거래	좌동
	ISA	계좌 내 200만 원 이하 순소득 비과세	좌동
분리과세	만기 10년 이상 장기채권	2018년 이전 발행분 3년 이상 보유 시	좌동
	ISA	계좌 내 200만 원 (400만 원) 초과 소득 9% 분리과세	좌동
	연금저축펀드 (보험)	연간 1200만 원 연금소득 분리과세	좌동
	공모부동산펀드 분리과세	공모리츠, 부동산펀드 및 재간접 펀드 배당소득 저율분리과세(9%)도입	좌동

> **Notice**
>
> 벤처투자, 노란우산 등 소득공제 금융상품은 금융소득자체를 줄여 주는 것이 아닌, 발생할 종합소득세를 절세해 주는 상품입니다.

조금 더 알아봅시다.
21년 개정세법으로 ISA 가입요건 등이 완화됩니다.

우선 ISA 가입연령이 기존 소득이 있는 자에서 만 19세 이상 거주자(근로소득 있는 자는 15세 이상가능)로 대폭 완화되며 자산운용범위에 국내 상장주식도 편입되는 등 혜택이 늘어났습니다.

구분	개정 전	현행
가입대상	• 소득이 있는 자, 농어민 • 직전 과세기간의 금융소득 종합과세 대상자 제외	• 만 19세 이상 거주자 (근로소득 있는 15세 이상 가능) • 직전 3개 과세기간 중 1회 이상 금융소득 종합과세대상자 제외
자산운용범위	예·적금, 집합투자증권 등	국내 상장주식 포함 (주식 양도차손 공제 허용. 단, 대주주 보유분은 불가)
계약기간 탄력운영	5년(단축, 연장 불가)	3년 이상 (자율 계약만기연장 허용)
납입한도 이월허용	연간 2천만 원 (계약기간 내 최대 1억 원)	전년도 미납분에 대한 이월 납입 허용
적용기한	21년 말까지	기한 없음

3. 금융소득 분산(이자 및 배당소득의 귀속시기 조절)

개인의 소득세 과세는 법인과 달리 1월 1일부터 12월 31일까지를 1과세기간으로 하여 일률적으로 동일하게 과세합니다. 그렇기 때문에 상품의 가입시기를 조절한다든지, 여러 개의 상품으로 분할하여 가입한다든지, 환매(처분)시기를 자유롭게 조절할 수 있게 미리 설정해야 절세가 가능합니다. 이런 부분을 유의 깊게 스터디하고 금융상품에 투자하시길 권고 드립니다.

(1) 금융소득 종합과세 과세기간: 매년 01.01~12.31

(2) 귀속일: 이자상품, 펀드·ELS·ETF는 소득을 지급받은 날
    주식의 배당소득은 잉여금 처분 결의일(주주총회일)

Notice

펀드는 기본적으로 결산과세 방식에서 환매과세 방식으로 변경됨에 따라 환매 과세 펀드일 경우 환매시기 조절이 매우 중요합니다.

TAX Tips

종합소득세 대상은 개인이며 귀속시기는 예외 없이 01.01~12.31까지 입니다. 펀드는 환매시기 조절, 부분환매, 보험상품은 월 지급식 상품 활용을 통해 소득귀속시기를 분산할 수 있습니다.

(예시) 보유한 펀드에서 이익이 2천만 원 이상 발생할 것으로 예상됨. 부분 환매하여 수익발생 시기를 분산(당해 50%, 익년 50%).

4. 금융소득 이전(증여를 통한 이전)

앞서 3가지 방법 외에도 개인의 소득세 과세는 '인별'과세를 대원칙으로 합니다. 미국의 경우 결혼유무 및 그 선택에 따라 부부합산과세 방식을 채택하기도 하지만 우리나라는 예외 없이 '인별' 과세제도를 채택하고 있습니다. 그렇기 때문에 금융투자를 하실 때에는 인별로 투자 한도를 고려하여 투자할 필요가 있으며, 추후 자금출처조사를 대비하여 그 자금분산의 원천을 증여세 신고를 통해 반드시 대비할 필요가 있습니다.

(1) 증여 후 소득의 귀속자: 수증자(단, 펀드의 경우 대체 시 정산·과세 후 대체됨)

(2) 증여 재산 평가

구 분	평가금액
CMA 및 예금 등	증여기준일 잔고 미수이자 등 상당액
펀드	증여기준일 현 기준가격
상장채권	증여기준일 이전 2개월 거래소 종가 평균액과 기준일 전일종가 중 큰 가액
ELS	증여기준일 현 기준가격

TAX Tips
ELS는 증여를 통해 소득을 분산하세요.

ELS, 펀드의 경우 가족명의로 대체할 경우 대체 이후 발생한 금융소득은 수증자에게 귀속됩니다. 특히 ELS는 펀드와 달리 대체 시 정산·과세하지 않으므로 증여를 통해 배당소득 조절이 훨씬 용이합니다.
금융소득을 분산하고자 하는 고객이라면 가족에게 els 대체 후 증여신고를 권유하시기 바랍니다.

(예시) 성년 자녀를 둔 고객이 최초 1억 원을 ELS에 투자하여 만기수익률이 24%로 예상됨(현 평가가액은 1.2억). 금융소득종합과세 절세 방안은? → 1.2억 중 0.5억 부분만큼을 자녀에게 대체(증여)하고 증여세를 신고함.

5. 법인전환(개인자산의 법인 이전, 법인을 통한 투자)

개인으로 투자하는 경우의 고려할 수 있는 경우의 수를 생각해 봤는데 이제는 마지막으로 법인을 통해 투자하는 방법을 고려해 볼 수 있습니다.

사실상 법인전환이란 개인사업자가 법인으로 인격체를 전환하는 것으로 실무상 절차 및 시간이 많이 소요되나, 본 서에서 말하는 법인전환은 앞서 말한 법인으로의 전환뿐만 아니라 법인설립을 통한 투자도 함께 고려하고 있습니다.

(1) 의의

개인은 금융소득 종합과세 시 타 소득을 합산하여 지방세 포함 최고 49.5%의 세율이 적용되지만, 법인의 경우 금융소득에 대해 일반적으로 최대 22% 세율(과세표준 200억 원 이하)이 적용되므로 22%의 세 부담을 우선 감소시킬 수 있습니다.

구분	개인	법인
금융소득종합과세 여부	X	O
과세세목	종합소득세	법인세
최고세율	최고 49.5%	일반적 22% (과세표준 2억 이하 11%, 2~200억 22%)

(2) 주요 고려사항

법인설립 후 법인의 소득을 개인에게 이전하려면 배당·퇴직·근로소득 형태로 소득세가 재차 과세됩니다. 즉, 법인전환 후 법인소득을 개인으로 이전하는 방안이 중요시 되고 있습니다. 본서에서는 금융과 관련된 세금문제를 주로 다루기 때문에 법인전환에 관한 사항은 세무전문가와 상담하시기 바랍니다.

제6장
금융상품의 세대 간 이전 I(상속편)

PB와의 대화

PB: 제 고객이 코로나 후유증으로 갑자기 사망하셨습니다. 본인 명의로 부동산은 없고, 금융재산은 약 8억 정도입니다. 사모님과 자녀는 2명 있는데, 지금 상황이면 10억까지 상속세 면세라고 알고 있는데요. 신고 안 해도 되죠?

세무사: 최소공제금액은 10억이 맞지만, 상속세는 발생할 수 있습니다.

PB: 잔고가 8억밖에 안 되고, 공제금액이 10억인데 세금 없잖아요?

세무사: 상속세는 사망개시일 당시 보유재산으로만 판정하는 것이 아닙니다. 상속세 신고 후에는 상속조사라는 형태로 사망일로부터 직전 10년간 피상속인과 상속인 모두의 금융거래내역을 국세청이 점검하기 때문에 생전에 상속인들에 대한 증여가 있는 지 조사하여 증여세를 부과하고 상속재산에도 합산시킵니다. 즉, 상속세가 없음을 확인하려면 생전 10년간 피상속인의 금융거래내역을 모두 점검해 봐야 합니다.

PB: 그럼 상속세 신고도 해야 할 수 있군요?

세무사: 현실적으로 상속세를 신고하는 단계에서 피상속인의 모든 재산과 생전 증여내역을 상속인이 완벽하게 알기는 힘든 것이 현실입니다. 상속세 신고를 하면 상속조사 시 혹시 누락

되는 재산이 있는 경우에도 가산세 측면에서 유리하므로 상속세 신고를 권유 드립니다.

상속세는 신고로 종결되는 세금이 아닙니다. 증권회사에 투자할 정도의 고객이면 은행계좌도 당연 있을 것이며, 실무상 증권회사 거래고객은 상속세 신고 면세 여부와 무관하게 대부분 상속조사가 발생한다고 생각하셔야 합니다.

즉, 상속조사가 종결되어야 상속관련 세금절차가 완료된다고 보셔야 됩니다. 상속조사는 피상속인의 상속재산이 50억이 넘으면 지방국세청, 50억 이하면 일선세무서로 배정되며, 일반인들의 상속조사의 기간과 방법은 사망일로부터 통상 10년까지 피상속인과 상속인의 금융계좌를 조회·점검합니다.

상속세는 상속조사란 것을 수반하며, 사망일 전 10년 전부터 투명한 거래내역과 정상적 증여절차를 거쳐야 합법적 상속세 절세를 기대할 수 있습니다.

> **Notice 합법적으로 상속세를 절세하려면?**
> - 사망 개시 전 증여는 사망일로부터 상속인에게 소급 10년 그 이전에 증여해야 하는데, 증여일로부터 10년 이내 사망 시 상속인에게 증여한 재산은 상속재산에 합산되기 때문입니다.
> - 상속조사는 사망개시일 전 10년 금융거래내역을 국세청에서 조사하므로, 투명한 금융거래, 계획적인 증여가 상속세 절세의 기본입니다.

제1절 상속 핵심내용

구분		내용
민법	용어	피상속인: 사망한 사람, 상속인: 사망한 사람의 재산 및 권리를 승계받을 사람
	상속 순위	1순위 배우자 및 자녀, 2순위 배우자 및 부모, 3순위 형제자매
	상속 배분기준	1순위 유언, 2순위 상속인간 협의, 3순위 법정지분
	유언 방식	공정증서방식 추천(피상속인 + 증인 2인 참여, 유언장 공증사무소보관)
	법정지분	균등하게 분배(단, 배우자 5할 가산) Ex) 배우자와 자녀1 명 있는 경우: 배우자 60%(1.5/2.5), 자녀 40%(1/2.5) 배우자 없고 자녀 2명 있는 경우: 자녀당 50%
	유류분	상속인의 법정지분 해당분의 50%
상속세법	상속세 과세	피상속인의 사망당시 재산과 일정 기한 내 생전 증여한 재산
	상속세 납부자	상속받은 상속인(연대해서 상속세 납부)
	과세방식	(상속재산−채무−상속공제)*상속세율
	상속공제	<table><tr><td>기본공제</td><td>공제금액</td></tr><tr><td>배우자 및 자녀 있는 경우</td><td>10억</td></tr><tr><td>배우자만 있는 경우</td><td>7억</td></tr><tr><td>자녀만 있는 경우</td><td>5억</td></tr></table> 금융재산상속공제: 순금융재산의 20%를 2억한도로 공제(금융재산기준 Max 10억 원) * 배우자상속공제: 배우자 법정지분 및 30억을 한도로 실제 상속받은 금액 공제
	상속세율	* 누진세율 0~1억: 10%, 1~5억: 20%, 5~10억: 30%, 10~30억: 40%, 30억~: 50%
	신고기한	사망일이 속하는 달의 말일로부터 6개월 이내
기타	상속재산확인	* 동사무소 구청 방문: 안심상속 원스톱 서비스 (금융재산 일괄조회 서비스 활용)
	등기이전	* 사망일로부터 3개월 이내: 차량 명의 이전 * 사망일로부터 6개월 이내: 부동산 명의 이전
	유의사항	사망일이전 가족관 이체거래 및 출금거래 지양

제2절 상속 기본내용

1. 상속관련 22년 세법개정

상속세 연부연납 5년에서 10년으로 확대

디지털 타임스 21.12.04

　지난 정부 5년간은 대부분 부동산 관련 양도소득세 및 종합부동산세의 세법개정이 빈번하였고, 상속 및 증여에 관한 개정은 진전이 없었던 것이 사실입니다.

　금년 유의미한 세법개정사항으로 22년 상속개시일 분부터 납부세액이 2천만 원 초과 시 5년 동안 세금을 나눠 낼 수 있는 연부연납기간이 10년으로 연장되었는데, 주의할 점은 상속세 신고기한이 올해(22)라고 연부연납기간이 10년 적용되는 것이 아니고 사망개시일이 금년 이후여야 10년 연부연납기간 적용이 가능하다는 점입니다(증여는 해당사항 없이 기존대로 5년 적용).

　또한 기존주택을 보유한 상속인이 상속으로 주택을 받을 경우 종합부동산세에 무조건 중과가 되었으나, 올해부터 수도권·광역시 등 상속으로 주택을 받는 경우 5년 동안 종합부동산세 계산 시 보유주택으로 보지 않아 종합부동산세 중과가 되지 않습니다.

2. 상속컨설팅은 왜 필요한가?

필자가 금융기관에서 VVIP 고객분들과 많은 대화를 하면서 가장 안타깝게 느꼈던 점은 자산가일수록 본인의 생전의 세금문제에 대하여 지대한 관심을 가지고 시간과 비용을 들여 중요하게 생각하지만 정작 사후에 자산의 향방 및 그 세금에 대한 고민을 하지 않는다는 점입니다.

우리나라 상속세는 최고 30억 원을 초과할 경우 절반을 세금으로 가져가는 구조임을 모르는 것이 아니지만, 여식들이 상속세를 논의한다는 것은 불효로 여겨지므로 주저하기에 정작 본인이 챙겨야 하는 세금일 수밖에 없습니다.

고객입장에서도 상속컨설팅은 중요하지만 금융기관의 PB입장에서도 상속에 대한 관심은 매우 중요합니다. 고령의 충성고객들이 현재 금융기관과 관계를 맺고 있지만, 젊은 상속인들은 본인이 주로 거래하는 금융기관이 다르기 때문에 사후 이탈가능성이 매우 높기 때문에 상속컨설팅으로 다음 세대와의 Relationship을 강화할 필요가 있습니다.

효과	내용
고객의 전체 재산 파악	상속세 산출 과정상 고객의 부동산 포함 전 재산 정보 획득
상속세 재원 마련 금융상품 대비가능	산출된 예상 상속세 대비한 금융상품 제시(방카슈랑스, 주식 등)
부동산 자산의 금융자산 전환	상속세 절세(금융재산상속공제) 및 이동 용이한 동산(금융자산) 전환

3. 민법상 상속에 관한 기본내용

> **Notice**
> 상속세를 이해하기 위해선 상속순위 등 민법의 기초가 선행되어야 합니다.
>
> 상속세컨설팅을 이끌어 내기 위해서는 기본적으로 상속 관련 민법 기초 이해를 해야 상속세에 대한 개념을 알 수 있습니다.

(1) 용어설명[59]

우선 민법상 용어를 정의할 필요가 있는데, 피상속인이란 사망(혹은 실종선고)으로 인하여 상속재산을 물려주는 사람을 말하며, 상속인은 상속이 개시되어 피상속인의 재산상의 지위를 법률에 따라 승계하는 사람을 말합니다.

여기서 상속인은 자연인을 말하며, 법인[60]은 자연인이 아니므로 원칙적으로 상속을 받을 수 없고 예외적으로 유증 등의 경우는 가능합니다. 또한, 상속인은 상속 개시시점에 생존할 것을 요건으로 합니다. 태아는 대법원 판결[61]에 따라 상속 개시시점에는 출생하지 않았더라도 출생 시, 상속개시 당시에 상속인인 것으로 봅니다.

---

59) 찾기쉬운 생활법령정보 www.easylaw.go.kr 상속인 개념과 순위
60) 법인이 상속재산을 받은 경우 영리법인이라면 자산수증이익으로서 법인세가 과세되므로 상속세는 면제되나, 주주 중 상속인이 있는 경우에는 지분상당액에 대하여 상속세 납세의무가 있습니다. 만일 비영리법인이라면 원칙적으로 상속세가 과세되며, 공익목적으로 하는 일정한 비영리법인의 경우에는 상속세및증여세법 제16조에 따라 비과세됩니다.
61) 대법원 1976.9.14. 선고 76다 1365판결

(2) 상속의 순위

민법 제1000조 제1항 및 1003조 제1항에 따라 상속인은 아래 순위로 정해지며, 피상속인의 법률상 배우자는 피상속인의 직계비속 또는 피상속인의 직계존속인 상속인이 있는 경우 이들과 함께 공동상속인이 되며, 피상속인의 직계존속인 상속인이 없는 때에는 단독으로 상속인이 됩니다.

예를 들어 자녀를 기준으로 父가 사망한 경우 자녀와 母(배우자)가 상속을 받고, 자녀가 없는 경우 조부모와 母(배우자)가 상속을 받게 되는 것입니다.

---

1. 상속에 있어 다음 순위로 상속인이 되며, 자녀와 배우자 항상 상속인의 지위가 부여됨.
   (1) 피상속인의 직계비속(자녀) + 배우자
   (2) 피상속인의 직계존속(부모) + 배우자
   (3) 피상속인의 형제자매
   (4) 피상속인의 4촌 이내

※ 법률상 배우자(사실혼 배우자는 해당사항 없음)는 직계비속 및 직계존속과 공동 상속인이 되고, 직계비속과 직계존속이 없는 경우 단독으로 1순위 상속인이 됨.

Notice

사실혼관계의 배우자, 이혼한 배우자, 유효하지 않은 양자는 적법한 상속인으로 인정되지 않으며, 자세한 사항은 다음과 같습니다.

구분	내용
상속인	태아, 이성동복의 형제, 이혼소송중인 배우자, 인지된 혼외자, 양자, 친양자, 양부모, 친양부모, 외국국적의 상속인 등
상속인이 아닌 자	사실혼의 배우자, 상속결격자, 유효하지 않은 양자, 이혼한 배우자 등

한편, 상속인이 될 직계비속 또는 형제자매가 상속개시 전에 사망하거나 결격사유가 있는 경우 사망하거나 결격된 사람의 순위에 갈음하여 상속인이 되는 경우가 있는데 이를 대습상속이라고 합니다.

(3) 공동상속의 경우 상속재산의 분할[62]
(재산 배분 기준: 유언 → 협의분할 → 상속)

상속의 개시로 인하여 공동상속인은 피상속인의 권리와 의무를 각자 승계하게 되며, 상속재산은 공동상속인의 공유가 되므로, 상속재산을 상속인 각자의 재산으로 분할할 필요가 있는데, 이를 상속재산의 분할이라고 합니다.

일반적으로 상속재산은 유언 있을 경우 유언(지정분할), 유언이 없는 경우 상속인 간 협의분할로 인하여 분할이 이뤄집니다.

1) 유언(지정분할)

피상속인은 생전 상속재산의 분할방법을 유언으로 정하거나, 유언으로 상속인 외의 제3자에게 분할방법을 정할 것을 위탁할 수 있으며, 그에 따라 행해지는 분할을 말합니다. 유언의 방식으로는 자필증서유언, 녹음유언, 공정증서유언, 비밀증서유언, 구수증서유언 5가지 방식으로 민법상 정해져 있습니다.

이 중 자필증서, 녹음유언 등의 방법은 법원의 검인절차라는 복잡한 절차가 필요하기 때문에 그렇지 않은(법원의 유언 검인절차가 필요 없

---
62) 민법 제1009조

는) 공정증서 방식을 생각해 볼 수 있습니다.

- **공정증서 유언**
  : 증인 2명이 참석한 가운데 공증인의 면전에서 유언을 구술하고 공증인이 필기 낭독하여 이에 유언자와 증인이 서명하는 유언방식

조금 더 알아봅시다. 유언공정증서의 유언자 증인 필요서류 및 증인조건

구분	필요서류
유언자	주민등록증(운전면허증), 도장, 기본증명서, 가족관계증명서, 주민등록 등본
증인(2명)	주민등록증(운전면허증), 도장, 기본증명서, 가족관계증명서
증인 조건	가족이 아닌 제 3자, 이해관계인이 아닌 자

2) 협의분할

앞서 살펴 본 피상속인의 유언이 없는 경우, 공동상속인은 서로간의 협의에 의하여 상속재산을 자유롭게 분할 할 수 있습니다. 당사자 전원의 합의가 있으면 충분하고 특별한 방식이 필요 없으므로 구두로 할 수도 있으나, 추후 분쟁을 피하기 위해 통상 협의분할계약서[63]를 작성해 두는 것이 좋습니다.

---

63) 상속재산분할협의서, 대한법률구조공단

> [서식 예] 상속재산분할협의서
>
> ### 상속재산분할협의서
>
> 20○○년 ○월 ○○일 ○○시 ○○구 ○○동 ○○ 망 □□□의 사망으로 인하여 개시된 상속에 있어 공동상속인 ○○○, ○○○, ○○○는 다음과 같이 상속재산을 분할 하기로 협의한다.
>
> 1. 상속재산 중 ○○시 ○○구 ○○동 ○○ 대 300㎡는 ○○○의 소유로 한다.
> 1. 상속재산 중 □□시 □□구 □□동 □□ 대 200㎡는 ○○○의 소유로 한다.
> 1. 상속재산 중 △△시 △△구 △△동 △△ 대 100㎡는 ○○○의 소유로 한다.
>
> 위 협의를 증명하기 위하여 이 협의서 3통을 작성하고 아래와 같이 서명날인하여 그 1통씩을 각자 보유한다.
>
> 20○○년 ○월 ○○일
>
> 성 명 ○ ○ ○ 인
>   주소 ○○시 ○○구 ○○길 ○○
> 성 명 ○ ○ ○ 인
>   주소 ○○시 ○○구 ○○길 ○○
> 성 명 ○ ○ ○ 인
>   주소 ○○시 ○○구 ○○길 ○○

※상속재산의 법정지분[64]

실무적으로 피상속인의 유언이 없었고, 상속재산에 대한 협의분할도 적절하게 이뤄지지 않는 경우에는 법정상속지분에 따라 분할을 결정할 수밖에 없을 것입니다. 상속재산의 법정지분은 공동상속인별로 균등하게 배분하되, 특별히 배우자에게는 5할을 가산합니다.

---

[64] 민법 제1009조

【법정상속 지분 예시】

구분	상속인	상속분	상속재산비율
피상속인 (배우자 및 자녀 있음)	자녀 1명, 배우자	자녀 1 배우자 1.5	1/2.5(40%) 1.5/2.5(60%)
	자녀 2명, 배우자	자녀 1 1 자녀 2 1 배우자 1.5	1/3.5(28.5%) 1/3.5(28.5%) 1.5/3.5(43%)
	자녀 3명, 배우자	자녀 1 1 자녀 2 1 자녀 3 1 배우자 1.5	1/4.5 (22%) 1/4.5 (22%) 1/4.5 (22%) 1.5/4.5(34%)
피상속인 (자녀 없고 배우자, 모친 있음)	모친 1명, 배우자	모친 1 배우자 1.5	1/2.5(40%) 1.5/2.5(60%)

조금 더 알아봅시다!
이혼 시 전처 사이에서 낳은 자식들의 상속자격은?

최근 황혼이혼 급증 등으로 과거와 달리 이혼에 따른 사회적 인식이 점차 바뀌어 가고 있고, 실제로 이혼사례가 크게 증가하고 있습니다. 이혼에 따라 발생하는 상속순위에 대해서 살펴보면 다음과 같습니다.

Case 1) 부(갑), 모(을) 사이에 낳은 자녀(병, 정)가 있고, 이혼 후 부친(갑)이 재혼하여 계모(무)와 사이에서 낳은 자녀(기)가 있을 경우 부친이 사망한 경우에 자녀 병, 정은 계모인 무와 그들 사이에서 낳은 기와 함께 상속인이 됩니다(갑과 을의 관계는 이혼으로 혼인관계가 소멸하여 상대방의 상속인이 될 수 없음)

Case 2) 위 Case 1)에서 계모인 무가 사망한 경우에는 전처와의 사이에서 낳은 병 또는 정은 상속인이 될 수 없습니다. 다만, 기존 갑 이 재혼한 배우자인 무가 병, 정을 '입양'한 경우에는 법률상 '친자관계'가 성립하게 되므로 상속권이 있습니다.

3) 심판분할

앞서 유언도 없었고, 공동상속인들 사이에 협의분할이 이뤄지지 않은 경우 가정법원에 청구하는 분할방법을 말합니다.

> **조금 더 알아봅시다.**
> **유언이 없었고, 협의분할도 되지 않은 경우 실무적으로는 법정지분비율대로 분할을 합니다.**
>
> 민법상 협의분할이 되지 않는 경우 가정법원을 통해 심판분할 절차를 하나, 실무상 공동상속인들끼리 협의가 되지 않는 경우는 민법 제1009조에 따른 법정상속비율대로 분할을 하게 됩니다.

(3) 상속의 포기 및 한정승인

상속포기란 상속인이 상속의 효력을 소멸하게 할 목적으로 하는 의사표시[65]를 말하며, 포기를 하는 상속인은 사망인지일(상속개시 있음을 안날)로부터 3개월 내 가정법원에 포기 신고하여야 해야 합니다. 상속인이 여러 명인 상황에서 특정 상속인이 상속포기를 하게 되면 포기한 자의 상속분은 다른 상속인의 상속분의 비율대로 귀속되기 때문에 상속포기는 신중해야 합니다.

즉, 상속포기를 하는 상황은 필연적으로 상속재산보다 상속부채가 더 큰 상황인 경우가 대부분이며 본인이 상속을 포기하였다고 하여 피상속인의 채무가 모두 소멸하는 것이 아니고, 자동으로 후순위 상속인으로 상속되기 때문에 상속포기를 고려하는 경우 후순위 상속인까지

---
65) 민법 제1041조

모두 포기를 해야 함을 기억해야 합니다. 한편, 상속포기각서 등은 상속 포기 시에는 효력이 없습니다.

따라서 이런 경우 상속의 한정승인을 고려해 볼 수 있습니다. 한정승인이란 상속인이 상속으로 취득하게 될 재산의 한도 내에서 피상속인의 채무와 유증을 변제할 것을 조건으로 상속을 승인하는 의사표시를 말하며, 상속포기와 달리 한정승인은 상속인 선에서 재산의 취득과 채무변제가 마무리되기 때문입니다.

> **조금 더 알아봅시다!**
>
> 피상속인의 채무 때문에 상속을 포기하는 경우가 아니라 상속인 본인에게 있는 세금 체납, 채무면탈 등으로부터 상속재산을 보호하기 위하여 상속포기 하려는 경우 상속포기가 어려울 수 있습니다.

※ 상속포기 및 한정승인 시 구비서류 요약

구분	상속포기 신청서류	한정승인 신청서류
피상속인	피상속인의 말소된 주민등록등본	좌동
	피상속인의 폐쇄 가족관계등록부에 따른 기본증명서	좌동
상속인	가족권계증명서(청구인)	좌동
	주민등록등본(청구인)	좌동
	인감증명서(청구인)	좌동
	인감도장(신청서에 날인)	좌동
	상속관계 확인 가능한 제적등본 또는 가족관계등록사항별 증명서 가계도 (직계비속이 아닌 경우)	좌동
		좌동 상속재산목록 (청구인수 + 1부)

구분	상속포기 신청서류	한정승인 신청서류
상속인 중 미성년자가 있는 경우	주민등록등본(청구인) 가족관계증명서 미성년자의 친권자(부, 모) 가족관계증명서, 인감증명서, 인감도장	좌동
공동상속인 중 1명이 상속포기 신고서 제출	나머지 상속인의 위임장 필요	

조금 더 알아봅시다!

피상속인의 채무 때문에 상속을 포기하는 경우가 아니라 상속인 본인에게 있는 세금 체납, 채무면탈 등으로부터 상속재산을 보호하기 위하여 상속포기 하려는 경우 상속포기가 어려울 수 있습니다.

(4) 유류분

유언에도 불구하고 법률상 남겨두어야 하는 상속인의 절대적인 상속재산을 유류분이라고 하며, 생전에 피상속인이 증여한 재산 또한 포함될 수 있습니다. 유류분은 법정상속분의 1/2이며, 상대방에게 '유류분반환청구권'을 행사해야 합니다.

구분	상속인	상속분	상속재산비율	유류분
피상속인 (배우자, 자녀 있음)	자녀 1명, 배우자	자녀 1 배우자 1.5	1/2.5(40%) 1.5/2.5 (60%)	(1/2.5)*50% = 20% (1.5/2.5)*50% = 30%

> **Tax Tip** 유류분소송과 상속세 회피를 위하여 손자에게 증여하는 것을 고려해 볼 수 있습니다.
>
> **조부모의 손자녀 증여, 유류분반환청구의 대상이 될 수 있나**
> 2019.07.05 공감신문
>
> 손자에게 증여 시 손자는 적법한 상속인이 아니기 때문에 곧 유류분 대상도 아니므로 피상속인 본인의 의지대로 재산을 이전해 줄 수 있습니다. 또한 손자에게 생전 증여 시 상속인은 사망일 이전 10년 이내 증여가 합산되는데 반해, 손자는 증여일로부터 5년만 증여자 생존 시 상속재산에서 분리되어 상속세가 절세됩니다.

4. 상속세 및 증여세법상 상속세 기본내용

(1) 기본개념

상속세란 거주자가 사망한 경우 사망한 거주자를 기준으로 국내외 모든 재산에 대하여 상속세로 과세하고 상속인이 세금을 납부하는 제도입니다. 일반적으로 상속공제액이 10억 원이기 때문에 (배우자, 자녀 생존 시) 기존에는 상속세가 대표적인 부유세로 인식되었지만, 최근 몇 년간 부동산 가격의 급격한 상승으로 과세대상자가 급증하고 있습니다.

피상속인이 거주자인 경우	피상속인이 비거주자인 경우
국내외 모든 재산에 대하여 상속세 부과	국내 소재하는 재산에 대해서만 상속세 부과

여기서 거주자란 소득세법상의 거주자 규정을 상속세 및 증여세법에서 준용하고 있으며, 거주자란 국내(한국)에 주소를 두거나 연중 183일 이상 거소를 둔 자를 말하고, 비거주자는 거주자가 아닌 자를 말합니다.

(2) 상속세 납세의무자

상속에 의하여 재산을 취득한 상속인은 각자가 받을 재산을 기준으로 상속받은 지분비율대로 안분한 상속세를 각자 납부해야 합니다. 이 경우 유증 및 사인증여에 의하여 재산을 취득한 수유자도 동일하게 납세의무자가 됩니다.

상속인은 앞서 설명한 민법상의 상속인을 말하며 상속개시 이전에 증여한 재산이 있어 납세의무가 있는 상속포기자와 유산을 수령하는 특별연고자도 포함합니다. 한편, 수유자는 유언에 의하여 재산을 취득한 자로서 사인증여계약에 의하여 유산을 취득하는 자도 포함합니다.

구분	내용
상속	민법상 상속인에게 피상속인의 재산이 승계되는 것
유증	피상속인의 생전에 유언에 의하여 민법상 상속인 외의 자에게 무상으로 증여하는 것(상대방 없는 단독행위)
사인증여	증여자의 생전에 증여계약을 하지만 효력발생이 증여자의 사망을 법정조건으로 하는 계약(유증의 규정을 준용, 민법 제562조)
특별연고자 분여	상속인의 수색공고 이후에도 상속권을 주장하는 자가 없는 특수한 상황에서, 가정법원을 통해 피상속인과 함께 살던 자(생계)나 그 외 요양간호를 한자, 기타 특별한 연고가 있던 자의 청구에 의하여 상속재산을 분여하는 제도

(3) 상속세 계산구조[66] 및 세율

상속재산에서 채무 및 비용을 차감하고 아래 후술하는 상속공제를 차감한 가액(과세표준)에 상속세율 곱해서 산출합니다.

---

66) 국세청, 2022년 가업승계 지원제도 안내

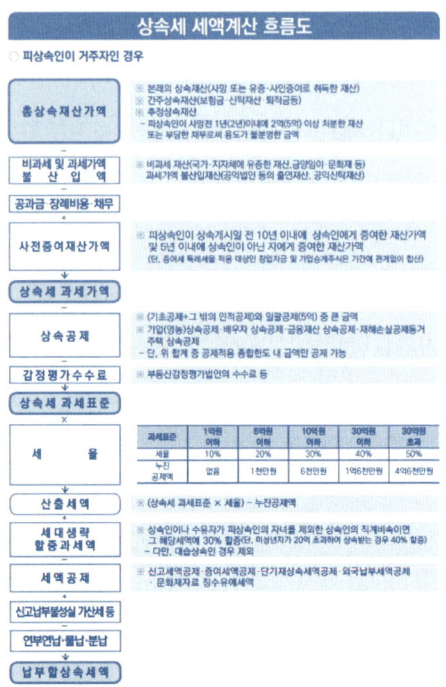

(4) 총 상속재산가액

총상속재산 중 본래의 상속재산이란 말 그대로 사망개시일(실종선고일) 당시 피상속인이 소유한 경제적 가치가 있는 모든 물건, 권리를 말합니다. 즉, 피상속인 소유의 모든 부동산, 현금, 예금, 유가증권, 회원권 등 금융자산이 그 대상이 됩니다.

간주상속재산이란 민법상 상속재산은 아니지만 실질적으로 상속인의 재산으로서 재산이 이전되는 효과가 있기 때문에 세법상 상속재산으로 간주(의제)하며, 사망으로 인한 생명, 손해 보험금, 신탁재산, 퇴직금을 말합니다.

피상속인의 사망으로 인하여 지급받는 일정 보험금[67]과 퇴직금은 수령권자의 고유한 권리이자 재산이기 때문에 민법상 상속재산으로 보지 않지만, 사실상 상속의 효과가 발생함에도 법령의 정함이 없으면 과세하지 못하는 문제점이 있습니다. 신탁재산도 마찬가지로 대외적인 소유권이 제3자에게 이전되기 때문에 이러한 경우 세법상 실질과세원칙[68]에 따라 과세 하고자 상속세 및 증여세법에 간주상속재산으로 규정하여 모두 상속세과세대상이 됨이 명확해졌습니다.

　추정상속재산이란 피상속인이 상속개시일 전 1년(2년) 이내에 처분한 상속재산이 2(5)억 원을 넘을 경우 그 처분대금 등이 상속인에게 증여 혹은 상속되었다고 추정하여 상속재산으로 하는 규정으로서, 처분대금 등의 용도가 증여 혹은 상속받은 것이 아님을 상속인이 입증해야 합니다.

---

[67] 보험계약자(피보험자)의 상속인을 보험수익자로 하여 맺은 생명보험계약에 있어서 피보험자의 상속인은 피보험자의 사망이라는 보험사고가 발생한 때에는 보험수익자의 지위에서 보험자에 대하여 보험금 지급을 청구할 수 있고, 이 권리는 보험계약의 효력으로 당연히 생기는 것으로 상속재산이 아니다(대법원 2001다65755, 2001.12.24) 따라시 이러한 보험금은 상속재산이 아니라 상속인의 고유재산이기 때문에 상속포기나 한정승인을 하여도 보험금 청구를 할 수 있으며, 상속포기를 한 후 보험금을 수령하더라도 상속포기의 효력이 상실되어 단순승인으로 되는 것은 아님

[68] 실질과세원칙이란 법적인 형식이나 외관에 관계없이 실질에 따라 세법을 해석하고 과세요건사실을 인정해야 한다는 원칙으로서 실질과 괴리된 법 형식을 통해 조세부담을 회피하는 행위를 방지하고 부담능력에 따른 과세를 실현하고자 하는 취지를 가지고 있음

> **Tax Tip** 비트코인 등 가상화폐도 상속세 과세대상이 됩니다.
>
> ## 가상화폐 상속·증여세, 내년부터 평가방법 변경
> 위클리오늘 21.12.29
>
> 상속세는 경제적 가치가 있는 모든 재산 및 권리에 세금이 부과되는 바, 가상화폐, 서화, 골동품등 경제적 가치가 있는 재산이면 모두 상속세가 과세됩니다. 가상화폐의 경우 상속증여일 기준 전후 1개월 종가평균액 재산가액이 됩니다.
>
> ※추정상속재산
> 사망일 전 1년 이내 2억 원 이상, 2년 이내 5억 원 이상 현금(채무부담 등 포함)을 인출한 경우 그 사용처를 소명하지 못한 재산에 대해서는 상속재산에 합산합니다.
>
> 〈인출금액 판단〉
> 1년(2년) 실제 인출한 현금 = 1년(2년) 인출한 현금 합계 - 1년(2년)당해 예입된 현금합계
> ※ 여러 개의 예금계좌에서 인출된 금액은 통산하여 2억 원(5억 원) 이상 여부 판정

> **Tax Tips**
>
> 일반적으로 사망에 따른 사후처리 과정에는 병원비, 장례비 등 각종 비용(현금)지출이 이루어집니다. 상속세산정 시 비용인정의 원칙은 '피상속인의 본인 자금 사용' 과 '사용용도 입증근거'인데, 상속세 절세를 위해서는 소액이라도 철저하게 사용증빙을 준비하는 노력이 필요합니다.
>
> 현금인출, 재산처분 등의 행위가 사망 전에 이루어지면 국세청으로부터 사용처에 대한 소명을 요구 받게 되는데 이때 사용처를 입증 하지 못하면 상속재산에 포함되어 상속세로 과세되는 경우가 있습니다.

(5) 비과세 및 과세가액 불산입액

상속세 과세대상 중 과세대상으로 보지 않은 재산으로서 피상속인이 국가나 지방자치단체에 유증하였거나, 상속인이 역시 국가 등에 증여한 재산에 대해서는 비과세하고, 제사 목적으로 일가의 제사용 재산(금

양임야[69])을 승계하는 경우 일반상속재산이 아닌 특별한 목적이 있으므로 일정한 범위 및 한도하에 상속세를 과세하지 않습니다. 마지막으로 사회 공익적인 목적으로 상속재산을 공익법인 등에 출연하는 경우에도 과세대상으로 보지 않습니다.

(6) 공과금, 장례비용, 채무

상속개시일 현재 피상속인이나 상속재산과 관련된 공과금은 상속재산에서 차감해 주는데, 예를 들면, 상속개시일이 6월 1일 이후인 경우 7월, 9월 재산세와 12월 종합부동산세 등이 해당됩니다. 즉, 상속개시일 현재 피상속인에게 납세의무가 성립된 것에 한하며, 재산세 및 종합부동산세는 매년 6월 1일 현재 납세의무가 성립되기 때문에 그렇습니다.

장례비용은 다음과 같이 상속재산에서 차감합니다.

구분	금액
피상속인의 사망일부터 장례일까지 직접 소요된 금액(납골시설 사용 제외)	500만 원 ~ 1천만 원
납골시설의 사용에 소요된 금액	추가 500만 원 한도

> **Tax Tip**
> **장례비는 무한정 인정되는 비용이 아닙니다.**
>
> 장례비용은 실제 소요된 비용을 차감하는 것이 원칙이나, 증빙서류가 전혀 없어도 최저 500만 원을 인정해 주고 실제 장례에 소요된 금액이 아무리 많아도 최고 1천만 원

---

69) 민법 제1008조의3 분묘 등의 승계 규정에 따라 2억 원의 한도 내에서 9,900㎡(3천 평) 이내의 금양임야와 1,980㎡(600평) 이내의 묘토인 농지에 대해서는 상속세 비과세함.

(납골시설을 사용하는 경우 최고 1,500만 원)까지만 인정됩니다.

마지막으로 채무도 상속재산에서 차감해 주는데, 피상속인이 상속개시일 이후 납부할 카드 대금, 전세보증금, 금융기관 대출금 등을 말하며, 상속재산에서 차감하는 채무에 대해서는 계약서 등 증빙에 의하여 확인되는 것에 한합니다.

(7) 사전증여재산가액

피상속인의 상속개시일(사망일)을 기준으로 합산기간 이내에 증여한 재산가액은 상속재산가액에 가산합니다.

구분	합산기간
피상속인이 상속인에게 증여한 재산	상속개시일 전 10년
피상속인 상속인 외의 자 (손자, 며느리, 사위 등)에게 증여한 재산	상속개시일 전 5년

Tax Tip
상속 절세를 위해 사위와 며느리를 활용할 수도 있습니다.

"며느리·사위에 미리 주면 상속세부담 준다"

택스워치 20.11.18

상속준비를 미처 하지 못한 고령자의 경우 현재 시점에서 자녀에게 사전증여를 한다면 10년이라는 상속재산 합산 때문에 사전증여를 하지 못하는 경우가 많이 발생합니다. 그 대안으로 손자, 사위나 며느리 등(상속인 외의 자)에게 증여할 수 방안을 생각해 볼 수 있는데, 이는 사위와 며느리는 상속인 외의 자로서 증여 후 5년만 경과하면 상속재산에 포함되지 않기 때문입니다(단, 손자 증여 시 30%(40%) 세대생략 할증 유의).

(8) 상속공제

상속세는 상속개시일 시점에 망인이 평생 이룩한 모든 재산적 가치가 있는 자산에 대하여 1회로서 과세를 종결하기 때문에 자산이 많을 경우 세 부담이 급격하게 증가할 수밖에 없습니다.

증여세를 과세할 때에는 증여하는 증여재산에 대하여만 소급 10년을 기준으로 성년 5천만 원, 비성년 2천만 원 공제를 해 주는 것에 반해, 상속세는 과세대상이 매우 포괄적이므로 공제한도가 증여세 보다는 높습니다.

상속공제는 기초공제, 그 밖의 인적공제, 일괄공제, 배우자상속공제, 금융재산상속공제, 재해손실공제, 동거주택상속공제로 구분되며, 기초공제는 피상속인이 거주자인 경우 2억 원을 공제하며, 그 밖의 인적공제는 자녀수에 따라 인당 5천만 원, 미성년자 수에 따라 19세까지 잔여연수에 1천만 원씩, 연로자(65세 이상)수에 따라 인당 5천만 원, 장애인 수에 따라 성별연령별 기대여명 연수에 따라 인당 1천만 원을 공제해 줍니다.

기초공제와 그 밖의 인적공제를 더한 금액이 5억 원에 미달할 경우 5억 원을 공제해 주므로 실무상 소가족 형태의 현재 상황에서는 대부분 일괄공제(5억 원)를 적용받게 됩니다.

예를 들어, 부친이 유고하셨을 때 모친이 생존해 있으며, 장애인이 아닌 65세 미만의 성년 자녀 4인으로 구성된 일반적인 가족을 가정할 경우 기초공제 2억 원 및 자녀공제 2억 원(5천만 원 *4)이 적용되어 총 4억 원의 공제액이 산출되며, 5억 원 보다 적기 때문에 일괄공제 5억 원이 적용되는 구조입니다.

여기에 배우자가 생존해 있으므로 추가로 최소 5억 원의 배우자상속공제가 적용되어 위 케이스에서는 최소 10억 원의 상속공제를 적용받을 수 있습니다. 일괄공제와 배우자상속공제를 상황별로 요약하면 아래 표와 같습니다.

① 최소(일괄) 공제

구분		최소공제	비고
비거주자 사망[70]		2억 원	기초공제만
거주자 사망	배우자, 자녀 모두 있음	최소 10억 원	일괄공제(5억)+배우자상속공제(5억)
	배우자만 있음	최소 7억 원	기초공제(2억)+배우자상속공제(5억)
	자녀만 있음	최소 5억 원	일괄공제(5억)

② 배우자상속공제

배우자상속공제금액은 상기 민법상 상속지분을 한도로 하여 실제 상속받은 금액을 30억 한도로 공제합니다.

---

70) 비거주자가 사망한 경우 기초공제 2억 원만 적용되며, 그 밖의 인적공제는 배제됨.

실제 상속받은 금액이 없거나, 5억 원 미만인 경우: 5억 원
실제 상속받은 금액이 5억 원 이상일 경우(30억 원 한도)
→ Min(실제 상속받은 금액(채무, 공과금 등 제외), 법정상속지분 해당액 – 일정 증여세과표)

조금 더 알아봅시다.

배우자 상속공제는 무조건 30억을 해 주는 것이 아니라 실제 상속받은 재산에서 민법상 배우자 상속지분을 한도로 공제받을 수 있는 것입니다.

예를 들어 두 자녀가 있고 상속재산가액이 20억일 경우 배우자 상속지분은 20억*(1.5 / 3.5)= 8.5억 즉, 약 8.5억을 한도로 공제되는 구조입니다. 배우자 상속공제는 당장에는 공제받는 금액이 크지만 추후 배우자 없이 사망할 경우 상속세가 재차 부과될 수 있으므로 고객의 연령을 고려하여 미래에 재산배분 목적에 맞추어 합리적인 절세방안을 제시하는 것이 효율적입니다.

장례비용은 증빙서류가 전혀 없어도 최저 500만 원을 인정하며, 실제 장례에 소요된 금액이 아무리 많아도 최고 1천만 원(납골시설을 사용하는 경우 최고 1,500만 원)까지만 인정한다.

③ 금융재산상속공제

예금, 펀드, ELS, 방카슈랑스, (비상장)주식 등 금융계좌 내 금융재산(순금융자산 기준 최대 10억 원)은 추가로 상속공제를 해 줍니다.

순금융재산(금융재산-금융채무)	금융재산 상속공제액
2천만 원 이하	순금융재산가액 전액
2천만 원 초과 1억 원 이하	2천만 원
1억 원 초과	순금융재산가액의 20%(2억 한도)

> **Tax Tips**
> **금융재산공제는 금융권 예치된 자산이 대상입니다.**
>
> 금융재산 상속공제는 쉽게 순 금융재산의 20%를 2억 원 한도로 공제하는 개념인데, 일반적으로 이는 계좌에 예치되어 있어야 적용받을 수 있습니다. 금융재산은 비상장 주식을 포함하되 계좌로 보유하지 않는 현금은 공제되지 않는 만큼 현금보유분은 가급적 금융계좌 입금을 통해 금융재산 상속공제를 받을 수 있도록 하는 것이 좋습니다.

그 밖에도 신고기한 이내에 화재나 자연재해 등으로 상속재산이 멸실되거나 훼손된 경우 손실가액에 대하여 재해손실공제를 적용받을 수 있습니다. 다만, 손실가액에 대한 보험금 등을 수령하거나 구상권 행사를 통해 손실가액 상당액을 보전받는 경우에는 해당금액을 차감합니다.

예를 들어 상속개시일 당시의 평가액 약 6억 원 가량의 건물이 화재로 인해 전소되었고, 보험금으로 약 70%가량을 보전받았다면, 보험금을 배제한 나머지 1.8억 원을 재해손실공제로 추가공제 받을 수 있습니다.

마지막으로 동거주택 상속공제가 있는데 피상속인과 장기간 동거하면서 부양을 하였다면 상속인의 상속세 부담을 경감시켜주고 주거권을 보호하기 위한 취지에서 추가로 동거주택에 대한 공제적용이 가능합니다. 동거주택 상속공제는 상속주택가액의 100% 상당액에 대하여 6억 원을 한도로 공제합니다.

※동거주택상속공제 적용요건
  a. 피상속인과 상속인이 상속개시일부터 소급하여 10년 이상 계속

하여 하나의 주택에서 동거할 것.

(여기서 10년 이상의 기간은 주민등록여부와 무관하게 사실상 동거하였음을 입증하여야 하며, 상속개시 당시에 해당 '상속주택'에서 동거하고 있을 것을 요구하지는 않기 때문에 과거 10년 동거한 사실을 입증하면 가능합니다.)

b. 상속개시일로부터 소급하여 10년 이상 계속하여 1세대를 구성하면서 1세대 1주택에 해당 되어야 합니다.

(여기서 1주택은 세법상 고가주택(소득세법상 기준시가 9억 원)도 해당되며, 예외적으로 일시적 2주택인 경우에는 1주택을 소유한 것으로 간주합니다.)

c. 상속개시일 현재 무주택자로서 피상속인과 동거한 상속인이 상속받은 주택일 것.

(9) 감정평가수수료 공제

상속재산을 평가하는데 따른 감정평가수수료는 5백만 원 한도 내에서 공제해 주며, 감정평가법인 뿐만 아니라 개인 감정평가사도 포함됩니다. 또한, 비상장주식이 상속재산인 경우 해당 비상장주식을 평가하는 경우에는 평가대상법인의 수 및 평가를 의뢰한 신용평가전문기관의 수별로 각각 1천만 원을 한도로 감정평가수수료 공제를 해 줍니다. 또한, 서화 및 골동품에 대한 감정평가수수료도 5백만 원 한도 내 공제가 가능합니다.

(10) 상속세 산출세액 및 세액공제

앞서 살펴본 것처럼 총 상속재산가액에서 비과세 및 과세가액불산입액 및 공과금 등을 차감하고 사전증여재산을 합산하면 상속세 과세가액이 도출되며, 여기서 상속공제 및 감정평가수수료를 차감하면 상속세 과세표준이 계산됩니다.

상속세 세율은 앞서 세액계산 흐름도에 따라 과세표준 금액에 따라 10~50%로 누진과세 되며, 과세표준 구간에 따라 세율이 차등 적용됩니다.

그러나 만일 상속인이 피상속인의 자녀가 아닌 상속인의 직계비속이 되는 경우에는 세대를 생략하여 상속하는 경우에 해당되어 본래의 세율에 30%를 할증하여 과세하며, 미성년자이면서 상속받는 재산이 20억 초과 시 40% 할증됩니다(단, 상속인이 상속개시 전에 이미 사망하여 부득이 세대가 생략되어 상속이 이루어지는 경우(대습상속)에는 할증되지 않음).

과세표준에서 세율을 곱한 금액을 산출세액이라 하며, 사전증여재산에 대하여 상속재산에 합산한 경우 이미 납부한 증여세 상당액을 공제해 주는데 이를 증여세액공제라고 하며, 상속개시일이 속하는 달의 말일로부터 6개월 이내 자진신고하게 되면 산출세액의 3%를 추가로 공제해 줍니다.

구분	공제금액
증여세액공제	10년(5년) 이내 증여 받은 재산을 상속재산에 합산하고, 기납부된 증여세는 상속세에서 공제
신고세액공제	상속세 신고기한 내에 신고만 하더라도 산출세액의 3%를 공제

(11) 상속세의 신고 및 납부

① 상속세 신고일
상속개시일(사망일)이 속하는 달의 말일로부터 6개월 이내

② 상속세 납부방법
가. 일반적인 경우: 상속개시일이 속하는 달의 말일부터 6개월 이내에 납부합니다.

나. 분납: 납부할 금액이 1천만 원을 초과하는 경우 신고납부 기한이 지난 후 2개월 이내에 분납 가능. 단, 분납과 연부연납을 동시에 신청할 수 없습니다.

다. 연부연납: 상속세 납부세액이 2천만 원을 초과하는 경우 납세지 관할세무서장에게 연부연납 허가일로부터 5년 내에 연부연납을 신청할 수 있습니다.(단, 연 1.2%('21.3.16. 이후 분 적용)의 이자 국세청 부과).

라. 물납: 상속받은 재산 중 부동산과 유가증권 가액이 해당 재산가액의 1/2을 초과하고 상속세 납부세액이 2천만 원을 초과하는 경우에는 그 부동산과 유가증권으로 물납을 신청할 수 있습니다.

5. 상속세 계산사례

- 사망일: 2020.05.18(男) · 가족관계: 배우자, 자녀2인, 손자 3인
- 재산현황: 15억(APT 10억(시세), 금융재산 5억, 채무 없음)
- 증여현황: 2014.02.01 배우자 3억, 손자 3인 1,500만

(1) 배우자 법정지분 및 상속세 신고기한은?

배우자 약 42.8%(1.5/3.5), 2020년 11월 30일

(2) 상속세 산출 추정액
1) 기본공제 적용 시

구분		금액	비고
상속재산		15억	
사전증여재산합산		3억	미합산: 손자(5년경과) 합산: 배우자(10년 미경과)
상속재산계		18억	
상속공제	기본공제	-10억	일괄공제5억 &배우자공제최저5억
	금융재산공제	-1억	5억*20%
상속세과세표준		7억	장례비 등 비고려
상속세율		30%	7억*30%-6천만 원
산출세액		1.5억	신고세액 공제 미고려

2) 배우자 상속공제 적용 시(상속재산 전액 배우자 승계가정)

구분		금액	비고
상속재산		15억	
사전증여재산합산		3억	미합산: 손자(5년경과)
			합산:배우자(10년미경과)
상속재산계		18억	
상속공제	일괄공제	-5억	일괄공제 5억
배우자상속공제		-7.7억	배우자상속공제18억*42.8%
금융재산공제		-1억	5억*20%
상속세과세표준		4.3억	장례비등 비고려
상속세율		30%	4.3억*20%-1천만 원
산출세액		7.6천만 원	신고세액공제 미고려

6. 상속 개시 이후 처리절차

처리기간	처리해야 할 사항
1개월 이내	1. 장례절차(사망진단서 및 시체검안서 수취)
	2. 사망신고와 호주승계신고
2개월 이내	3. 안심상속 원스톱서비스 신청
	- 피상속인 금융재산, 부동산, 각종 세금 체납내역 조회
	4. 피상속인의 각 거래 금융기관 사망일 금융잔고 등 발급
	5. 미성년 상속인의 특별대리인 선임
3개월 이내	6. 상속포기 의사결정
	7. 자동차 소유권 이전등록
4개월 이내	8. 상속재산 협의분할 의사결정
6개월 이내	9. 상속재산의 소유권이전
	10. 상속세신고

Tax Tips

상속이 발생하면 반드시 기한을 지켜야 하는 것이 있는데, 기한을 지키지 못할 경우 과태료 및 가산세가 부과됩니다. 이에 해당하는 것은 ① 사망신고, ② 자동차소유권 이전, ③ 상속세 신고입니다.

구분	(사망일로부터) 신고이행기간	처리기관	과태료(가산세)
사망신고	1개월	구청	최고 50,000원
자동차 소유권이전	3개월	구청	최고 500,000원
상속세 신고	6개월	세무서	상속세의 20% 이상

제3절 상속 FAQ

Q1. 금년('22) 상속세와 관련한 주요 개정세법은 무엇인가요?

A1. 상속세 납부를 원활히 지원하기 위해 올해 사망분부터 상속세 납부액이 2천만 원이 초과 시 국세청에 담보를 제공하고 연 1.2% 고정금리로 기존 5년에서 최장 10년까지 원금과 이자를 분할해서 납부할 수 있는 연부연납제도의 기한이 연장되었습니다.

> **Tax Tips**
> **연부연납제도를 활용하여 금융상품 투자**
>
> 상속세 납부액이 60억이라고 하면, 최초 10억을 납부하고 나머지 50억에 대해 10년 동안 5억씩 연1.2% 이자로 분할해서 납부할 수 있는데, 시장금리는 올라가는 반면 연부연납 이자율은 고정금리임으로 이자율 차이를 이용해 상속세 일시납부보다는 해당 기간에 채권 투자 등을 하여 연부연납이자율이상의 금융소득을 획득하는 것도 현명한 방법입니다.

Q2. 저와 형제들이 각 1-2채 정도 주택을 보유하고 있는데, 부친이 올 초에 돌아가셔서 서울소재 주택을 추가로 상속받는 것이 부담스럽습니다. 보유세도 부담스럽고 누구 명의로 상속을 받아야 할까요?

A2. 과거 상속받은 주택도 6월 1일 현재 보유하고 있다면 당연히 재산세가 부과되며, 종합부동산세 역시 상속주택과 무관하게 보유

주택 수에 합산되어 조정대상지역 내 2주택 이상이라면 종합부동산세 중과세율도 적용되었던 것이 사실입니다.

하지만 상속주택은 본인의 의사와 무관하게 추가로 주택을 보유하는 것이기 때문에 이러한 취지를 반영하여 금년 세법개정이 이뤄졌고, 상속으로 받은 주택은 종합부동산 보유주택 판정시 주택 수에 포함되지 않아, 종합부동산세 중과세율에서 배제됩니다.

따라서 상속을 원인으로 취득한 주택으로 다음 어느 하나에 해당하는 상속주택은 주택 수 산정특례를 신청하면 주택 수에서 배제되므로 조정 2주택 이상 세율(1.2%~6%)이 아닌 1주택자의 세율(0.6%~3%)을 적용받아 22년 종합부동산세를 절감할 수 있습니다.

① 상속개시일로부터 5년이 경과하지 않은 주택
② 상속지분이 전체 주택 지분의 40% 이하인 주택
③ 상속받은 주택 지분에 해당하는 공시가격이 수도권 6억 원, 수도권 밖 3억 원 이하인 주택

만일 위 주택 수 산정특례 대상에 해당하지 않는 고가주택을 상속받을 예정인 경우나 추후 보유세 부담이 되는 경우는 상속세 신고기한에 해당 부동산을 매각하는 것도 방법입니다.

Q3. 위 Q2 답변에서 상속받고 바로 양도하면 양도세를 또 내야 되잖아요?

A3. 상속세 신고기한인 사망일로부터 6개월 내 매매를 하게 되면 상속인 취득가격(상속재산가액)이 곧 매도가격이 됨으로 양도소득세는 발생하지 않습니다.

> **Tax Tips**
> **상속으로 인한 종합부동산세와 양도소득세가 걱정이면 상속세 신고기한 내 파는 것도 방법입니다.**
>
> 특히 아파트의 경우 유사매매사례가(시가)가 상속재산가액이 되는 경우가 많음으로 추후 종합부동산을 고려 시 상속세 신고기한 내 아파트를 매도하는 의사결정을 선호하기도 합니다.

Q4. 꼬마빌딩(건물 및 건물부속토지)을 금년 초에 상속받았는데, 상속세 신고를 할 때 기준시가로 신고해도 되나요?

A4. 증여와 마찬가지로 상속의 경우에도 상속재산을 평가할 때 빌딩의 시세를 기준으로 상속세 신고를 해야 합니다. 다만, 상업용 건물의 경우 특히 아파트처럼 구조·용도 등이 유사한 물건이 많지 않기 때문에 제3자에게 매각하지 않는다면 시세가 없는 것이 일반적이므로 19년 까지는 기준시가로 신고를 해 왔습니다.

하지만 20년부터 국세청에서는 기준시가와 시세의 GAP이 큰

물건을 대상으로 자체적으로 감정평가를 시행하여 시세를 만들고 해당 감정가를 기준으로 상속재산을 평가할 수 있어, 기준시가로 신고할 경우 세무적으로 리스크가 높다고 볼 수 있습니다. 따라서 감정평가를 의뢰하여 건물의 평가액으로 상속세 신고하시길 권고 드립니다.

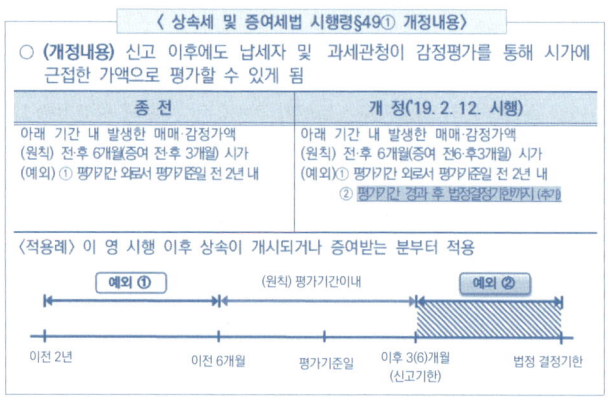

(국세청 보도 자료, https://www.nts.go.kr/nts/na/ntt/selectNttInfo.do?nttSn=93719&mi=2201)

Tax Tips
기준시가로 신고 후 세무서에서 감정평가가액으로 가격 결정 시 불이익?

세무서에서 감정평가가액으로 상속(증여)재산가액이 결정될 경우, 가격 차이에 따른 추가 상속세는 부과되지만 그에 따르는 신고불성실, 납부지연 가산세는 없습니다.

Q5. 상속세 납부는 누가 해야 하나요? 상속세를 다른 상속인이 대신 납부해도 되나요?

A5. 네, 일반적으로 상속세는 피상속인의 모든 상속재산에 대하여 세금을 계산하고, 실제 상속인들이 상속받은 비율로 안분하여 나눠 내는 방식이지만, 국세청은 공동상속인들에 대하여 누구에게든 각 상속인에 대한 미납된 세금을 부과할 수 있습니다. 이것을 세법상 '연대납세의무'라고 합니다.

Q6. 그럼 연대납세의무가 있다고 했을 때, 상속인 들 중에 자금여력이 있는 모친 혹은 다른 자녀가 상속세 전부를 납부해도 문제없다는 건가요?

A6. 꼭 그렇지는 않습니다. 상속세의 연대납세의무도 '한도'가 있습니다. 즉, 자기가 실제 상속받은 한도 내에서 다른 상속인의 세금을 납부해 주는 것은 문제가 없으나, 상속을 하나도 받지 않은 자녀가 상속세를 납부할 경우 상속인들 간에 '증여'문제가 발생할 수 있습니다.

Tax Tip! 금융재산이 많은 경우 배우자에게 상속재산을 몰아주고, 배우자가 세금을 납부하는 방안이 있습니다.

상속상담을 하다보면 부친 상속 시에 자식들 간에 괜한 재산분쟁 등을 우려하여 모친에게 상속재산을 몰아주자는 고객분들이 꽤 있습니다. 다만, 이후 모친 상속 시에 상속공제한도가 최소 5억 원으로 크게 줄어들기 때문에 2차 상속 시 상속세 부담이 커질 수 있습니다.

이 경우, 모친께 최소한 배우자상속공제 한도를 넘는 상속재산을 최대한 몰아주고 연대납세의무의 한도액만큼 모친이 상속세를 부담하게 된다면 추후 2차 상속세에 대한 부담을 현명하게 대응할 수 있습니다.

Q7. 갑 고객은 아내 을과 자녀 병을 두고 사망했습니다. 그런데 자녀 병은 갑 보다 먼저 사망한 상태이고, 병은 갑의 입장에서 며느리인 정(병의 아내)과 그 자제인 무를 슬하에 두고 있습니다. 여기서 상속인은 누가 되죠?

A7. 자녀 병의 상속분이 대습되어, 갑의 상속인은 갑의 아내인 을과 사망한 병의 아내인 정(며느리), 무(손자)가 됩니다.

Q8. 부모님이 생존해 계시고 자매가 있는 고객이 있습니다. 자매 중 결혼하지 않은 동생 사망했다고 합니다. 이 경우 상속인은 누구인가요?

A8. 이 경우 제1순위 상속인이 부재하므로, 제2순위인 직계존속이 단독 상속인이 됩니다. 만일 여기서 선순위 상속인인 부모님이 돌아가신 상황이었다면, 자매가 단독 상속인으로서 상속을 받습니다.

※상속순위
1순위: 직계비속 및 배우자
2순위: 직계존속 및 배우자
3순위: 형제자매
4순위: 4촌 이내의 방계혈족

Q9. 부친이 별도의 유언이 없으셨고, 갑작스럽게 돌아가셨습니다. 상속재산은 어떻게 분배해야 되나요?

A9. 상속재산의 배분은 적법한 유언이 있다면 유언장의 내용대로, 유언이 없으면 상속인들 간의 협의분할로 하며, 실무적으로 협의가 되지 않을 경우 법정지분대로 재산을 분할하는 과정을 밟습니다.

쉽게 말씀드리면, 유언이 없다는 가정하에는 상속인간에 협의만 된다면 어떤 방식으로 재산이 분배되던지 관계없이 분할이 이뤄져도 된다는 뜻입니다.

> **조금 더 알아봅시다.**
> **상속인 외의 자가 상속재산을 받을 경우 증여세 등 추가세금이 부과됩니다.**
>
> 일반적으로 배우자 자녀가 상속인이고 손자녀, 사위, 며느리, 형제등은 상속인이 아니기 때문입니다.

Q10. 상속재산을 분배할 때 분할의 기한이 따로 존재하나요?

A10. 소송 등 특별한 사유가 아니면 사망일이 속하는 달의 말일로부터 6개월 이내에 배분을 완료해야 하며, 기간을 준수하지 못할 경우 상속인에게 추가 증여세가 부과될 수 있습니다.

> 조금 더 알아봅시다.
> 사망이 발생한 달의 말일로부터 6개월 이내(상속세신고기한) 상속재산 배분도 마쳐야 합니다. 신고기한이 이후 재산이 이동되는 것은 증여 등으로 세금이 과세됩니다.

Q11. 본인 스스로 자유롭게 작성한 유언장(녹음유언)도 법적 효력이 있나요?

A11. 법적효력이 없는 경우가 많습니다. 유언행위는 반드시 법이 정한 방식을 준수해야 하며 이를 지키지 않은 유언행위는 효력이 없거나 법원검인단계에서 재산분쟁이 일어날 가능성이 높습니다. 유언은 공증을 통해 유효성을 입증해 두는 것이 좋은데, 실무적으로 가장 빠르고 편리한 방법은 '유언공정증서' 방식을 생각해 볼 수 있습니다.

Q12. 유언을 통해 전 재산을 상속인 중 특정 1인에게만 상속하도록 유언공증 하였습니다. 이러한 유언공증도 법률상 유효한가요?

A12. 유언의 효력 자체는 유효하나, 단독행위인 유언으로 상속 받을 권리가 침해당한 상속인은 변호사를 통해 가정법원에 유류분 청구, 유언무효 확인청구, 상속회복청구권 등의 상속관련 소송을 제기 할 수 있습니다.

Q13. 상속인이 창구를 방문하여 피상속인의 사망 당시 잔고증명서와 생전의 거래내역을 요청하고 있습니다. 어떤 서류를 발급하면 되나요?

A13. 상속인의 경우 제적등본, 사망자기준 가족관계증명서입니다. 세무사 등 상속인외의 자가 요청 시 상속인 위임장, 인감증명서, 실명증표가 필요합니다.

Q14. **피상속인의 사고계좌를 상속인 명의로 변경(지급)하려고 하는데 어떤 절차가 필요한가요?**

A14. 피상속인의 금융계좌는 상속인 중 1인을 지정하여 변경해야 하며, 상속인 전원이 '상속계좌명의변경 지급요청서'를 지점에 제출하여야 합니다. 제출 시 가족관계증명서, 제적등본, 피상속인 가족관계증명서, 상속인의 인감증명서, 실명확인증표가 필요합니다. 자세한 필요서류는 금융기관마다 조금씩 다를 수 있어 거래하는 금융기관에 추가로 확인해 보시면 됩니다.

조금 더 알아봅시다.
100만 원 이하 소액 자산은 상속인 1인의 요청으로도 계좌변경(출금)이 가능합니다.

피상속인 기준으로(계좌당 X) 100만 원 이하가 금융재산으로 있는 경우, 원칙은 상속인 전원 동의하에 계좌변경(지급)을 하여야 하나 소액인 경우 업무처리 간소화를 위해 상속인 1인이 지점에 내방하여 '소액 상속계좌 지급 요청서'를 제출하면 지점의 판단하에 변경(출금)이 가능합니다.

* **소액상속지급요청서**

구분	신청인 확인사항	예	아니오
①	신청인 외에 다른 공동상속인이 있습니까?	[ ]	[ ]
②	①번에 예라고 답한 경우 ②번 답변 신청인은 다른 공동상속인들과 상속재산분할에 대한 협의를 하였습니까? *협의의 결과 또는 협의를 하지 않은 이유 기재 ( )	[ ]	[ ]

Q15. 일반적으로 상속세 면세점은 얼마나 되나요?

A15. 사망일에 망인을 기준으로 배우자 및 자녀가 모두 존재한다면 최소 10억 원, 배우자만 있는 경우 7억 원, 자녀만 있는 경우 5억 원이 적용됩니다.

Q16. 상속세 납부세액이 없을 것 같습니다. 자산이 크지도 않은데 상속세 신고를 꼭 해야 할까요?

A16. 신고를 권유하시길 바랍니다. 상속세는 세무서에서 결정하는 세금이며 기본적으로 세무조사로 이어짐으로 예상 못한 세금이 발생될 수 있습니다. 상속세 신고를 하면 예기치 못한 가산세를 절감할 수 있기 때문입니다.

Q17. 고객이 보유중인 펀드, ELS, 상장주식, 채권, 비상장주식은 잔고증명서상 가액이 상속재산으로 그대로 평가되나요?

A17. 잔고가액이 아닌 별도의 상속증여세법상 재산평가를 적용 받게 됩니다. 자세한 재산평가기준은 증여세편을 참고하시길 바랍니다.

조금 더 알아봅시다.
부실금융상품 상속세 및 증여세법상 평가?

상환이 완료된 부실금융상품이 잔고증명서에 장부가로 표기되거나, 상환이 미완료된 잔고증명서상 부실금융상품은 잔고증명서 가액이 아닌 세법상 평가를 해야 합니다. 즉, 상환 완료 부실금융상품은 잔고에 표기되어 있다고 해도 가치는 제로이며, 상환이 미완료된 부실금융상품은 회생계획안에 포함된 변제 스케줄상의 예상회수가액을 이용하여 처분예상가액을 상속 및 증여재산액을 적용하면 됩니다.

Q18. 상속세 신고를 할 때 부동산자산과 금융자산의 가장 큰 차이는 무엇인가요?

A18. 금융재산에 대해서는 금융재산 상속공제를 별도로 적용해 줍니다. 주식, 채권, 보험 등 금융재산에 대해서는 금융재산가액의 20%를 2억 원 한도로 공제해 줍니다.

즉, 10억 원 상당의 APT를 보유한 고객과 10억 원의 금융재산을 보유한 고객을 비교해 보면 10억 원의 금융자산을 보유한 고객이 2억 원을 추가로 상속공제 받게 되는 것이 큰 차이입니다.

조금 더 알아봅시다.

금융재산공제란, 상속개시일 현재 금융재산의 가액에서 금융채무를 차감한 순 금융재산에 대하여 적용하며, 이 경우 금융재산이란 금융기관에 예치되어 있는 금융상품 등을 말하며 현금(자기앞수표 포함), 퇴직금, 상속세 과세가액에 가산하는 증여재산인 금융재산 등은 금융재산공제가 불가능합니다.

따라서 상속개시일 이전 10년(5년)에 상속세를 회피하기 위해서 금융자산을 증여할 경우 금융재산상속공제를 적용받지 못해 오히려 불리한 결과를 초래할 수 있으므로 주의해야 합니다.

Q19. 상속 및 증여세 신고를 할 때 세무대리인 신고수수료가 공제 되나요?

A19. 양도소득세와 달리 경비처리가 불가하며, 감정평가수수료만이 비용으로 인정됩니다. 또한 상속 및 증여세는 본세에 10% 추가되는 지방세는 없습니다.

Q20. 금융권 VIP 고객들 입장에서 상속세 절세와 관련하여 무엇이 가장 중요할까요?

A20. 투명한 본인 명의 금융거래라고 생각됩니다. 해가 갈수록 상속세를 회피하기 위한 현금인출, 현금이체 행위는 세무서에 적발이 쉽게 됩니다. 적발 시 상속세 추가 부담뿐만 아니라 가산세를 포함한 증여세 부담, 상속공제 축소 등 엄청난 세금 제재를 받을 수 있습니다.

큰 금액을 굴리는 고객들일수록 더욱 세금회피 행위를 권유해서도 안 되고, 투명한 금융거래가 절세란 것을 인지하시길 바랍니다.

Q21. 고객이 사망하기 전 100만 원, 1,000만 원 이하로 수시로 인출을 하거나, ATM 거래로 돈을 빼내면 상속세를 피할 수 있다고 하던데요, 이거 맞나요?

A21. 금융거래내역은 세무서에서 금융기관을 통해 손쉽게 전산거래

내역 획득할 수 있어서 소액이라도 상속세 또는 증여세가 과세됩니다.

사망 전 인출금액이 1년 내 2억 원, 2년 내 5억 원을 넘어서는 경우 인출액의 80%금액을 소명하지 못할 경우 상속재산으로 추정하여 상속세를 납부해야 하므로, 사전 인출행위는 지양하고 불가피 하게 인출해야 할 경우 반드시 출처에 대한 근거를 남겨 두어야 합니다.

Q22. 고객이 사망 전 5년 이내 손자에게 생활비, 교육비 등을 목적으로 지원해 준 내역이 있습니다. 이것도 사전증여로 세금을 물어야 될까요?

A22. 사전증여로 보아 상속재산에 합산됩니다. 부모가 경제적 능력이 있는 자녀 및 손자에게 지원한 생활비 등은 명백한 증여로서 상속재산가액에 합산됩니다.

Q23. 상속세 신고는 어디서 하고, 상속조사는 어떻게 나오죠?

A23. 상속세는 피상속인 주소지 관할 세무서에 신고하여야 하며, 일반적으로 상속세 세무조사는 상속재산가액이 50억 이상인 경우 소속 지방 국세청, 그 이하인 경우 주소지 관할 세무서 조사과에서 실시합니다.

Q24. 상속세와 증여세는 나눠 낼 수 있나요?

A24. 네, 상속세 및 증여세 모두 기본적으로 납부할 세액이 1천만 원이 넘으면 분납(무이자)이 가능하며, 2천만 원이 넘을 경우 연부연납도 가능합니다.

다만, 증여의 경우 5년의 연부연납기간을 적용받으나 상속의 경우 10년까지 기간이 연장된다는데 차이가 있습니다.

상속의 경우 연부연납을 신청하면 연 1.2%의 고정이자를 부담하고 10년간 나누어 납부할 수 있으며, 다만, 연부연납 시, 세무서에 담보(상장주식포함)를 제공해야 하며 담보가액은 통상적으로 담보자산가치가 미납액의 120% 이상이 되어야 합니다.

제4절 상속 자산관리전략

1. 사전증여 상속 컨설팅: 사전증여를 통한 상속세 절세

> **Notice**
> 자녀 증여는 상속세 절세는 물론이고, 자녀의 자금원천입니다.
>
> ### '삼성전자 보유' 미성년자 1년 새 3배 늘었다
> 파이낸셜뉴스 22.05.04
>
> 상속세 절세의 가장 큰 기본이자 핵심은 "빠른 사전증여"입니다. 현 상속세 과세구조는 피상속인재산전부에 누진과세 되는 구조임으로 미성년자일 때부터 미리미리 증여를 해야 상속세는 기본적으로 절세가 되고 자녀의 아파트 구입 시 등 자금원천으로 활용이 됩니다.

(1) 사망일로부터 과거 10년 이전 증여 실행
(사망일 이전 5년 이전 증여 실행)

상속세 절세를 위한 가장 기본적인 전략은 '사전증여의 실행'입니다. 상속세는 사망인의 재산에 대하여 10~50% 세율로 누진과세 되므로 반드시 사전에 증여를 실행하는 것이 유리합니다.

단, 명심해야 할 것은 증여 시기인데, 사망일 전에 증여를 실행한다 하더라도, 무조건 상속재산과 분리되는 것이 아니라 증여일 이후 증여자(사망인)가 반드시 10년(또는) 이상 생존해야 하는 만큼 증여자의 기대여명이 충분히 확보된 상태에서 장기간에 걸친 계획적 증여가 필수적입니다.

*증여자별 상속자산 합산기간

구분	합산기간	대표적 상속인
피상속인이 상속인에게 증여한 재산	상속개시일 전 10년	배우자, 자녀 등
피상속인 상속인 외의 자에게 증여한 재산	상속개시일 전 5년	손자, 사위, 며느리, 친척 등

2. 상속 납부재원 대비:
상속세 납부재원 확보를 위한 금융상품 제안

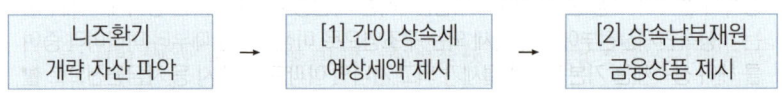

(1) 간이 상속세 예상세액 제시

파악한 전체 자산에 상속세 비과세(공제)금액을 차감한 후 상속세율을 적용합니다.

상속세율표 대입

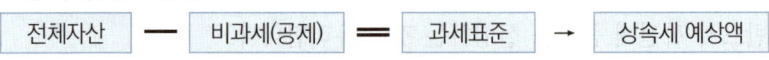

- 상속세 세율표: 상속세 세율표는 증여세와 동일

과세표준	세율	누진공제
1억 원 이하	10%	-
1억 원 초과 5억 원 이하	20%	1천만 원
5억 원 초과 10억 원 이하	30%	6천만 원

과세표준	세율	누진공제
10억 원 초과 30억 원 이하	40%	1억6천만 원
30억 원 초과	50%	4억6천만 원

- 상속세 비과세(최소공제금액) 판단

구분	상속 공제 최소금액
사망 당시 배우자와 자녀가 있음	10억 원
배우자만 있음	7억 원
자녀만 있음	5억 원

1) 배우자와 자녀 1명을 둔 자산가가 16억 원을 남기고 사명하였습니다. 예상 상속세액은 얼마인가요?

> 16억 - 10억 = 6억(과세표준) → 세율표 대입 → 6억 * 30% - 60,000,000 = 120,000,000

2) 배우자 없이 자녀 1명을 둔 자산가가 자녀 앞으로 16억 원을 남기고 사망하였습니다. 예상 상속세액은 얼마인가요?

> 16억 - 5억 = 11억(과세표준) → 세율표 대입 → 11억 * 40% - 160,000,000 = 280,000,000

☞ 간이 예상상속세액 계산으로 상속절세 니즈를 파악

(2) 산출된 상속예상세액을 가지고 방카슈랑스 등 금융상품 가입, 부동산 재산의 금융재산전환 등 상속세 납부재원 대비

제7장
금융상품의 세대 간 이전 II(증여편)

PB와의 대화

PB: 세무사님, 최근 증시조정으로 인하여 국내외주식 평가손실이 많이 발생했습니다. 고객 불만도 많으시고 어떻게 세무적으로 해결할 수 있는 방법이 있을까요?

세무사: 우선 첫 번째로 증여를 활용할 수 있습니다. 기왕 장기투자를 할 종목이었다면, 고객은 평가손 자산에 대한 증여에 거부감이 대부분 없을 거예요. 평가손실이 크다는 건 오히려 세부담 측면에서 봤을 때 증여재산이 저평가 되었다고 생각할 수 있어, 낮은 가격에 증여하는 것이 증여세 부담이 적고, 증여 이후 다시 회복했을 때 증여 시점의 평가액과 매도 시점의 매매차익은 모두 수증자의 귀속이 되기 때문입니다.

PB: 증여가 어렵다면 차선책이 있을까요?

세무사: 두 번째로는 매매차익과 상계입니다. 양도소득세 과세대상이 되는 국내 및 해외주식은 상계가 가능함으로 예를 들어 양도소득세 과세대상이 되는 국내주식이 평가이익이 있고, 해외주식의 평가손실이 있는 경우 동일연도 매매차손익은 정산이 됨으로 손익상계를 통해 매매차손을 떨어버리는 것입니다. 공격적으로 생각한다면, 양도소득세 과세대상이 안 되는 국내 상장 소액주주인 경우이면서 평가이익 있다면, 장

외 거래로 양도소득세 신고대상을 만들어 해외 주식 매매차손과 상계하는 것입니다.

> **Notice**
> **자산가격이 낮으면 세금은 비례하여 줄어듭니다.**
>
> 최근 국내 및 해외 증시 조정으로 상품들의 평가차손이 크게 발생하고 있습니다. 당초 기대와 다르게 장기적인 안목으로 바라봤을 때 낮은 가격으로 증여하면 증여재산가액도 낮아 부담할 증여세도 크게 줄어들 수 있습니다.

제1절 증여 핵심내용

구분	내용	비고
증여세 납부자	수증자	수증자=받는 사람
관할 세무서	수증자 주소지 관할 세무서	수증자가 비거주자인 경우 증여자 주소지 관할 세무서
금융 증여 재산 평가	·상장주식: 증여일 전·후 2개월 종가 평균 ·상장채권: Max(증여일 전일 종가, 증여일 전 2개월 종가평균액) ·거래되는 비상장주식: 증여일 최근 거래가액 ·펀드, ELS: 증여일 평가가액 ·ETF 및 ETN: 증여일 평가가액	일반적인 증여평가가액 - APT, 오피스텔, 연립 등: 시세 - 토지, 단독주택 등: 기준시가 - 상가 등: 감정평가액
증여일	·예금 등: 이체일 ·금융자산(상품): 대체출고일 ·부동산: 등기접수일	매수일이 증여일이 아님
신고 기한	·증여일이 속하는 달의 말일로부터 3개월 이내	신고와 납부 必
계산 방법	·산출세액: (증여재산평가액−증여재산 공제)×증여세율	자진납부세액: 산출세액에 3% 할인
증여 재산 공제	수증자 구분 / 공제액 / 비고 배우자 / 6억 원 / 성년자녀 / 5천만 원 / 만 19세 미성년 / 2천만 원 / 친척 / 1천만 원 / 2016 개정 부모 / 5천만 원 / 2016 개정	10년 단위 적용 비거주자는 적용불가

구분	내용			비고
	과세표준	세율	누진공제액	Ex) 누진공제 활용 간편 계산법 과세표준 1.2억 원: 1.2억 원 ×20%-1천만 원
증여세율	1억 이하	10%	-	
	1억 초과~ 5억 이하	20%	1천만 원	
	5억 초과~ 10억 이하	30%	6천만 원	
	10억 초과~ 30억 이하	40%	1억 6천만 원	
	30억 초과	50%	4억 6천만 원	
납부시 유의 사항	증여자가 증여세 대납 시 재차 증여 발생 → 수증자가 증여세를 반드시 납부해야 함			증여세 납부내역 금융증빙 마련

제2절 증여 기본내용

1. 최근 증여관련 세무이슈

구분	현행	개정
상속세 일반 연부연납	5년	10년
증여취득 시 취득세 과표	기준시가	시가 (23년부터 시행예정)
개별공시지가 고시	5월 말	4월29일(22년)

지난 정부 5년간의 대부분의 세법개정은 부동산 양도소득세 및 종합부동산세와 관련된 세금에서 주로 발생했고, 상속·증여세 분야에서는 크게 개정된 부분은 없다고 보셔도 무방합니다. 상속세 납부 측면에서 세금을 최장 10년 동안 나눠 낼 수 있도록 연부연납 부분이 개정되었는데, 이는 상속세 납부에서만 해당되며 증여세는 기존대로 5년이 적용됩니다.

주택 상속·증여 세부담 커진다... 실거래가 기준 취득세 내야

한국경제 21.10.24

다만, 올해까지는 부동산 증여로 인한 취득세 과세기준이 기준시가(시가표준액)이었으나 내년부터는 증여할 당시의 신고되는 시가로 취득세가 부과될 예정이므로, 취득세 절감을 위해 기왕 증여계획을 하고 있다면 올해 안으로 증여 시점을 당기는 것도 생각해 볼 수 있습니다.

한편, 기존 토지의 공시가격은 관례적으로 5월 말일에 공시되어 공시일 이후 증여분부터는 변동된 공시가격을 기준으로 적용받으나, 금년의 경우 예정보다 1달가량 그 발표시점이 앞당겨졌습니다. 공시가격은 재산세, 종합부동산세 등 세금뿐만 아니라 건강보험료 등 광범위한 분야에 영향을 미치므로 가격이 갱신되는 시점을 파악하는 것이 세금 절감에 유리합니다.

> **Notice**
> 개별공시지가 고시일을 눈여겨보세요.
>
> ### 경기도, 개별공시지가 평균 9.59%↑... 하남시 16.53% 최고 상승
> 뉴시스 22.04.29
>
> 과거 토지 등의 개별공시지가는 매년 5월 말에 고시되었고, 5월 말 전에 증여를 해야 인상 전 개별공시지가로 증여세 절세를 도모하였습니다. 예년과 다르게 금년의 경우 개별공시지가 고시일이 04월 29일 이었던바, 개별공시지가 고시일을 매년 확인하여 증여 또는 매매시기를 조율해야 합니다.

"금융투자소득세 도입땐 증여 통한 조세회피 우려"
매일경제 22.05.08

금융투자소득세 시행 시 증여는 기존보다 더욱 적극적으로 유효한 절세수단이 될 것으로 예상됩니다. 간단한 예로 현행 해외주식 매매차익 양도소득세가 부담되는 고객은 매도 직전 아내에게 증여세 면세금액이하로 증여 후 배우자가 남편에게 받은 주식을 바로 매각 시 양도

소득세는 거의 없거나 발생하지 않는 것입니다.

위 같은 예로 금융투자소득세 시행 후에도 여러 가지 증여를 통한 절세방안이 연구되고 활용될 것입니다. 그리고 ISA 중개형의 세제혜택 및 금융투자소득세의 국내주식매매차익 인당 연간 5천만 원 비과세 공제 등 인별로 받을 수 있는 세제혜택이 늘어나는 바, 금융포트폴리오 구성 전 금융자산의 구성을 1인이 아닌 증여를 통한 가족전체로 분산 할 필요성이 더욱 높아지는 바, 증여를 통한 자산분산은 미리 대비해야 합니다.

2. 증여세의 기본개념

증여[71]는 형식과 상관없이 무상으로 상대방에게 이익을 줄 경우 받는 사람에게 세금을 부과합니다. 우리나라에서 부의 무상이전을 과세원인으로 하여 부과하는 대표적인 세금으로 증여세 및 상속세가 있으며, 증여와 상속의 차이는 자산이 생전(증여)에 이전되었는가, 사후(상속)에 이전 되었는가의 차이가 있습니다.

한편, 예전 우리나라 상증세법[72]은 민법상 '증여'의 개념을 차용하고 있으며, 당사자 간의 '증여계약'에 의한 일반적인 금융재산 및 부동산을 증여하는 경우처럼 명백하게 증여인 및 수증인, 과세물건이 개별적

---

71) 증여세의 세법상 정의는 상속세 및 증여세법 제2조에 규정되어 있으며, "증여"란 그 행위 또는 거래의 명칭, 형식, 목적 등과 관계없이 직접 또는 간접적인 방법으로 타인에게 무상으로 유형, 무형의 재산 또는 이익을 이전(현저히 낮은 대가를 받고 이전하는 것을 포함)하거나 타인의 재산가치를 증가시키는 것을 말함

72) 구 상속세 및 증여세법(2003.12.30. 법률 제7010호로 개정되기 전의 것)

으로 판단되고 과세요건 구성이 가능한 직접적인 증여에 대하여 원칙적인 과세대상으로 하며, '기여'에 의하여 타인의 재산가치가 증가한 경우처럼 '간접적인 증여'에 대해서는 증여로 '간주(의제)'하는 규정을 두어 과세하곤 했습니다.

그러나 간접적인 증여에 대해서는 법의 테두리를 벗어나 과세할 수 없는 편법증여가 많아지자 03년 말 포괄주의 증여세 과세방식으로서의 입법을 완료하여 04년 이후에는 완전포괄주의 과세[73]가 시행되었습니다.

(1) 증여세의 계산구조

구분	내용
증여재산가액	국내외 있는 모든 재산(시가 평가 원칙)
(+) 재차 증여재산가액	10년 내 동일인에게 증여 받은 금액(1천만 원 이상)
(−) 채무인수액	부담부증여 시 인수하는 채무액(증여재산에 담보된 채무 限)
(−) 증여재산공제액	거주자 限(성년자녀 5천만 원), 미성년자녀(2천만 원) 外
(=) 증여세 과세표준	
세율	10%~50%
세대생략 가산액	수증자가 증여자의 자녀가 아닌 직계비속의 경우(ex. 손자녀 등)
산출세액	
(−) 신고세액공제	자진신고 시 산출세액의 3% 할인(납부여부무관)
증여세 납부세액	수증자 3개월 내 납부

---

[73] 본 서에서는 완전포괄주의 증여세 과세에 대하여 언급하며, 그 중 유의미한 사례는 필요한 내용을 본문에 기술

(2) 증여세의 납세의무자: 증여를 받는 자(수증인 원칙)

증여세는 수증자가 거주자인지 여부에 따라 납세의무의 범위가 달라집니다. 즉, 증여를 받는 자가 우리나라 세법상 거주자라면 과세대상이 되는 증여재산은 국내뿐만 아니라 국외까지 확장되고, 비거주자라면 국내에 있는 증여재산에 한정됩니다.

증여자, 증여재산, 수증자에 따른 일반적인 과세여부 판정[74]

증여자	재산소재지	수증자	납세의무자
거주자	국내	거주자	수증자
		비거주자	수증자[75]
	국외	거주자	수증자
		비거주자	증여자[76]
비거주자	국내	거주자	수증자
		비거주자	수증자
	국외	거주자	수증자
		비거주자	-[77]

한편, 비거주자가 한국 소재 재산을 증여받은 경우 납세의무자가 비거주자라면 사실상 한국에서 세금을 납부하는 것이 어려울 수 있어,

---

74) 박풍우, 상속세 및 증여세 실무 2022, 세연T&A, 2022.03.23. 재구성.
75) 수증자가 비거주자로서 조세채권확보가 곤란한 경우 수증자가 납부할 세금을 증여자가 연대하여 납부할 의무가 있음(연대납세의무, 후술)
76) 수증자가 비거주자라면 국내재산에 한하여 증여세과세대상이 되나, 본 케이스는 상속세 및 증여세법이 아닌 국제조세 조정에 관한 법률에 따라 예외적으로 증여자에게 증여세가 과세됨. 과세취지는 비거주자의 거주지국에 증여세가 없다면 전세계 비과세가 발생할 수 있어, 이 경우 수증자가 증여자의 특수관계인이 아닌 경우 한국 증여세 납세의무를 면제하되, 특수관계인인 경우 국내에서 증여세 납세의무가 발생함(단, 외국에서 납부한 증여세는 외국납부세액으로 공제하여, 이중과세를 방지함)
77) 증여자 및 수증자가 모두 비거주자이며 증여재산도 국외재산이라면 한국에 과세권 없음

이 경우 증여세 연대납세의무로서 거주자인 증여인에게 세금납부 의무가 있습니다.

(3) 증여재산의 취득시기

증여세 신고과정에서 취득 시기는 여러 가지 의미에서 매우 중요한 의미를 가지는데, 첫째로 증여세의 납세의무가 언제 성립 되었는지, 둘째로 증여재산을 언제시점으로 평가해야 하는지, 마지막으로 증여재산공제를 언제 시점을 기준으로 연령 등을 산정하여 적용해야 할지의 의미를 가집니다. 마지막으로 취득시기를 기준으로 증여세 신고 및 납부를 언제까지 해야 하는지 판단할 때도 취득시기가 중요한 영향을 미칩니다.

증여재산이 권리의 이전이나 행사에 등기 등을 요구하는지 아닌지, 자산의 종류별로 취득시기가 상이한데, 일반적으로 재산을 인도한날 혹은 증여재산을 사실상 사용한날 등 아래와 같은 구분에 따르며, 구체적인 취득시기는 다음과 같습니다.

증여재산유형	취득시기	비고
부동산 증여 (부담부증여 포함)	증여등기접수일 (소유권이전등기접수일)	증여계약서 작성일 아님
분양권	권리의무승계일	
예금 등	입금한 시점	실무상: 이체일
채권 등	채권을 인도받는 날	실무상: 대체출고일
주식 또는 출자지분	인도받은 날, 명의개서일	실무상: 대체출고일
기타 금융상품 (펀드, ETF, ELS 등)	인도받은날	실무상: 대체출고일

(4) 증여재산가액(증여재산의 평가방법)

증여재산가액은 직접적인 증여재산에 대해서는 물론이며 앞서 설명해 드린 대로 민법상의 직접적인 증여계약은 아니나 상속세 및 증여세법상 증여거래로 예시[78], 추정[79], 의제[80]하는 거래도 포함합니다.

한편, 증여재산은 각 자산별로 평가방법을 세법이 규정하고 있으며, 재산평가는 시가(유사매매사례가) → 감정평가가액 → 보충적평가(기준시가 등) 순으로 적용합니다. 즉, 증여재산에 대하여 제3자간 거래한 가격이 없고, 감정가액도 확보할 수 없다면 보충적평가액(기준시가)로 평가하는 평가의 순위가 존재함을 의미합니다.

【실무상 증여재산 평가 기준】

구분		재산평가 기준	비고
부동산	아파트 오피스텔	시가	유사매매사례가
	토지	감정평가액→기준시가	유사매매사례가 개별공시지가
	빌라		유사매매사례가 공동주택고시가격
	상가		유사매매사례가 고시기준시가

---

78) 신탁이익, 보험금, 고저가양수도, 채무면제, 부동산 무상사용, 합병, 증자, 감자 등
79) 배우자 등에 양도한 재산의 증여추정, 재산취득자금 등 증여추정
80) 명의신탁재산의 증여의제, 특수관계법인과의 거래를 통한 이익의 증여의제 등

구분		재산평가 기준	비고
금융 상품 (부동산 외)	상장주식	증여일 전, 후 2개월 종가 평균액	총 4개월 종가평균
	비상장주식	시가 (증여일 기준 최근 거래된 가격)	장외 거래가액, 호가 등 종합적 검토 要 (38커뮤니케이션 등)
	상장채권	Max(증여일 이전 2개월 종가평균액, 증여일 전일 종가)	
	펀드, ELS	증여일 잔고(기준가격)	
	ETF, ETN	증여일 잔고(기준가격)	
	종신정기금 (방카슈랑스)	기대여명까지의 기간 중 각 연도에 받을 정기금액을 3.0%로 할인한 금액의 합계액	

(5) 재차증여재산[81]

본 증여일 이전 10년 이내 동일인으로부터 받은 증여재산가액의 합산금액이 1천만 원 이상인 경우에는 그 재산가액을 해당 증여재산가액에 합산해야 합니다. 여기서 동일인이라 함은 증여인이 직계존속인 경우 그 직계존속의 배우자를 포함하는 개념으로 부친 및 모친, 조부와 조모는 동일인[82]에 해당하므로 주의를 요합니다.

---

81) 다음의 증여재산에 대해서는 소급 10년 이전에 동일인이 증여하였더라도 합산하지 않음. 증여재산가액 계산의 일반원칙 중 재산 취득 후 재산가치의 증가, 전환사채 등의 주식전환 등에 따른 이익의 증여 중 전환사채 등에 의하여 주식전환 등을 하거나 고가양도함으로써 얻은 이익의 증여, 주식 등의 상장 등에 따른 이익의 증여, 합병에 따른 상장 등 이익의 증여, 재산 취득 후 재산가치 증가에 따른 이익의 증여, 재산취득자금 등의 증여추정, 명의신탁재산의 증여의제, 특수관계법인과의 거래를 통한 이익의 증여의제, 특수관계법인으로부터 제공받은 사업기회로 발생한 이익의 증여의제
82) 아버지와 할아버지의 관계는 직계존속에 해당하나 동일인으로 보지 않으며 장인과 장모의 관계도 역시 직계존속이 아니므로 동일인으로 보지 않음.

> **Notice.**
> **실무적으로 재차합산과세 누락비율이 매우 높습니다.**
>
> 실무상 증여세 신고과정에서 가장 실수가 많은 부분이 재차증여재산의 합산 누락입니다. 국세청 홈택스에서 과거 '신고된' 증여세 신고내역을 확인할 수 있으며, 인터넷 접근이 어려운 경우 수증자 관할 세무서에 직접 방문하여 '증여세 결정정보'를 다시 한 번 확인하시기 바랍니다.
> - 증여세 결정정보 조회: 국세청 홈택스(www.hometax.go.kr)
>   로그인 → 조회/발급 → 세금신고납부 → 증여세결정정보 조회

(6) 증여재산공제

증여재산공제란 함은 증여재산가액에서 일정금액을 공제해 주는 것으로 증여자와 수증자와의 관계에 따라 금액이 차등적용됩니다. 증여재산공제는 물가상승률 등을 반영하여 과거 수차례 공제액이 상향조정되어 지금까지 오게 되었습니다.

현(現) 정부가 들어서면서 증여재산공제액을 상향조정하자는 움직임이 있었고 금년 4월 의원입법발의로 직계존비속간 증여재산공제액을 성년의 경우 기존 5천만 원에서 1억 원으로, 미성년자의 경우 2천만 원에서 5천만 원으로 조정하는 상속세 및 증여세법 일부 개정법률안이 발의되어 있는 상황이며, 올해 정부(기획재정부)발의 세법개정안에는 담기지 못한 상황입니다.

현행 세법상 수증인이 배우자인 경우 최대 6억 원까지 공제되며, 직계비속인 경우 성년 5천만 원, 미성년 2천만 원까지로 공제가 대폭 줄어드는데, 직계존비속간 증여는 세대(世代)간 부(富)의 이전의 성격이

짚어 과세 형평관점에서 공제액을 적게 두는 입법취지가 있는 반면, 배우자간 증여는 동일 세대(世代)이면서 부의 이전으로 보기보다는 부부간 공동으로 이룩한 재산의 분배 개념으로 보아 공제한도가 높습니다.

1) 수증자가 거주자인 경우: 10년간 1회 적용(현행)

증여자	배우자	직계존비속		기타친족
		성년자 (만 19세 이상)	미성년자	
공제금액	6억 원	5,000만 원	2,000만 원	1,000만 원

* 자녀가 부모에게 증여하는 경우 증여재산공제는 5천만 원임

유의할 점은 위 증여재산공제금액은 증여자 기준이 아니라, 수증자 기준으로 배우자, 직계존비속, 기타친족 그룹별로 공제금액이 합산된다는 것입니다.

2) 수증자가 비거주자인 경우: 증여재산공제 적용 불가

조금 더 알아봅시다.
증여 시 받는 사람이 비거주자일 경우는?

해외 거주 자녀 증여… 비거주자 의미 파악부터

스카이데일리 20.09.13

거주자 비거주자의 판단은 국적이 아니라, 국내에 생활에 근거가 있느냐가 판단기준입니다. 받는 사람이 비거주자인 경우는 증여재산공제가 적용되지 않는 점을 꼭 상기하시길 바랍니다. 세무서에서는 출입국 사실기록열람을 통해 쉽게 비거주자 거주자

여부를 확인할 수 있습니다. 또한 비거주자의 경우 증여세는 증여자가 납부할 수 있습니다.

> **조금 더 알아봅시다.**
>
> 사례) 다음은 현재 성년(거주자)인
> 甲이 10년간 직계존속으로부터 증여받은 내역이며 오늘 아버지가 甲에게 현금 5천만 원을 증여하는 경우 합산해야 하는 증여재산과 증여재산공제액은?
>
> | 증여 시기
증여자 | 12년 5월 | 14년 5월 | 16년 5월 | 현 재 |
> |---|---|---|---|---|
> | 외할아버지 | 3천만 원 | - | - | - |
> | 어머니 | - | 2천만 원 | - | - |
> | 친할머니 | - | - | 5천만 원 | - |
> | 아버지 | - | 1천만 원 | - | 5천만 원 |
>
> *13년 말 이전: 성년자녀 3천만 원 / 14.1.1. 이후: 성년자녀 5천만 원(현행)
> ① 증여재산가액:
> 1) 합산대상 → 2천만 원(14.5월 어머니) + 1천만 원(14.5월 아버지) = 3천만 원
> 2) 본 증여재산(현재) → 5천만 원
> 3) 합계: 8천만 원
>
> ② 증여재산공제액
> 판단: 현행 성년자녀에게 증여재산공제가 5천만 원이 적용되며, 사전증여재산이 8천만 원이므로 이번 아버지에게 받은 증여재산에 적용될 공제액은 없습니다(5천만 원 전액 과세대상임).

(7) 증여세 세율

우리나라의 증여세 세율은 일반적인 과세표준 금액에 따라 최대 30억 원 초과 시 50%의 세율이 적용되며, 예외적으로 직계비속에 대한 증여로서 세대를 건너 뛴 증여의 경우 일반세율에 할증된 세율이 적용

됩니다.

1) 일반적인 증여세율

과세표준	세율	누진공제
1억 원 이하	10%	-
1억 원 초과 5억 원 이하	20%	10,000,000
5억 원 초과 10억 원 이하	30%	60,000,000
10억 원 초과 30억 원 이하	40%	160,000,000
30억 원 초과	50%	460,000,000

> **조금 더 알아봅시다.**
> **누진 공제 활용하면 증여 산출세액을 매우 간단하게 계산 가능합니다.**
>
> 예를 들어 성년자녀에게 2억 증여 시 5천만 원까지는 공제해 주므로 과세표준은 1.5억 원이 되고 20% 세율구간에 있으므로 20%를 곱하고 누진공제 1천만 원을 차감하면 산출세액이 됩니다. 실제 납부세액은 산출세액의 3% 공제한 잔액이 실제 고객이 납부해야 할 증여세입니다.
> 한 줄 계산: [(2억 원 − 5천만 원) * 20% − 1천만 원] *(1−0.03) = 1,940만 원

2) 직계비속에 대한 증여의 할증과세(세대생략 가산액)

부모의 세대(世代)에서 자녀 세대로, 그리고 자녀가 다시 그 자녀 세대로 2회 증여를 하면 증여세도 2번이 과세되지만, 중간 세대를 건너뛰고 한 번에 손자녀에게 증여하면 1번의 증여세만 부담하면 되므로, 세법에서는 이러한 세대생략증여에 대하여는 30%(40%)의 할증된 세율을 적용합니다.

조부모가 손자녀에게 10년 이내 20억 이내에 재산을 증여하면 증여

세액의 30%를 할증하고, 조부모가 미성년자인 손자녀에게 증여한 재산이 20억 원을 넘어서면 할증세율이 40%로 조정됩니다(전체 증여재산가액에 40%).

(8) 증여세 신고·납부: 증여 받은 날이 속하는 달의 말일부터 3개월 이내

증여세는 증여를 받은 날이 속하는 달의 말일로부터 3개월 이내 자진신고 및 납부까지 이뤄져야 하며, 기한 내에 자진신고를 한 경우 세액의 3%를 할인해 줍니다.

이를 신고세액공제라고 하는데 중요한 것은 납부와 무관하게 신고만 제때해도 세액공제가 되기 때문에 적극적으로 신고할 필요가 있습니다.

3. 실제 금융권 고객들에게 자주 발생하는 증여 이슈

앞서 증여세의 기본개념을 살펴보았고, 지금부터는 실제 금융권 관리자, 고객 분들과 상담하면서 특히 증여관련 자주 발생하는 이슈에 대해서 살펴보도록 하겠습니다.

(1) 증여의 반환

금년처럼 국내외 증시가 좋지 않을 때, 특히 신용거래를 하는 고객들의 경우 담보부족이 많이 발생하게 됩니다. 이 경우 어쩔 수 없이 담보부족이 발생한 계좌로 상품 등을 대체출고하여 부족한 담보를 막을 수밖에 없는데 이 경우 필연적으로 주식이 타 명의로 이동하기 때문에

'증권거래세 소명자료 안내'라는 이름으로 국세청이 확인절차(서면조사) 발생하게 됩니다.

국세청은 주식의 이동현황만 알 뿐이고, 그 거래의 실질은 알지 못하기 때문에 '유상양도거래'로 일단 추정하고 증권거래세를 왜 신고하지 않았는가라는 '증권거래세 소명자료 안내문'을 출고자에게 발송하게 됩니다.

이 경우 원인을 소명하지 못하면 장내거래가 아닌 주식의 '장외거래'로 보아 증권거래세(0.43%, 22년 현재) 및 양도가액 및 취득가액의 차이만큼 양도소득세까지 부담해야 합니다.

거래목적이 유상양도 혹은 증여가 아니며, 이처럼 단순히 담보목적으로 대체출고한 경우라면 언젠간 반환을 해야 하므로 이 경우 대체한 날로부터 3개월 이내 반환하게 되면 당초부터 증여가 없었던 것으로 하여 증여의 반환으로 소명할 수 있습니다.

다만, 주식 등 금융상품이 아닌 예금 및 현금의 경우 3개월 이내 반환하여도 무조건 증여로 추정하기 때문에 소명이 어려울 수 있다는 점은 유념하시기 바랍니다.

주식 등 금융상품 3개월 이내 반환	예금, 현금의 3개월 이내 반환
당초, 반환거래 모두 증여가 아님 (처음부터 증여가 아님)	당초, 반환거래 모두 현금증여(추정)

증여재산의 반환으로 소명하는 경우 반드시 당초 대체거래 및 반환거래를 입증할 수 있는 거래내역서를 준비하여 소명하시면 됩니다.

> **Notice**
> **예금 등 현금은 증여세 신고 이후에 절대 증여 번복할 수 없다는 점을 기억하세요.**
>
> 현금 증여신고 이후 고객의 변심 등으로 종종 증여세를 환급을 위해 3개월 이내 반환하면 증여세가 부과되지 않는 것으로 알고 계시는 분들이 많은데, 원칙적으로 펀드, 주식 등 금융상품 외에 현금은 반환을 해도 증여세가 다시 과세되며, 증여세는 환급되지 않습니다.
> 금전의 증여 반환은 실체적 원인이 없는 원인 무효인 경우만 증여세를 부과하지 않도록 되어 있는 바, 불가피하게 금전재산의 반환사례 발생 시 세무사와 상담을 통해 대응방안을 강구해야 합니다.

(2) 차명계좌 증여추정[83]

증여추정이란 세법에서 규정하고 있는 과세요건에 해당하면 일단 증여사실이 있는 것으로 정하여 법률적으로 그 효과를 발생시키는 것을 의미합니다. 여기서 증여사실이 있는지 없는지 여부는 납세자에게 입증책임이 있으므로, 증여사실이 없었음을 납세자가 명백하게 입증해야 증여세 과세에서 자유로울 수 있습니다.

증여추정은 '증여의제'와 다른 개념인데, 증여의제는 '민법'상 증여

---
83) 차명계좌에 대한 증여추정(13.1.1. 이후 신고, 결정, 경정하는 분부터 적용) 「금융실명거래 및 비밀보장에 관한 법률」 제3조(금융실명거래)에 따라 실명이 확인된 계좌 또는 외국의 관계법령에 따라 이와 유사한 방법으로 실명이 확인된 계좌에 보유하고 있는 재산은 명의자가 그 재산을 취득한 것으로 추정하여 「상속세및증여세법」제45조 제1항(재산취득자금의 증여추정)을 적용함.

거래에 해당되지는 않지만 상속세 및 증여세법에서 규정하는 과세요건에 해당하면 증여세를 부과할 수 있고 이 경우에는 추정처럼 반증이 어렵습니다. 상속세 및 증여세법상 '추정'의 개념이 다양한 곳에서 발생할 수 있으나 특히 금융권 거래고객에게 빈번한 부분이 바로 차명계좌에 대한 증여추정입니다.

과거 故이건희 삼성그룹 회장의 차명계좌 사건[84]으로 인해 18년 금융가에 세무적으로 큰 이슈가 있었습니다. 우리나라 소득세법[85]에는 비실명 자산소득에 대한 이자 및 배당소득의 원천징수 세율을 99%로 하는 규정이 있는데, 당시 증권사, 은행 등 금융회사들은 차명계좌에 대해서 비실명자산소득이 아니기 때문에 일반 금융소득처럼 15.4%만 원천징수를 하고 고객에게 소득을 지급하였습니다.

하지만 위 사건으로 인해 금융위원회가 법제처에 차명계좌가 비실명계좌인지를 묻는 유권해석을 의뢰하였고, 법제처는 비실명자산이라는 답변을 내려 결국 국세청이 99%와 15.4%의 차액을 뒤늦게 원천징수한 사건이었습니다. 물론 일선에서 고객들의 불만이 상당했고 금융회

---

84) 박용주, 이건희 차명계좌 잡으려다⋯다른 은행 차명계좌들로 '불똥', 연합뉴스, 2018. 02.14., https://www.yna.co.kr/view/AKR20180213194000002
85) 소득세법 제129조 제2항 제2호 대통령령으로 정하는 실지명의가 확인되지 아니한 소득에 대해서는 100분의 42. 다만,「금융실명거래 및 비밀보장에 관한 법률」제5조가 적용되는 경우 같은 조에서 정한 세율로 한다(2018.12.31. 개정) 「금융실명거래 및 비밀보장에 관한 법률」제5조(비실명자산소득에 대한 차등과세) 실명에 의하지 아니하고 거래한 금융자산에서 발생하는 이자 및 배당소득에 대하여는 소득세의 원천징수세율을 100분의 90으로 하며, 소득세법 제14조 제2항에 따른 종합소득과세표준의 계산에는 이를 합산하지 아니한다.

사도 고객도 이런 세금논리로 인한 추징을 이해하기에는 어려움이 있을 수밖에 없었습니다.

이때 고객들은 일단 세금을 추징당하면서, 고객들은 금융회사의 신청을 받아 조세불복 소송을 진행했었고, 21년 말, 2심에서 차명계좌는 비실명계좌가 아니라는 판단 하에 과세가 위법하다는 항소심 결과가 나왔고, 추후 대법원의 최종 결정에 따라 당시 추징당한 세금의 환급이 가능할 수 있는 상황입니다.

차명계좌 증여추정이란, 금융실명거래법에 의해 실명이 확인된 계좌에 보유하고 있는 재산은 명의자가 그 재산을 취득한 것으로 추정하게 되며, 명의자가 차명재산임을 입증하는 경우 과세되지 않습니다.

- 차명거래 사례(금융위원회 보도자료, 2014.11.25)

불법 차명거래	선의의 차명거래
- 채권자들의 강제집행 면탈목적 타인 명의 계좌에 본인소유 자금 예금(강제집행 면탈) - 불법도박자금 은닉위해 타인 명의 계좌에 예금(불법재산 은닉) - 증여세 납부 회피를 위해 증여세 감면범위 초과하여 본인 소유 자금을 가족명의 계좌에 예금(조세포탈혐의) - 금융소득종합과세 회피를 위해 타인 명의 계좌에 본인 소유 자금을 예금하는 행위(조세포탈행위) - 생계형저축 등 세금우대 금융상품의 가입한도 제한 회피를 위해 타인 명의 계좌에 본인 소유자금을 분산 예금하는 행위(조세포탈행위)	- 계, 부녀회, 동창회 등 친목모임 회비 관리위해 대표자(회장, 총무, 간사 등) 명의의 계좌 개설 - 문중, 교회 등 임의단체 금융자산을 관리하기 위해 대표자 명의 계좌개설 - 미성년 자녀의 금융자산을 관리하기 위해 부모명의 계좌에 예금하는 행위 - 공모주 청약 시 1인당 청약한도를 넘겨 청약할 목적으로 다수의 타인 명의 계좌를 이용하여 청약하는 행위

- **차명계좌 확인 시 주요검토사항(국세청, 2015.06.)**

검토항목	주요 검토할 사항
계좌개설 확인	- 금융기관에 내방하여 계좌개설한 사람 확인 - 인장, 서명, 제시한 신분증, 기재된 연락번호 확인
실질적 지배, 관리 확인	- 평상 시 통장, 인장 관리자 확인 - 예금 발생이자 수령자, 사용자 확인 - 금융소득 종합과세 신고자 확인 - 명의자의 다른 계좌로 이체된 사실 확인 - 입출금전표의 작성자, 서명한 필체, 사용인장 확인
실소유자 자금출처 확인	- 예금 원본에 대한 자금출처 확인 - 실소유자의 소득내역 확인 - 실소유자의 사업체 자금유출여부 확인
기타 입증서류	- 확인서 등 차명으로 입증할 만한 서류

하지만 국세청의 증여세를 과세하려고 할 때 고객 입장에서 증여가 아님을 소명하는 과정은 당사자 사이에 증여 의사가 없었음을 사후에 다양한 근거자료를 통해 반박해야 하므로 대응이 어려운 것이 현실이며, 차명재산으로 소명을 하여도 국세청 전산에 차명계좌로 낙인되고, 나아가 선의의 차명계좌가 아니면 금융실명법에 따라 과징금 부과대상이 될 수 도 있음을 인지하고 각별히 유의해야 합니다.

조금 더 알아봅시다.
부부관계에서의 차명계좌 증여추정 규정은 대법원에서 국세청 패소!

대법원에서는 증여추정 규정으로 고객에게 과도한 입증책임을 전가하였다고 판단하여, 국세청이 증여 혐의를 찾아 주장하도록 판결하였습니다. 차명계좌를 사용했다고 무조건 증여가 아니란 점을 기억하세요.

[판례] 대법 2015 두 41937 2015.09.10
[요지] 부부 사이에서 일방 배우자 명의의 예금이 인출되어 타방 배우자 명의의 예금계좌로 입금되는 경우에는 증여 외에도 단순한 공동생활의 편의, 일방 배우자 자금의

> 위탁 관리, 가족을 위한 생활비 지급 등 여러 원인이 있을 수 있으므로, 그와 같은 예금의 인출 및 입금사실이 밝혀졌다는 사정만으로는 경험치에 비추어 해당 예금이 타방 배우자에게 증여되었다는 과세요건 사실이 추정된다고 할 수 없음.

(3) 차명주식 및 차명부동산

1) 차명주식(명의신탁증여의제[86])

명의신탁증여의제 규정은 명의신탁을 내세워 증여세를 회피하려는 것을 방지하기 위해 실제 소유자와 명의자가 다른 경우에는 개별적인 직접 증여행위가 없었다고 하더라도 재산의 가액을 실제소유자가 명의자에게 증여한 것으로 간주하여 증여세를 과세하는 규정입니다(조세회피 목적이 없는 등 다른 요건[87] 충족 시 과세제외)

명의신탁이라는 사실관계는 일단 과세관청에서 알 수 없으며 고객이 대응하는 과정에서 명의신탁임을 내세워 유상양도 또는 증여행위가 아님을 밝히게 되는 과정에서 드러나게 되는 데, 직접적인 증여계약이 아님에도 증여세를 과세할 수 있으므로 주의를 요합니다.

실제 금융회사에서 고객 상담을 하다보면 주식을 가족에게 대체하는

---

86) 상속세및증여세법 제45조의2 [명의신탁재산의 증여의제]
87) 타인의 명의로 재산의 등기 등(명의개서 포함)을 한 경우로서 다음의 경우에는 명의신탁증여의제의 적용대상이 아님
  1. 조세 회피의 목적 없이 타인의 명의로 재산의 등기등을 하거나 소유권을 취득한 실제소유자 명의로 명의개서를 하지 아니한 경우(2010.01.01 개정), 2. 삭제(2015.12.15), 3. 「자본시장과 금융투자업에 관한 법률」에 따른 신탁재산인 사실의 등기 등을 한 경우(2015.12.15 신설), 4. 비거주자가 법정대리인 또는 재산관리인의 명의로 등기 등을 한 경우(2015.12.15 신설)

행위의 이면에는 조금이라도 세금을 줄이고자 하는 '조세회피의도'가 반드시 숨어 있기 마련이므로 주식의 명의신탁의 증여세 추징은 대응하기가 어려운 것이 사실입니다.

- **조세회피목적의 다양한 예시유형**

> ① 명의신탁자가 금융소득종합과세 대상자여서 당해연도 배당금 수령을 회피하여, 배당소득 누진세율 회피목적, 종합과세 배제목적이 있었는가?
> ② 상장주식(KOSPI, KOSDAQ, KONEX)의 대주주였는가? 양도소득세 회피목적
> ③ 지방세법상 간주취득세 회피목적이 있었는가?
> ④ 국세기본법상 제2차 납세의무 회피목적이 있었는가?
> ⑤ 부당행위계산 부인 회피목적으로 의도적으로 지분율을 감소시킬 목적이 있었는가?
> ⑥ 일감몰아주기 증여세 조세회피의 개연성이 있었는가?

실제 명의신탁재산에 대한 증여세 과세는 실무상 복잡한 사실관계를 판정해야 하며 언제를 증여 시기[88]로 봐야 할지, 추후 소명이 어려운 경우 얼마만큼의 세금이 발생할지 등에 대한 종합적인 상담이 필요하며, 유상증자인지 상장주식인지 등 사실관계에 따라 적용이 다르기 때문에 실행하기 전에 반드시 세무대리인과 대책을 마련한 후에 해야 할 것입니다.

---

88) 명의신탁재산의 증여 시기는 일반적인 증여재산의 취득시기 규정에도 불구하고, 실제 소유자가 명의자로 등기, 등록 또는 명의개서를 한날(그 재산이 명의개서를 하여야 하는 재산인 경우에는 소유권 취득일이 속하는 해의 다음해 말일의 다음날(상속세및증여세법 제25의2 제1항, 관련 유권해석: 재재산-1721, 2004.12.30)로 하며, 특히 상장주식의 경우는 고객계좌부나 예탁자 계좌부에의 기재만으로 주식의 명의개서와 동일한 효력이 발생하는 것으로 인정할 수는 없으므로 고객 계좌부 및 예탁자 계좌부 기재일을 명의개서일로 보지는 않음.(관련유권해석: 국심2005서50, 2005.06.24).

명의신탁 증여의제 규정이 적용된다면 명의개서일 현재의 시점의 시가에 따른 가액으로 증여세를 계산하게 되며, 주식이 반환된 경우의 증여세는 부과하지 않습니다.

> **Notice**
> **특히 주식은 절대 차명으로 사용하면 안 됩니다.**
>
> 사유가 무엇이 되었든, 가족명의 등 차명으로 주식을 운용하다 국세청 적발 시 증여세가 부과 될 가능성이 매우 높으니, 주식을 절대 차명계좌를 사용하시면 안 됩니다. 추가로 자본시장법상 민형사 처벌까지 받을 수 있습니다.

[관련 판례 등] 차명주식 증여세 부과 사례

아버지가 아들명의 차명 증권위탁계좌로 약 12억 원의 주식을 취득하였다가 증여세로 6억 원을 추징당한 후 조세불복을 제기하였으나 조세심판원, 서울행정법원, 서울고등법원 모두 아래와 같은 입장을 명확히 하였다.
[국심 2007서5023, 2009.8.14, 서울행정법원 2009구합48012, 2010.7.2, 서울고등법원]

① 조세회피 목적이 없었다는 점에 관한 입증책임은 납세자에게 있는 바, 조세회피 목적이 없었다고 인정될 정도로 조세회피와 상관없는 뚜렷한 목적이 있어야 한다. 명의신탁 당시나 장래에 조세회피 목적이 없음을 객관적이고 납득할 만한 증거자료에 의하여 의심을 가지지 않을 정도로 입증하여야 한다.

② 주식 명의신탁을 증여로 판단 해 세금을 부과했다면, 이후 주식 매매가 거듭될 때마다 새로운 명의신탁이 있다고 봐 증여세를 부과하는 것은 '이중과세'에 해당하여 위법이라는 대법원 판결이 나왔다 → 이중과세에 해당함으로 증여세가 재차 부과가 부당하다는 대법원 판례, 즉 상장주식 매각 자금으로 유상으로 주식 취득한 부분에 대해서는 증여세를 부과하지 않음
2017.02.21 대법원 선고 2011두 10232

2) 차명부동산(부동산실명법 위반)

명의개서가 필요한 주식뿐만이 아니라 부동산도 명의이전에 기본적

인 등기를 요하기 때문에 명의신탁증여의제 규정이 적용된다고 생각할 수는 있지만, 이 경우는 과세대상에서 배제되는데 세법상 규제보다는 유관법률의 과징금으로 제재를 하도록 하기 때문입니다.

상담을 하다보면 생각보다 차명부동산 형태로 자산을 소유한 경우는 허다하게 발생하며 이 경우는 자금사정이나 공동투자 형태로 부동산 투자를 했다가 추후 투자금을 분배할 경우 타인명의로 현금이 오고가는 경우 국세청 자금출처조사에서 주로 파생되는 부분입니다.

한편, 차명으로 부동산을 소유하는 등의 행위는 부동산 실명법 위반으로 엄격한 법의 제재대상(과징금 쌍방 부과)이므로 지양해야 할 것입니다.

• 부동산 명의신탁(부동산실명법 위반)에 따른 과징금 부과율

부동산 평가액	과징금 부과율
5억 원 이하	5%
5억~30억 이하	10%
30억 초과	15%

(4) 가족 간 매매의 증여추정

제3자 간 거래인 경우 합리적인 경제인들 간의 거래임이 기본 전제이므로 세법의 시각에서 봐도 불리한 가격을 통한 거래가 성사되기 어려우므로 거래가액을 '시가'로 인정하고 잣대를 들이대지는 않습니다.

하지만 매도자와 매수자의 팽팽한 줄다리기가 계속되고 있는 현재 주택시장처럼 호가의 괴리가 크기 때문에 거래당사자 사이에 대외적으로 성립될 수 없는 거래도 가족 간의 거래로 넘어오게 되면 불가능하지는 않기 때문에 이런 유형의 거래는 국세청에서 일단 의심스러운 거래로 볼 수밖에 없습니다.

따라서 세법은 특수관계인의 범위를 정해 두고 특수관계인 사이에서 시가보다 높거나 낮은 거래가 발생하게 되면 그 차액에 대하여 이익을 얻은 자에게 증여세[89]를 부과할 수 있습니다.

상속세 및 증여세법은 시가와 거래대금의 차이가 일정한 범위를 넘어가면 증여세 과세대상으로 규정하고 세금을 부과할 수 있는데, 이를 고저가 양수도에 따른 이익의 증여규정이라고 하며 현재 다음과 같은 요건에 따라 과세됩니다.

구분	특수관계인 간 거래		특수관계인 외 거래	
	과세요건	증여재산가액	과세요건	증여재산가액
저가양수 (수증인: 양수자)	(시가-대가)≥ Min (시가*30%, 3억 원)	(시가-대가)- Min (시가*30%, 3억 원)	(시가-대가) ≥시가*30%,	(시가-대가) -3억 원
고가양도 (수증인: 양도자)	(대가-시가) ≥Min (시가*30%, 3억 원)	(대가-시가) -Min (시가*30%, 3억 원)	(대가-시가) ≥시가*30%,	(대가-시가) -3억 원

---

89) 상속세및증여세법 제35조 저가양수 또는 고가양도에 따른 이익의 증여

(5) 증여세가 과세되지 않는 교육비와 생활비

특히 실무에서 많이 질문하는 유형 중에 하나인데, 앞서 기본내용에서 설명해 드린 것처럼 증여세의 과세대상을 생각해 보면 분명 수긍이 갈 수도 있겠습니다. 증여세 과세대상은 부의 무상이전에 대하여 일단 과세를 하자는 콘셉트이기 때문에 교육비와 생활비라는 '명목'이 붙었기만 했지 사실상 돈이 이동한 것은 맞을 것입니다.

교육비와 생활비의 증여세 과세여부에 대하여 세법은 아주 애매모호한 규정을 두고 있는데, '사회통념'이라는 단어가 여기에 등장합니다. 즉, 사회통념상 인정되는 부모 치료비, 자녀 생활비, 교육비, 세뱃돈, 축의금 등에 대하여는 증여세를 과세하지 않는다고 규정하고 있습니다.

단, 사회통념을 벗어난 금액을 교육비 등으로 지급했거나 경제적 능력이 있는 자녀에게 생활비 등을 주는 행위, 부모가 부양능력이 있음에도 불구하고 할아버지가 손자녀에게 유학자금 등을 지원하게 되면 증여세가 과세될 수 있음에 특히 주의해야 합니다.

4. 증여세 대납분에 대한 증여세

증여자가 거주자인 수증자의 증여세를 대신 납부하여 준다면, 이 또한 증여로서 추가로 증여세가 과세됩니다. 단, 수증자가 비거주자인 경우 증여자가 증여세를 납부하여도 무방합니다.

> **Tax Tips**
> **수증자가 증여세를 어떻게 납부하는 것이 좋을까요?**
>
> 증여 받은 자산이 현금이면 그 현금에서 증여세를 납부합니다.
> 증여 받은 자산이 부동산일 경우 개인 신용대출 등을 활용합니다.
> 5년 연부연납제도*를 활용합니다.
> 증여자가 아버지인 경우 할아버지가 증여세 대납분을 증여합니다.
> * 연부연납제도: 최장 5년까지 연 1.2% 이자율로 세금을 할부처럼 나눠 낼 수 있습니다. (단, 세무서장 허가 및 담보 필요)

(6) 기타 증여세 사례

앞서 설명한 사례 외에도 다음의 기타 빈번한 증여세 사례는 다음과 같습니다.

1) 부동산 무상사용에 따른 증여세

부모 명의의 부동산에 부모와 함께 거주하지 않고 자녀가 단독으로 거주하거나 사용하는 경우에는 명백하게 자녀에게 증여세를 부과할 수 있습니다.

> **Tax Tips**
>
> 부동산 무상사용에 따른 증여세는 부동산 가액이 약 13억을 초과해야 증여세로 과세됩니다. 다만, 상가, 토지 등 부가가치세법상 임대사업자등록을 한 자가 특수관계자(자녀 등)에게 무상으로 임대할 경우 증여세가 과세되지 않더라도 부가가치세 및 소득세가 과세될 수 있음에 유의해야 합니다.

2) 금전무상대출 등에 따른 증여세

또한, 개인 간의 돈을 꿔 주는 행위(금전대차시)에 대하여는 차입자가 무이자 또는 세법상 적정한 이자율(4.6%) 보다 낮은 이율로 차용하였을 경우 그 이자차액에 대하여 증여세를 과세할 수 있기 때문에 반드시 계약서 및 거래의 실질이 차용임을 입증할 수 있는 이자지급내역을 금융증빙을 통해 남겨 두시기 바랍니다.

> **조금 더 알아봅시다.**
> **법정 이자율 4.6%과 실제 지급한 이자 차액에 대하여 증여세를 부과합니다.**
>
> 단, 대여자가 수령한 이자는 비영업대금의 이익으로 27.5%가 과세됨으로 증여세만을 위하여 법상 이자율을 준수하는 것이 불리 할 수 있습니다.

3) 가족 간 증여 후 5년 이내 양도 행위

가족에게 증여한 후 5년 이내에 증여 받은 자가 제3자에게 매도하게 되는 경우 세법상 '이월과세'라는 이름으로 세금을 재계산할 수 있습니다.

즉, 이러한 거래를 통한 증여세와 양도소득세 세금과 당초 증여인이 증여 없이 제3자에게 매도했을 경우의 세금을 비교하여 납세자에게 유리한 경우 세금을 과세할 수 있음에 유의해야 합니다.

4) 5년 이내 재산가치 증가에 따른 이익의 증여

자기 계산으로 행위를 할 수 없다고 판단되는 수증자가 정상적으로 증여를 받았음에도 불구하고, 5년 이내 통상적인 가치상승금액보다 30% 또는 3억 원 이상 이득을 얻을 경우 그 가치 증가분에 대하여는 증여세가 추가로 부과될 수 있으므로 주의해야 합니다. 하지만 모든 행위에 대해서 과세를 할 수는 없고 특히 아래와 같은 경우 과세대상이 됩니다.

가. 비상장법인의 최대주주가 당사 주식을 증여한 경우 해당 비상장법인의 상장(단, 코넥스시장 제외)

나. 개발사업시행, 형질 변경 등의 사유 등

Tax Tips

기업의 경영 등에 관하여 공개되지 아니한 정보를 이용할 수 있는 지위에 있다고 인정되는 최대주주 등이 자녀에게 비상장주식 증여(또는 양도) 후 5년 이내 코스피, 코스닥 상장(코넥스 제외), 합병 등을 차익 실현 시 증여세가 재차 부과될 수 있습니다.

제3절 증여 FAQ

Q1. 코스피, 코스닥 거래 종목을 증여하려 합니다. 증여재산 평가는 어떻게 되나요?(고객이 2022.04.21에 삼성전자 500주를 성년 자녀에게 증여한다고 가정 시)

A1. 코스피, 코스닥 종목의 경우 증여일로부터 전2개월 후2개월 총 4달의 종가평균액입니다. 즉, 22.04.21 기준 67,300원 삼성전자 종가로 계산하면 안 됩니다.

2022.04.21 삼성전자 주식을 증여 한 경우 1주당 증여재산가액은 2022.02.22~2022.06.20. 4달 주당 종가 평균액으로 계산한 금액이며, 아직 후 2개월 종가평균이 확정되지 않았기 때문에 6월 20일이 지나야 증여재산가액 평가가 가능합니다.

즉, 코스피, 코스닥 주식 증여 시 증여가 이루어지고 2달이 지나야만 증여재산가액이 확정됨을 유의하시길 바랍니다.

Q2. 그럼, 위 4월 21일 삼성전자 주식을 증여(대체출고)를 하고 나서, 바로 매도하였는데 매도한 것과 증여재산평가와 관계가 있나요?

A2. 당연 매도는 하셔도 되는데, 매도와 상관없이 증여세 신고 시 무조건 증여일 기준 수량에 전후 2개월 종가평균액이 증여가액이 됩니다.

Q3. 위 삼성전자 주식을 증여하고 나서 주가가 더 떨어져 고객이 증여취소하고 싶다고 합니다. 어떻게 하나요?

A3. 7월 31일까지 본래계좌로 주식을 환원시키시면 됩니다. 현금을 제외한 모든 금융상품은 증여를 하고 나서 증여세 신고기한(증여가 이루어진 달의 말일로부터 3개월)까지 당초 증여자에게 반환되는 경우 증여가 없는 것으로 봅니다.

Q4. 코넥스 주식을 증여하려고 합니다. 코스피,코스닥처럼 증여일 기준 전후 2달 종가평균액이 적용되나요?

A4. 코넥스의 경우 증여일 기준 가장 가까이 거래된 가격이 증여재산가액입니다. 코넥스 주식은 상속세 및 증여세법상 비상장주식으로 취급하기 때문입니다.

Q5. 해외시장에 상장된 주식을 증여하려 합니다. 증여재산의 평가는 어떻게 하나요?

A5. 국내 코스피, 코스닥 상장주식 평가방식처럼 증여일 기준 전후 2개월 총 4달의 원화환산 종가평균액입니다.

Q6. 비상장주식(K-OTC) 종목을 증여하려고 합니다. 증여재산 평가를 어떻게 해야 하죠?

A6. 비상장 주식은 상장주식과 달리 증여일 당시 또는 직전 거래가격이 증여재산가액입니다. 38커뮤니케이션 또는 거래하시는 증권회사의 비상장중개시스템 거래가격, K-OTC시세를 참고해 볼 수 있습니다.

Q7. ELS를 증여하려고 합니다. 증여재산가액은 어떻게 평가하죠?

A7. 증여일 현재 잔고평가금액입니다.

Tax Tips

보유중인 ELS 등 투자상품의 배당이 많이 발생할 것으로 예상되어 가입기간 중에 자녀 등에게 증여 하는 것은 합법적인 절세 방법입니다. 증여와 동시에 보유상품의 수익자는 수증자가 되며, 그에 대한 배당도 수증자에게 귀속됩니다. 금융소득종합과세 절세를 위해 보유 중인 금융상품을 시의적절 하게 증여 하는 것은 효율적인 자산관리 방법입니다.

Q8. 펀드를 증여하려고 합니다. 증여재산가액은 어떻게 산정하죠?

A8. 증여일 현재 잔고평가금액입니다. 단, ELS와 달리 펀드의 대체 출고는 환매로 간주되어 소득세 정산 후 대체 출고가 됩니다.

Tax Tips
증여를 위한 펀드 대체출고 시 펀드는 환매로 간주되어, 소득세 정산 후 출고된다는 점을 유념하시기 바랍니다.

펀드의 이익이 예상외로 커져서 금융소득종합과세를 대비코자 자녀 계좌로 대체출고

하는 문의가 많은데 이 경우 당초 증여자의 계좌에서 평가이익 만큼 소득세 과세를 하고 증여일 현재 기준가로 증여재산가액이 산정됨을 유념하시기 바랍니다.

Q9. ETF(혹은 ETN)을 증여하려고 합니다. 증여재산가액은 어떻게 구하죠?

A9. 증여일(대체일) 현재 잔고평가금액입니다. 단, ELS와 달리 펀드의 대체출고는 환매로 간주되어 소득세 정산 후 대체 출고가 됩니다.

Q10. 2015.01.27에 한진해운78 채권(잔고수량 30,100,000)을 자녀에게 증여(상속)하려 합니다. 증여(상속)재산가액은 얼마인가요?

A10. 증여일 전일 최종시세(01.26)와 증여일 전 2개월 종가평균액 (11.28~01.26) 중 큰 금액으로 산정되므로 30,468,166원입니다. 상장채권은 증여일 전일과 증여일 전 2개월 종가 평균액 중 큰 금액을 증여재산가액으로 합니다. Max(3,010×10,026, 3,010×10,037)

Q11. 디폴트가 난 부실금융자산을 증여하려 합니다. 거래하고 있는 증권사 잔고명세서상 가액은 액면으로 되어 있는데, 부실금융재산의 증여재산 평가는 어떻게 하나요?

A11. 실질에 따라서 하시면 됩니다. 상환변제가 완료 된 금융재산은 0원(zero), 상환변제가 미완료된 금융자산은 처분 및 회수가 능예상가액으로 신고가 가능합니다.

Q12. 자녀계좌를 개설하고 현금을 2천만 원 송금한 후 주식을 매수하려 합니다. 이때 주식을 증여한 건가요? 현금을 증여한 건가요?

A12. 현금을 증여한 것입니다. 증여일은 이체일이며 이체일 기준 현금이 이동되었음으로 현금증여입니다. 단, 본문에서 언급한바 현금증여는 증여의 반환이 안 되므로 증여세 신고 시 취소가 불가함을 인지하시길 바랍니다.

Q13. 현금 이체 후, 증여세 신고를 하기 전인데 주식 혹은 금융상품을 바로 매수해도 될까요?

A13. 네. 바로 매수하셔도 됩니다. 증여세 신고는 사후처리 과정이고 이체일이 증여일임으로 이체일 이후 신고랑 상관없이 금융상품 매수가 가능하십니다.

> **Notice**
> **단, 증여세 발생하는 케이스에서는 상품매수 시 증여세 납부액만큼 차감 후 매수하시길 바랍니다.**
> 예) 현금증여액 1억, 증여세1천만 원인 경우 9천만 원 매수

Q14. 자녀에게 증여를 할 예정입니다. 얼마까지 면세인가요?

A14. 10년간 배우자 6억, 성년자녀 5천만 원, 미성년자녀 2천만 원, 부모 5천만 원, 사위 및 며느리 1천만 원입니다.

Q15. 2019.06.01에 배우자에게 비과세 한도인 6억 원을 증여하면 언제 또 비과세로 증여할 수 있나요?

A15. 2029.06.02입니다. 증여세비과세(증여재산공제) 한도는 10년에 한번 적용됩니다.

Q16. 성년 자녀가 아버지와 어머니에게 각각 1억 원씩 동시에 증여 받고자 합니다. 증여재산공제는 각각 5천만 원씩 적용되나요?

A16. 부부는 1인 동일인으로 보아, 증여재산공제는 5천만 원 한번만 적용됩니다. 즉, 각각 적용되지 않습니다(부모에게서 성년 자녀는 총 10년간 5천만 원만 공제 가능).

> **Tax Tips**
> **증여재산공제 시 부모뿐만 아니라 조부모 외조부모 모두 동일인으로 봅니다.**
>
> 증여재산공제 판단 시, 받는 사람을 기준으로 부모, 조부모, 외조부모 모두 1인으로 보아 10년간 성년인 경우 5천만 원 공제만 가능합니다.

Q17. 그럼, 성년 자녀가 아버지로부터 3년전에 1억 원을 증여 받고, 올해 어머니로부터 1억 원을 증여 받으려고 합니다. 증여재산이 합산되나요?

A17. 네. 증여재산공제와 마찬가지로 부모는 동일인으로 보아 합산되며 증여재산가액은 총 2억 원 입니다. 증여일 전 10년 이내에 동일인(증여자가 직계존속인 경우 배우자를 포함)으로부터 증여세 과세가액 합산금액이 1천만 원 이상인 경우 합산됩니다.

Q18. 성년 자녀가 할아버지(조부)로부터 3년 전에 1억 원을 증여 받고, 올해 아버지로부터 1억 원을 증여 받으려고 합니다. 증여재산이 합산되나요?

A18. 증여재산합산 시는 부모와 조부모는 별개로 보아 합산 되지 않습니다. 조부모와 부모는 동일인으로 보지 않아 각각 증여재산가액은 1억씩 입니다. 즉, 증여재산공제는 모두 동일인으로 보고 적용하고, 증여재산 합산 시는 부모와 조부모는 합산이 되지 않습니다.

Tax Tips
증여재산공제는 조부모까지 동일인으로 보아서 10년간 1회 공제, 증여재산합산은 각각 조부모별 합산, 부모별 합산으로 구분이 됩니다.

동일인에게 10년 동안 1천만 원 이상 증여받은 것은 합산이 됩니다. 증여재산공제와 달리 증여재산합산은 부모와 조부모는 동일인으로 보지 않습니다.

Q19. 결혼한 고객이 장인에게 1억 원, 장모에게 1억 원 증여받으려고 합니다. 증여재산이 합산대상일까요?

A19. 장인 장모는 기타친족으로 합산이 되지 않습니다. 각각 1억 원씩 증여세가 계산이 됩니다.

Q20. 미성년 자녀가 작년 부모에게 2천만 원 비과세로 증여받았습니다. 올해 할아버지에게 2천만 원 또 증여받으면 비과세죠?

A20. 할아버지증여는 비과세가 되지 않습니다. 증여세 비과세 즉, 증여재산공제는 받는 자녀를 기준으로 부모와 조부모는 동일인으로 보기 때문에 증여재산공제는 10년간 2천만 원(성년5천만 원)만 적용됩니다.

Q21. 아버지가 만 18세인 미성년자 아들에게 2,000만 원(비과세범위)을 증여 하였습니다. 성년 3,000만 원을 추가로 공제 받을 수 있는 시점은 언제인가요?

A21. 자녀가 만 19세가 되는 시점부터 입니다.
2013년 07월 1일 민법 제 4조 개정으로 성년의 나이는 만 19세로 변경되었으며, 증여일이 만 19세 생일 이후 이면 성년 증여재산공제 5,000만 원을 받을 수 있습니다.

Q22. 성년자녀에게 ① 2013년에 3천만 원을 증여하고, ② 2015년

에 2천만 원을 증여하였습니다. 10년 재차 증여합산이 되지 않도록 증여 할 수 있는 시기는 언제인가요?

A22. 2025년에 다시 5천만 원 비과세 증여가 가능합니다. 증여 하려는 시점으로부터 역산하여 10년 이내 증여재산을 합산하기 때문입니다(다만, 2013년 최초 증여일로부터 만 10년이 지난 2023년에는 소급 10년 이내인 2015년 2천만 원 증여가 있어 3천만 원만 증여 시 비과세 가능합니다)

Q23. 할아버지가 손자에게 증여 시 원래 내야 할 증여세의 몇%가 할증되나요?

A23. 세대생략증여라 표현하며, 본래 내야 할 증여세의 30%가 할증됩니다(납부할 증여세가 1백만 원이라고 가정 시 130만 원을 내는 구조) 단, 미성년자가 20억 원이 초과되는 금액을 증여받을 시 전체 증여재산에 대하여 40%가 할증됩니다.

Q24. 미국영주권자(시민권자)로서 미국에 실제로 사는 성년자녀에게 증여를 하려고 합니다. 자녀가 비거주자에 해당할 경우 증여재산공제는 적용받을 수 있나요?

A24. 세법상 비거주자는 증여재산공제를 받을 수 없습니다. 단, 거주자와 달리 비거주자에게 증여 시 발생된 증여세를 증여자가 납부하여도 세무상 문제가 없습니다.

Tax Tips

비거주자는 증여재산공제가 되지 않습니다. 종종 비거주자에게 증여를 권유·신고하여 세무서로부터 출입국 사실기록 조회 등을 통해 비거주자로 판정되어 증여세를 부과 받는 사례가 나타나고 있습니다. 수증자가 비거주자인 경우는 증여재산공제가 되지 않는다는 것을 다시 한번 상기하시기 바랍니다.

구분	수증자가 거주자인 경우	수증자가 비거주자인 경우
관할세무서	수증자 주소지 관할	증여자 주소지 관할
증여재산공제	가능	불가능
기타 특별한 증여공제		

Q25. 증여세 비과세 범위로 증여했는데, 증여세 신고를 꼭 해야 할까요?

A25. 증여 이후 재산증가분에 대한 적극적 효력을 입증하기 위하여 신고하는 것을 권유 드립니다.

조금 더 알아봅시다.

세무서에서는 '증여목적'으로 자녀 명의의 예금계좌를 개설하여 현금을 입금한 경우 입금한 시기에 증여한 것으로 추정하나, 입금한 시점에 증여사실이 확인되지 않으면 금전을 자녀가 인출하여 실제로 사용하는 날에 증여 받은 것으로 보고 있습니다.

구 분	증여 시기	증여재산가액
증여세 신고	입금한 날	원 금
무신고	예금 또는 펀드에서 인출하여 자녀가 사용한날	인출하여 사용한 금액 (원금 + 이자 or 운용수익)

즉, 자녀에게 이체 목적이 증여라면 반드시 증여세 신고를 하는 것이 세무서와 다툼을 줄일 수 있습니다.

Q26. 상가(꼬마빌딩 등)에 대하여 작년부터 감정평가액으로 증여세 과세된다고 들었는데, 증여세는 어떻게 부과되는 건가요?

A26. 상가를 증여 시 고객이 직접 감정평가를 의뢰하여 감정평가가액을 증여재산가액으로 하시길 권유해 드립니다. 과거 상가의 경우 시가와 기준시가와의 갭이 커서, 시가가 아닌 상가를 기준시가로 증여 시 절세가 가능하였습니다.

하지만 이런 행위를 꼼수로 보아, 작년부터 국세청이 상가의 경우 자체적으로 선별하여 기준시가가 아닌 감정평가를 직접 의뢰하여 증여세를 부과하기로 하였습니다.

국세청과 마찰을 사전에 방지하기 위하여 감정평가액을 사용하길 권유해 드립니다(감정평가 수수료는 증여세 신고 시 비용처리 가능).

Q27. 토지를 19년도에 '기준시가'로 증여받았습니다. 세금 낼 돈이 없어서 증여받은 건물을 담보로 은행에 대출을 받아서 납부할까 하는데 괜찮을까요?

A27. 지양하시기 바랍니다. 대출을 위한 담보제공목적 감정가액의 평균액이 시가로 인정되는지 여부에 대하여 국세청 유권해석은 금융기관이 담보목적으로 실행한 감정가액도 시가로 인정된다고 해석한 사례가 있습니다. 개인 신용대출 등 증여물건과

관계없는 대출을 활용하거나 부득이한 경우 사전에 대출직원과 협의하여 기준시가로 담보평가가 되도록 사전협의길 바랍니다.

Q28. 오래 전부터 증여세 신고 없이 자녀명의로 계좌를 운영하고 있습니다. 지금이라도 증여세 신고를 해야 할까요? 괜히 하면 세무조사 나오나요?

A28. 기한 후 신고를 통해 가능합니다. 과거 이체일 기준으로 증여재산이 증여세 비과세 범위 내라면 늦게 신고하더라도 가산세가 없음으로 국세청에 기한 후 신고를 할 수 있습니다.

Q29. 14년 전에 증여한 금액에 대한 증여세 신고를 안했습니다. 세무서에 적발 시 증여세가 부과 되나요?

A29. 세무서 적발 시 부과됩니다. 적발하여도 세금을 부과하지 못하는 기간을 '제척기간'이라 하는데 상속증여세의 경우 사망일 또는 증여일(이체일)로부터 15년간입니다.

Q30. 차명으로 ELS, 펀드, 예금, 채권에 투자하였습니다. 차명계좌가 적발되면 증여세가 과세되나요?

A30. 가족 타인에게 돈이 넘어가면 세무서에서는 무조건 증여로 추정하지만 전부 증여세가 과세되는 것은 아닙니다.

증여추정이 적용될 경우 차명계좌가 본인재산임을 이체거래내역, 계좌 잔고통보지 등을 통해 입증(계좌의 실제적 지배자 입증)하면 증여세가 과세되지 않을 수도 있습니다. 단, 논란의 여지는 있지만 2018년에는 금융위원회 해석에 따라 차명계좌로 인정을 받을 경우 비실명계좌로 해석되어, 차명계좌에서 발생한 금융소득에 대하여 99% 세금이 징수되었습니다.

단, 다른 금융상품보다 주식의 경우 차명계좌 주장 시 증여세가 부과될 확률이 매우 높으니 주식을 차명계좌로 운영해서는 안 됩니다.

Tax Tips 주식은 절대 차명으로 투자하시면 안 됩니다!

특히 주식(비상장주식 포함)은 차명으로 투자하다가 국세청에 적발될 경우 차명계좌로 인정이 되지 않고 증여세로 과세되는 사례가 많은바, 차명을 이용한 주식투자는 절대 하시면 안 됩니다. 대체출고에 대하여 관할세무서 소명요구가 올 경우 차명주식으로 소명을 한다고 해도 최초 대체출고분에 대해서는 명의신탁증여의제 규정에 따라서 증여세가 과세될 수 있습니다. (명의신탁증여의제 본문 참고)

Q31. 가족 간 차용거래(금전대차거래)는 증여세가 무조건 부과되나요?

A31. 국세청에서는 가족(특수관계자)간의 금전대차거래는 부정한 것으로 추정하고, 이체금액을 증여로 보는 것을 원칙으로 하고 있습니다. 단, 이자지급내역 등 금융거래 내역상 금전대차거래임을 입증할 수 있다면 증여로 보지 않습니다.

여기서 문제가 되는 것은 이자지급내역인데, 아무리 가족관계라 하더라도 무이자 거래는 인정되지 않는다는 점입니다. 세법상 정한 이자율은 4.6%이며, 기준 이자율 이하로 이자를 지급한 경우 기준이자와 실제이자와의 차액만큼을 증여세로 과세합니다(증여재산가액이 1천만 원 이상일 경우 적용).

> 증여재산가액 = 대출금액×4.6% − 실제 지급한 이자상당액

Q32. 자녀가 결혼하는데 전세금을 부모가 지원해도 국세청에 적발될까요?

A32. 2014년부터 국토교통부의 확정일자 자료를 국세청이 공유함으로 국세청에서는 전세금 증여에 대한 과세를 강화하고 있습니다. 금전대차계약 없이 전세금을 부모로부터 받은 행위는 명백히 증여임으로 전세금(주택매수자금 지원 포함)을 컨설팅 없이 무조건 지원받는 행위는 지양하셔야 합니다.

Q33. 보험금도 증여세 과세가 되나요? 증여세 과세는 언제 되요?

A33. 계약자와 수익자가 다를 경우 증여세가 발생됩니다. 원칙적으로 보험금은(실질보험료납입자)계약자와(보험금수령인)수익자가 다른 경우 보험사고일(보험금지급일)에 증여로 과세됩니다.

Q34. 부동산 증여 신고는 어떻게 하죠?

A34. 부동산은 금융자산과 달리 등기업무가 추가되며, 증여일은 일반적으로 소유권이전등기접수일이 됩니다. 즉, 먼저 증여 등기로 인한 취득세를 시군 구청에 신고납부하고 후에 세무서에 증여세 신고납부하게 됩니다. 즉 부동산 증여를 하려면 우선 증여등기는 법무사에게 위임하며 증여등기가 완료된 후 세무사가 증여신고를 수행합니다.

조금 더 알아봅시다.
부동산 증여 등기 이전 시 필요서류

법무사사무실에 증여등기 의뢰 시 증여자는 주민등록초본 1통, 인감증명서 1통, 인감도장, 등기필증이 필요하며 수증자는 주민등록초본(또는 등본), 아무 도장을 가지고 방문하시면 됩니다.

Q35. 증여세를 기한 내 납부하기 힘든데, 방법이 없을까요?

A35. 납부할 세금이 1천만 원이 넘는다면 본래 납부기한과 납부기한 경과 후 2개월 내에 무이자로 분납할 수 있으며, 국세청에 담보를 설정하여 연 1.2% 이자율로 5년간 증여세를 나누어 낼 수 있습니다. 또한 증여자가 증여세를 대신 납부하고 증여세 대납에 대한 증여세를 납부하면 됩니다. (분납, 연부연납, 증여세 대납)

조금 더 알아봅시다.
올해 개정세법으로 증여가 아닌 상속의 경우 연부연납 기간이 기존 5년에서 10년으로 연장되었습니다.

Q36. 상속세를 줄이기 위해 미리 자녀에게 증여를 해 두고자 합니다. 증여는 언제 해야 효율적인가요?

A36. 상속인에게는 사망일 전 10년, 상속인 외의 자에게는 사망일 전 5년 입니다. 즉, 상속세를 줄이기 위해 증여를 하는 경우 상속인에게는 최소 10년 이전에 증여를 해야 합니다.

Q37. 아버지가 2014.06.19 자녀에게 1억 원을 증여하였고 증여받은 재산의 가치가 증가하여 2018.06.19 5억 원이 되었습니다. 아버지가 올해 사망 시 합산되는 사전증여재산가액은 증여 당시 재산평가액인 1억 원인가요? 현재의 평가액인 5억 원인가요?

A37. 증여 당시 재산평가액인 1억 원입니다. 동일인 10년 재차합산 증여나 상속개시 전 10년 이전 사전증여재산합산을 하는 증여재산가액은 최초 증여일에 증여재산가액입니다.

Q38. 자녀에게 1월 2일에 가입한 『펀드』를 증여하였는데, 변심하여 1월 5일에 증여재산을 반환 받으려 합니다. 수증자는 증여재산반환을 할 수 있나요?

A38. 증여재산을 반환할 수 있습니다. 펀드, ELS 등 금융투자상품은 금전으로 보지 않습니다.

> **Tax Tips**
> 금융상품은 증여의 반환이 가능합니다. 하지만 CMA 등 현금 금전자산은 증여의 반환이 불가합니다.
>
> 펀드, ELS, ETF, 주식(비상장포함), 보험 등 금융상품은 금전으로 보지 않습니다. 즉, 금융상품은 증여를 하고 나서 3개월 이내 반환 시 당초 증여는 없는 것으로 볼 수 있습니다.

Q39. 금년부터 가족법인이 차등배당을 할 때 증여세도 추가로 과세한다고 하는데 과거에는 어떻게 이 방법으로 절세가 가능했던 거죠?

A39. 주식회사의 배당은 상법상의 규제를 받는데 주주평등의 원칙에 따라 주주가 가진 주식수에 비례하여 배당받는 것이 원칙이나, 대법원 판례에 따르면 대주주가 자기에게 배당된 주식을 포기하고 소액주주에게 배당하도록 동의한 것은 예외적으로 유효하다고 보고 있어 작년까지는 법인의 잉여금 지분율이 적은 자녀에게 초과배당하여 증여세를 우회적으로 피하는 방법에 대해 세무상 규제가 없었던 것이 사실입니다.

하지만 금년부터는 본인의 적정지분율을 초과하는 배당을 받은 경우 초과배당액에 대하여도 증여세 과세도록 세법이 개정되어 차등배당은 더 이상 합법적인 절세방안이 아님을 유의하시기 바랍니다.

제4절 증여 자산관리전략

1. 주식 평가손실 상태에서 증여, 지금이 제철

"미국 개미들, 팬데믹 기간 주식으로 번 돈 다 잃었다"
연합뉴스 22.05.09

주식(금융상품 포함) 투자 시 평가손실이 장기화된 고객은 불만을 가질 수밖에 없으며, 우량종목은 장기간 투자하는 경향이 있기 때문에 증여를 통하여 낮은 가격에 증여를 실행하고 장기투자하는 전략이 필요합니다.

① 주식평가손실 고객불만 → ② 낮은 가격에 증여세 절세 → ③ 장기투자

* 주식 증여평가가액

구분	증여평가가액	비고
코스피, 코스닥	전2달 후2달 종가평균	
코넥스	증여일 기준 평가가액	
K-OTC 및 비상장	증여일 기준 평가가액	증여일 최근 거래가격
ETF	증여일 기준 평가가액	
해외시장(미국, 중국)	전2달 후2달 원화종가평균	

> **Tax Tips**
> **정기금 증여는 증여세를 감소시킬 수 있습니다.**
>
> 현금을 일시금이 아닌 정기적인 형태(적립)로 증여한다면 수증자 입장에서는 미래에 금전을 수취할 권리를 받는 것과 동일한 것임. 세법에서는 이를 정기금 평가라는 규정을 통하여 미래에 받을 금액을 3.0% 연금의 현재가치로 할인 하도록 규정함 이러한 적립식 증여를 권유할 때에는 CostAerage효과를 얻을 수 있는 펀드 등을 활용해 절세효과를 극대화하는 전략이 유효함.

2. 주식 평가익(+) 종목의 자산 증여 전략

올 해외주식 마이너스인… 작년치 역대급 양도세에 울상

파이낸셜뉴스 '22.04.17

양도소득세 과세되는 상장주식 대주주, 해외주식, 비상장 주식은 매도 시 매매차익에 대한 양도소득세 발생하므로, 증여를 하게 되면 증여 당시 평가액이 빋는 수증자 입장에서 취득가액이 됩니다.

따라서 수증자의 매도 시 양도소득세 줄어들게 되어 세금절감이 가능합니다. 이 전략의 콘셉트는 증여세 비과세 범위 내 평가익 주식을 증여하여 양도소득세를 절감하는 것에 있습니다.

① 주식평가이익 양도소득세 → ② 증여 시 양도소득세 절세액 안내 및 증여 → ③ 수증자 주식 매도 사후관리

(1) 주식평가이익 대주주 양도소득세
또는 해외주식: 양도소득세 추정액 계산

(2) 증여 시 양도세 절세액 안내

예) 해외주식 매수가액 1억, 해외주식 평가가액 6억, 매매차익 5억, 해외주식 양도세 1억인 경우 배우자 증여 시 6억까지 증여세 면세, 배우자 취득가액 6억이 되며, 같은 가격으로 배우자 매도 시 양도소득세는 과세되지 않습니다.

(3) 수증자 주식 매도 및 사후관리

주식 증여 후 양도하는 행위는 세법상 부당행위로 보아 과세관청과 마찰 가능성이 높습니다. 따라서 수증자가 주식매도주문을 하여야 하며, 매도자금은 수증자가 계속 관리해야 합니다.

> 조금 더 알아봅시다.
> 23년 이후 금융투자소득세가 시행되면 주식에 대해서도 (배우자) 이월과세 규정이 적용되므로, 증여 받은 이후 1년 보유 후 매도하셔야 합니다.

3. 부동산 다방면 증여전략의 적극적 활용

(1) 고시 전 증여 전략

최근 다주택자 중과 등으로 매매 대신 자녀증여현상이 활발하였고, 부동산은 종류별로 아래와 같이 기준시가 등이 고시되므로 기준시가가 상승하는 지역인 경우 고시일 전 증여하는 것이 유리합니다.

구분	고시(공시)구분	고시기관	고시일	인터넷 정보 확인
토지	개별공시지가	지방자치단체	4월 말	부동산원
주택	개별주택고시가격	국토해양부	4월 말	
	공동주택고시가격	국토해양부		
상가	상업용건물, 오피스텔고시	국세청	연초	국세청
	일반건물기준시가	국세청		

> **Tax Tips** 올해 토지 및 주택에 관한 고시일이 변경되었습니다.

(2) (지분 등) 분할 증여 전략

부동산의 경우도 금전과 마찬가지로 분할해서 증여를 할 수 있으며, 전부 증여 시 증여세가 부담된다면 지분분할 등을 통하여 증여재산가액을 조절할 수 있습니다.

(3) (건물 토지) 분리 증여 전략

부동산 자산의 대부분을 차지하는 것은 토지이지만, 임대수익이 발생하는 것은 건물이므로 상대적으로 가격비중이 적은 건물만을 선 증여하는 것도 방법이 될 수 있습니다. (임대료수익은 수증자가 획득하여 자금출처 재원으로 활용 가능. 단, 수증자는 토지사용료를 지급해야 함).

(4) 증여재산가액 상향 전략

증여세가 적게 나오는 것이 당장은 유리해 보이지만, 수증자 입장에서 추후 부동산 매도 시 증여재산가액이 낮을수록 매매차익이 많아 양도소득세가 증가되므로, 양도소득세 절세 차원에서 감정평가를 통해 증여재산가액을 상향시켜서 증여세를 추가 부담하는 것이 유리할 수도 있습니다.

예를 들어, 10% 증여세율을 적용 받는 고객의 경우(수증자) 부동산 매매차익이 1.5억 초과 시 41.8% 세율을 적용받게 되는데 감정평가를 통해 증여재산가액의 세율을 10%→20%로 상향시키면 세 후 매매차익의 21.8% 절세효과를 얻을 수 있습니다(41.8%-20%).

* 증여세(저율)를 적용받는 부분이 증가된 만큼 양도세율(고율)을 적용받는 부분이 감소함

단, 상기 전략으로 가족에게 증여 시 5년 이내(23년 이후 10년 이내) 양도 불가함을 유의해야 합니다(이월과세).

제8장
법인의 금융투자 및 가업승계 편

PB와의 대화

PB: 세무사님, 법인고객이신데, 법인계좌로 상장주식 단일종목 20억 정도 보유하고 있어요. 어제 절반정도 매매가 있었는데, 개인고객들은 10억 넘으면 대주주 양도소득세 신고 하잖아요? 법인도 동일하죠?

세무사: 법인은 대주주 양도세 신고대상이 아닙니다. 법인은 기본적으로 개인과 달리 소득세법의 적용을 받지 않고 법인세법의 적용을 받습니다. 따라서 개인투자자처럼 반기별로 대주주 양도소득세 신고를 하지 않고 사업연도말로부터 3개월 이내 법인세 신고를 통해 주식 매매차익에 대한 법인세를 신고하는 것이죠.

PB: 그렇군요, 그러면, 이번에 따로 양도세 신고는 안 해도 되겠네요. 법인 거래처 재무담당자분이 관련서류를 요구하는데 어떤 서류를 줘야 하나요?

세무사: 법인은 규모에 따라 결산시기가 다른데요, 개인은 주식거래에 대하여 별도의 회계처리가없지만, 법인은 개별 거래를 할 때마다 회계처리를 해야 하기 때문에 매수 매도 거래원장과 분기별(혹은 반기별, 연말) 잔고내역서를 요청하는대로 발송해 주시면 됩니다.

PB: 그 정도 서류만 주면 될까요? 법인 재무담당자가 회계처리를 잘 몰라서 회계처리는 그럼 어떻게 해야 하는지 물어보네요.

세무사: 네, 우선 법인 기장하는 세무사가 있을 것이기 때문에 회계처리에 관한 문제는 세무대리인이 할 일이고요, PB님은 서류만 전달해 주시면 됩니다.

주식을 장기투자목적으로 보유하지 않는 경우 회계상 단기매매증권(당기손익인식 금융자산)으로 분류되며, 결산 시 매매를 하지 않았더라도 평가손익을 당기손익으로 인식해줘야 합니다.

이때 회계상 평가이익(손실)이 계상되지만 세무상 유가증권의 평가손익은 세법상 익금(손금)으로 인정하지 않으므로 세무조정으로 익금불산입(손금불산입) △유보(유보) 소득처분이 되며, 결과적으로는 세무상 손익에는 영향을 미치지 않습니다.

PB: 무슨 말인지 모르겠어요. 그냥 말씀주신대로 서류만 전달할게요.

우리나라 소득과세는 개인투자자에 대한(개인)소득세와 법인사업자에 대한(법인)소득세로 구분되며, 개인은 종합소득세 법인은 법인세로 통칭하고 있습니다. 법인과 개인에 대한 과세는 기본적인 로직이 상이하기 때문에 본문을 통해 그 차이점을 학습하시기 바랍니다.

제1절 법인의 금융투자 및 가업승계 핵심내용

1. 법인의 금융투자 핵심내용

Tax Key

* 법인은 비과세 금융상품이 없으며 개인과 다르게 모든 소득에 대하여 법인세로 과세
* 법인의 금융상품 매매차손익은 법인손익과 정산되어 법인세가 부과
* 법인은 주식 등 금융상품 매매에 따른 양도소득세 신고의무가 없음(법인세 신고)
* 법인세율은 순이익(과세표준)에 대하여 2억까지 11%, 2억 초과 22% 과세 (22년 현재 기준)
* 법인세 신고기간은 사업연도종료 후 3개월 내(12월 말 법인은 익년 3월 말이 법인세 신고·납부기한)

(1) 법인과세 개요

구분	내용	
주요내용	구분	내용
	과세대상	법인의 모든 소득(증여받은 재산포함) 법인이 투자하는 대부분의 금융상품은 과세대상[90]
	계산구조	법인과 개인의 과세상 차이점 참고
	법인세율[92] (지방소득세 포함)	2억 원 이하 11% 2억 원~200억 원: 22% 200억 원 초과 24.2% 3,000억 원 초과 27.5%
	신고기한	사업연도 종료일 이후 3개월 이내

---

90) 내국법인이 브라질채권에 투자한 경우 이자 및 할인액은 한국-브라질 조세조약 제 11조 제3항 나목에 따라 국내에서 비과세(서면-2016-법령해석국조-2787, 2016.09.20)

(2) 법인관련 자산관리 세무이슈

구분	내용
개인사업자의 법인전환	법인전환의 이점: 낮은 법인세율, 일반적으로 상속·증여 시 재산평가액 절하효과로 주식평가액 감소[93] 가업승계 Merit 법인전환 방법: 현물출자, 사업양수도, 중소기업통합
비상장법인의 상장 시 증여의제	최대주주 지분을 특수관계인에게 증여·양도 후 5년 이내에 상장 시(상장 후 평가액-증여 시 평가액)에 대하여 증여세 과세
법인자금 사적사용	법인자금 사적사용 시 대표이사에 대한 대여금으로 보아 연 4.6%의 이자율을 적용하여 법인세 과세 및 소득자에 대한 2차 처분으로 개인소득세 추가과세
경영권 승계목적의 지분이전	가업상속공제 활용가능(가업영위기간에 따라 최대 500억[94]까지 상속공제)
차명주식 해소	조세회피의도의 유무에 따라 명의신탁주식환원, 증여, 매매의 방법을 통하여 차명주식 해소

---

91) 2022년 세제개편안에 따르면 23년 이후 개시하는 사업연도부터 법인세 세율은 다음과 같음

과세표준	세율	
5억 원 이하	10%*1) (중소기업 및 중견기업 限)	20%
5억 원~200억 원	20%	
200억 원 초과	22%	

*1) 단, 중소·중견기업 이더라도 지배주주 등이 50% 초과 지분율을 보유하거나 부동산임대업이 주된 사업 or 부동산 임대수입, 이자, 배당의 매출액 대비 비중이 50% 이상인 경우 20% 세율 적용하며, 소비성 서비스업 업종도 20% 적용

92) 법인은 결산월이 상이함에 따라, 법인세 신고 시 기준이 되는 사업연도 말 시점도 상이함

93) 부동산임대업의 경우 주로 사업용자산에 해당하는 부분이 토지, 상업용 건물이므로, 상증세법상 기준시가로 평가할 경우 시세 대비 평가액이 낮아지는 효과

94) 22년 세법개정안에 따르면 1천억 원으로 상향조정(23년 이후 상속개시분)

2. 가업승계 핵심내용

(1) 가업승계세제 개요

구분	내용
가업 정의	사전적 정의: 대대로 물려받은 집안의 생업 세법적 정의: 상속개시일이 속하는 과세연도의 직전 과세연도 말 현재 중소기업 등으로서 피상속인이 10년 이상 계속하여 경영한 기업
가업승계 정의	기업(가업)이 동일성을 유지하면서 소유권이나 경영권을 후계자에게 넘겨주는 것
가업승계 구분	가업의 형태에 따라 다음과 같이 구분 | 가업의 형태 | 승계대상(상속·증여세 과세대상) | |---|---| | 개인가업 | 사업용 순자산(사업용자산 − 사업용부채) | | 법인가업 | 법인의 주식(사업용자산비율 해당분) |

(2) 가업상속공제

구분	내용	비고
의의	가업상속으로 인한 세부담을 완화하여 가업승계를 장려하기 위한 세제지원 규정	
가업상속 재산가액	**가업상속재산가액** ・개인기업: 사업용자산가액(토지, 건축물, 기계 등) − 사업용부채가액 ・법인기업: 법인의 주식가액 × (총자산 − 사업무관자산*) / 총자산 *사업무관자산: 영업활동과 무관한 비사업용토지, 업무무관자산 등	개별자산 상증법상 평가

구분		내용	비고
가업상속 공제액		MIN { 가업상속재산가액의 100%에 상당하는 금액 / 한도금액 (가업영위기간에 따라 200억 원~500억 원)[95] }	최대 500억
요건	가업	조세특례제한법상 중소기업, 중견기업(매출액 4천억 원 미만[96]) 피상속인이 10년 이상 계속하여 경영한 기업일 것 등	
	피 상 속 인	대표이사 재직기간: 가업영위기간 중 50%이상 또는 상속개시 전 소급 10년 중 5년 이상 최대주주 지분 50%이상(특수관계인 포함, 10년 이상 계속)	상장 30%
	상 속 인	상속인이 상속개시일 현재 만 18세 이상 상속개시일 2년 전부터 계속하여 가업에 종사 상속개시일로부터 6개월 내 임원 취임 & 신고기한으로부터 2년 이내 대표이사 취임.	
사후관리		다음의 경우에 가업상속공제로 인한 상속세 추징 가업자산의 처분, 상속인의 가업 미종사, 가업지분 감소, 고용감소	위반사항 매년 점검

---

95) 22년 세법개정안에 따르면 1천억 원으로 상향조정(23년 이후 상속개시분)
96) 22년 세제개편안에 따르면 23년 이후 상속개시분부터 중견기업 매출액 1조 원 미만으로 확대적용

제2절 법인의 금융투자 기본내용

1. 법인의 금융투자

(1) 법인에 대한 이해

1) 법인의 정의

법인은 개인과 같이 자연인은 아니지만, 민법[97] 등 법률에 따라 법인격을 부여받기 때문에 개인과 같이 별개의 인격체로 봅니다. 따라서 법인의 최대주주 또는 대표이사와 법인은 별개의 주체로서 경제활동 및 법률행위도 별개로 행해져야 합니다.

① **사업주체로서의 법인(법인 ≠ 대표이사)**

개인 사업자는 본인이 사업의 주체로서 모든 법률관계에 대한 권리와 의무를 부담해야 하나, 법인은 법인 자체로서 별도의 인격체이자 사업주체이므로, 법인의 대표이사 또는 주주는 단지 법인의 소유주(주주) 또는 대표이사로서의 역할을 하게 되며, 개인사업자처럼 법인이 행한 법률관계에서 일정부분 분리됩니다.

> **Notice**
> 법인에서 대표이사가 사용한 법인 자금 가수금? 가지급금?
>
> 가지급금은 법인계좌에서 원인 없이 대표이사가 인출한 자금이며 가수금은 대표이사

---

[97] 민법 제 31조(법인성립의 준칙) 법인은 법률의 규정에 의함이 아니면 성립하지 못한다. 민법 제34조(법인의 권리능력) 법인은 법률의 규정에 좇아 정관으로 정한 목적의 범위 내에서 권리와 의무의 주체가 된다.

가 법인에게 대여한 자금을 의미하는데, 가지급금이나 가수금은 세법 상 다방면에서 제재를 하는 주요 항목입니다.

법인의 자금은 대표이사(또는 주주)의 자금이 아니므로, 영세법인일수록 법인자금을 개인화 하여 사적으로 사용하는 경우가 많으며, 법인의 세무조사 시 최우선 점검사항이 심각한 세무적 불이익을 받을 수 있습니다.

조금 더 알아봅시다.
법인 사업자등록 관련

구분	내용
법인사업자등록 신청	- 사업개시일로부터 20일 이내 - 사업자등록 이전 20일 내 발생한 부가가치세 매입세액 환급 가능 - 사업자등록 이전 발생 비용도 기업의 비용으로 인정
법인사업자등록 갱신	- 정정사유(본점 이전, 대표자 변경, 업종추가 등) 발생 시 지체 없이 정정신고
법인사업자등록 말소	- 폐업 시, 지체 없이 사업자등록 말소 - 폐업 전까지 발생한 부가가치세 소득세/법인세 정상적 신고

※사업자신청방법(요약)

사업 인·허가 (개별법에 의한 인·허가업종에 한함)	법인설립등기 (관할지방법원 or 등기소)	법인설립신고 (관할세무서)
신청서, 사업계획서, 시설명서 등	신청서, 정관, 주식청약서, 주식인수증빙서류, 창립총회의사록 등	신고서, 주주명부, 정관사본, 임대차계약서 사본 등

2. 법인과 개인의 금융상품 과세상 차이점

(1) 이자, 배당소득, 주식양도소득의 과세방법 비교

개인은 소득구분별로 과세방법이 다르므로, 소득구분이 중요한 의미가 있으나, 법인은 모두 익금으로 보아 과세한다는 점이 주요 차이[98]입니다.

표: 주요 금융상품의 소득구분별 과세상 차이점

구분		법인		개인	
		소득구분	비고	소득구분	비고
이자		법인세 과세	-	이자소득	-이자·배당 합산 2천만 원 초과 시 종합과세
배당		법인세 과세	수입배당금 익금불산입 (이중과세조정)	배당소득	-이자·배당 합산 2천만 원 초과 시 종합과세 -Gross-up[100] (이중과세조정)
주식양도손익	상장	법인세 과세	-	장내거래: 대주주과세, 소액주주 비과세 장외거래: 모두과세	
	비상장	법인세 과세	-	모두 과세	-

98) 개인소득세는 소득의 종류를 이자, 배당, 사업, 근로, 연금, 기타, 퇴직, 양도소득으로 구분하여 과세하며 열거된 소득에 하여 과세하는 소득원천설을 따르며, 법인소득세는 소득의 발생원천을 개인처럼 구분하지 않고 법인의 자산을 증가시키는 모든 소득을 과세대상으로 하는 순자산증가설을 따름.

> **조금 더 알아봅시다. 금융투자소득세('23년 이후) 시행 시 법인은?**
>
> 개인투자자의 경우 23년부터 '금융투자소득세'가 시행된다면 따라 금융투자에 따른 세금산정방식이 크게 변화합니다. 다만, 금융투자소득세는 '개인'투자자에 한정하여 적용되기 때문에 기존 법인투자자는 관계가 없습니다.

(2) 세법과 회계기준의 차이조정(세무조정)

법인세법은 1개 사업연도라는 시간적 기준으로 법인의 소득을 과세하므로 세법상 이익과 손실이 어느 사업연도에 귀속되는가의 문제가 발생합니다. 즉, 권리(자산) 또는 의무(부채)가 확정된 날에 이익 또는 손실을 인식하도록 하는 '권리의무확정주의'를 채택하고 있습니다.

그러나 회계기준은 수익 또는 비용을 합리적으로 측정할 수 있을 때 인식하도록 하는 이른바 '발생주의' 개념을 채택하기 때문에 세법상 소득과 회계상 이익의 괴리가 발생할 수밖에 없습니다.

회계장부	세무조정		법인세법
수익	(+) 익금산입 (-) 익금불산입	=	익금
(-)			(-)
비용	(+) 손금산입 (-) 손금불산입	=	손금
(=)			(=)

---

99) 법인이 수령하는 배당금의 경우 '수입배당금 익금불산입' 제도를 통해 이중과세를 방지하는 규정을 두고 있습니다. 한편, 개인투자자가 법인으로부터 수령하는 배당금은 1차적으로 법인소득에 대해 과세된 소득을 재원으로 하므로, 개인 투자자가 동일한 배당소득에 대하여 법인세 및 소득세 이중과세되는 것을 방지하기 위해 Gross-up 제도를 두어 이중과세를 방지하고 있습니다.

회계장부	세무조정		법인세법
당기순이익	(+) 익금산입(-) 익금불산입 (+) 손금산입(-) 손금불산입	=	소득금액

아래의 표를 통해 위에서 살펴본 법인의 금융상품의 소득구분 별 과세상 차이점의 주요 예시를 제시하고 세법과 회계기준의 괴리를 조정하는 기본적인 과정을 설명해 드리겠습니다.

	회계	세법	차이조정(세무조정)
이자수입	발생주의 (기간 경과분 인식) 이자수익 20 (미수이자)	확정주의 (실제 받은 날) 이자수익 0(zero)	회계상 수입 20은 세무상 수입이 아님(익금불산입 20) → 법인과세소득 20 감소
이자비용	발생주의 (기간 경과분 인식) 이자비용 20 (미지급이자)	확정주의(실제지급한날) 이자비용 0 (미지급이자0)	회계상 비용 20은 세무상 비용이 아님(손금불산입 20) → 법인과세소득 20 증가

위 예시 이외에도 세법은 정책적인 목적상 회계상 수익 및 비용에 대해서 세법상 익금 및 손금으로 인정하지 않는 항목이 있는데, 이런 경우에도 세법과 회계상 괴리가 발생하기 때문에 별도의 세무조정이 발생하게 됩니다.

(3) 법인의 원천징수

개인은 이자, 배당소득 구분 없이 15.4%를 원천징수 당하나, 법인은 이자소득의 경우에만 15.4% 원천징수되며, 배당소득은 원천징수되지 않습니다. 원천징수 된 세금은 법인에 입금 시 선납세금(자산항목)으로 일시적으로 계상되고, 익년도 3월 법인세 신고 시 기납부세액으로 공제받을 수 있습니다.

구분	법인	개인
이자소득	일반법인 15.4%[100] (지방소득세 1.4%포함)	15.4% (지방소득세 1.4%)
배당소득	원천징수 없음	

Ex) 일반법인 예금계좌에서 1년 만기 정기예금 이자가 2천만 원이 발생했을 경우의 회계처리 사례(가입시점 21년 7월 1일, 이후 6개월간 이자는 1천만 원 가정[101])

구분	회계처리		세무조정
21년 말	차) 미수이자 1천만 원	대) 이자수익 1천만 원	익금불산입 미수이자 1천만 원 (FY21 사업연도의 손익에 영향 無) 1) 회계상: 이자수익 1천만 원 2) 세무상: (-)이자수익 1천만 원 3) 최종세법상: 이자수익 0(zero)
만기 시	차) 현금 16.92 백만원 차) 선납세금 3.08백만원	대) 이자수익 1천만원 대) 미수이자 1천만 원	익금산입 미수이자 1천만 원 (FY22 사업연도 손익에 영향有) 1) 회계상: 이자수익 1천만 원 2) 세무상 (+)이자수익 1천만 원 3) 최종세법상: 2천만 원

---

100) 단, 금융기관(은행, 증권회사 등)에 지급 시 원천징수 하지 않음
101) 기업회계기준은 발생주의를 채택하여 경과이자를 인식하나, 세법상 이자는 실제 지급 시 인식하게 되므로 법인 입장에서는 세무상 21년도에는 이자소득이 발생하지 않은 것이며, 22년도에는 6개월간의 경과이자 1천만 원(회계상 인식)과 21년도에 미인식한 이자 1천만 원(세무상 인식)이 모두 인식되는 효과를 가져옴

(4) 법인의 소득계산구조 (법인세와 소득세의 비교)

구분	법인세	소득세
계산구조	[법인세 계산구조] 　　　　　　익금(≒수익) (−)　　　　손금(≒비용) (=)　　　　각사업연도소득금액 (−)　　　　이월결손금 (=)　　　　과세표준 (×)　　　　세율 (=)　　　　산출세액 (−)　　　　세액공제·세액감면 (+)　　　　가산세 (−)　　　　기납부세액 (=)　　　　납부할세액	[소득세 계산구조] 　　　　　　총수입금액 (−)　　　　필요경비 (=)　　　　소득금액(종합,양도,퇴직) (−)　　　　소득공제 (=)　　　　과세표준 (×)　　　　세율 (=)　　　　산출세액 (−)　　　　세액공제·세액감면 (+)　　　　가산세 (−)　　　　기납부세액 (=)　　　　납부할세액
세율	[과세표준에 따른 누진세율][102] | 과세표준	세율
---	---
2억 원 이하	10%
2억 원초과 ~200억 원	20%
200억 원초과 ~3,000억 원	22%
3,000억 원 초과	25% | ※지방세제외	[과세표준에 따른 누진세율][104] | 과세표준	세율
---	---
1,200만 원 이하	6%
1,200만 원 ~4,600만 원	15%
4,600만 원 ~8,800만 원	24%
8,800만 원 ~15,000만 원	35%
15,000만 원 ~30,000만 원	38%
30,000만 원 ~50,000만 원	40%
50,000만 원 ~100,000만 원	42%
100,000만 원 초과	45%	 ※지방세제외

---

102) 2022년 세제개편안에 따르면 23년 이후 과세연도부터 종합소득세 세율은 다음과 같음

과세표준	세율	
5억 원 이하	10%*1) (중소기업 및 중견기업 限)	20%
5억 원~200억 원	20%	
200억 원 초과	22%	

*1) 단, 중소·중견기업 이더라도 지배주주 등이 50% 초과 지분율을 보유하거나 부동산임대업이 주된 사업 or 부동산 임대수입, 이자, 배당의 매출액 대비 비중이 50% 이상인 경우 20% 세율 적용하며, 소비성 서비스업 업종도 20% 적용

구분	법인세	소득세
신고기한	사업연도 종료일 이후 3개월 이내	종합: 익년 5월 31일까지 퇴직: 익년 5월 31일까지 양도:(예정) 반기 말 이후 2개월 이내 / (확정) 익년 5월 31일까지

---

103) 2022년 세제개편안에 따르면 23년 이후 개시하는 사업연도부터 법인세 세율은 다음과 같음

과세표준	세율
1,400만 원 이하	6%
1,400만 원~5,000만 원	15%
5,000만 원~8,800만 원	24%
8,800만 원~15,000만 원	35%
15,000만 원~30,000만 원	38%
30,000만 원~50,000만 원	40%
50,000만 원~100,000만 원	42%
100,000만 원 초과	45%

3. 법인의 금융상품 회계기준 및 회계처리 사례

(1) 금융상품 운용 시 거래단계별 회계처리기준

계정		항목	상장주식		비상장주식		채권	
K-IFRS	일반		K-IFRS	일반	K-IFRS	일반	K-IFRS	일반
당기손익인식 금융자산	단기매매	거래비용	당기손익		n/a[104]		당기손익	
		배당금 (이자수익)	당기손익 (권리확정시점)				당기손익 (수취시점)	
		평가손익	당기손익				당기손익	
		손상차손	인식				인식	
매도가능 금융자산		거래비용	취득원가가산					
		배당금 (이자수익)	당기손익 (권리확정시점)		당기손익 (권리확정시점)		당기손익 (수취시점)	
		평가손익	당기손익 (시장성有)	기타포괄손익 (시장성無)	미반영		당기손익 (시장성有)	기타포괄손익 (시장성無)
		손상차손	인식		인식		인식	

---

[104] 비상장주식은 활성시장에서 거래되는 공정가치가 없으므로 당기손익인식금융자산(단기매매증권)으로 인식하지 않음

계정		항목	상장주식		비상장주식		채권	
K-IFRS	일반		K-IFRS	일반	K-IFRS	일반	K-IFRS	일반
만기보유 금융자산		거래 비용			n/a[105]		취득원가가산	
		배당금 (이자 수익)					당기손익 (기간경과분, 유효이자율법)	
		평가 손익					미인식	
		손상 차손					인식	

(2) 회계처리 사례

1) 상장주식: 단기매매증권으로 분류 시

구분	내용	회계처리			
취득 (2021. 04.01)	코스피 A종목 매입 @5만 원 2,000주	차)단기매매증권	1억 원	대)현금	1억 원
기말 (2021. 12.31)	공정가치 평가 @6만 원 2,000주	차)단기매매증권	2천만 원	대)평가이익	2천만 원
배당 (2022. 02.27)	배당금 권리 확정 @5백 원 2,000주	차)미수배당금	1백만 원	대)배당금수익	1백만 원

---

105) 주식의 경우 만기가 없으므로 만기보유금융자산으로 분류할 수 없음

구분	내용	회계처리			
처분 (2022. 04.30)	코스피 A종목 매각 @6.5만 원 2,000주	차) 현금	1.3억 원	대)단기매매 증권 단기매매 증권처분 이익	1.2억 원 1천만 원

2) 상장주식: 매도가능증권으로 분류 시

구분	내용	회계처리			
취득 (2021. 04.01)	코스닥 B종목 매입 @5만 원 2,000주	차)매도가능 증권	1억 원	대)현금	1억 원
기말 (2021. 12.31)	공정가치 평가 @6만 원 2,000주	차)매도매매 증권	2천만 원	대)매도 가능증권 평가이익[106]	2천만 원
배당 (2022. 02.27)	배당금 권리 확정 @5백 원 2,000주	차)미수 배당금	1백만 원	대)배당금 수익	1백만 원
처분 (2022. 04.30)	코스닥 B종목 매각 @6.5만 원 2,000주	차) 현금 매도가능 증권 평가이익	1.3억 원 2천만 원	대)매도가능 증권 처분이익	1억 원 3천만 원

---

[106] 매도가능증권을 공정가치로 평가함에 따라 인식하는 평가이익은 당기손익에 반영하는 것이 아니라 기타포괄손익에 반영하는 것임. 기타포괄손익은 당기순이익에 영향을 미치지 않는 항목임. 매도가능증권 평가이익은 향후에 처분 시 반대로 회계 처리되고, 결과적으로 처분손익에 반영됨.

매도가능증권을 공정가치로 평가함에 따라 인식하는 평가이익은 당기손익에 반영하는 것이 아니라 기타포괄손익에 반영하는 것이며, 기타포괄손익은 당기순이익에 영향을 미치지 않는 항목입니다. 매도가능증권 평가이익은 향후에 처분시 반대로 회계 처리되고, 결과적으로 처분손익에 반영됩니다.

3) 상장채권: 만기보유증권으로 분류 시

○○산업 상장채권을 액면가 1만 원당 1만 원에 취득함. 액면이자율 8%.

구분	내용	회계처리			
취득 (2021.10.01)	○○산업 매입 @1만 원 100좌	차)만기보유증권	1백만 원	대)현금	1백만 원
이자수익 (2021.12.31)	액면가 8%, 3개월분	차)현금(미수이자)	2만 원	대)이자수익	2만 원
기말 (2021.12.31)	공정가치 평가	N/A		N/A	
손상차손 (2021.12.31)	기말 부도 발생. 회수가액가능 60만 원	차)손상차손[107]	40만 원	대)손상차손누계	40만 원

---

107) 만기보유증권은 공정가치 평가를 하지 않는 것이 원칙이나, 채권을 발행한 회사의 부도발생 등으로 회수가능가액이 취득가액이 미달할 것으로 판단되는 경우에는 취득가액(상각후원가)와 회수가능가액의 차액을 손상차손으로 계상하여 당기손익에 반영

구분	내용	회계처리			
처분 (2022. 01.01)	@ 7000원 100좌	차)현금 손상차손 누계	70만 원 40만 원	대)만기보유 증권 만기보유 증권처분 이익	1백만 원 10만 원

만기보유증권은 공정가치 평가를 하지 않는 것이 원칙이나, 채권을 발행한 회사의 부도발생 등으로 회수가능가액이 취득가액이 미달할 것으로 판단되는 경우에는 취득가액(상각후원가)와 회수가능가액의 차액을 손상차손으로 계상하여 당기손익에 반영합니다.

(3) 기타금융상품 회계(일반기업회계기준)

1) 파생상품[108]

KOSPI 200 선물·옵션 등과 같이 한국거래소에서 매매목적으로 거래하는 파생상품의 회계처리는 실질적으로 단기매매증권의 회계처리와 유사합니다. 즉, 기업실체에서 발생된 권리와 의무는 각각 자산 및 부채로 회계처리하며, 자산 및 부채는 결산시점에 '공정가액'으로 평가하고 평가손익 및 거래손익은 당기손익(영업외손익)을 구성하게 됩니다.

---

[108] 파생상품은 일정한 권리와 의무를 가지는 계약이며, 기초변수(주가, 환율, 이자율 등)에 따라 여타 금융상품과 마찬가지로 공정가액이 변동하기 때문에 이로 인한 권리와 의무의 가치는 재무상태표에 각각 자산 및 부채로 표시되어야 합니다(근거: 기업회계기준 등에 관한 해석 53-70, 파생상품 등의 회계처리)

2) 계열사 주식

일반적으로 계열사 주식은 투자목적이 아닌 사업다각화 등의 이유로 보유하게 되며, 일반기업회계기준에서는 유의적인 영향력을 행사하고 있는지 여부에 따라 계열사 주식을 지분법적용주식 또는 매도가능증권 등으로 분류하도록 규정합니다. 유의적인 영향력은 일반적으로 직·간접적으로 의결권 있는 주식의 20%이상 보유 여부에 따라 판단[109]합니다.

4. 법인과 관련된 자산관리의 주요이슈

[법인 관련 주요이슈]

구분	내용	주요이슈
법인설립 시	개인사업자의 법인전환	법인전환에 따른 양도소득세 등
상장 시	비상장법인의 상장	증여 후 상장에 따른 증여세
운영 시	법인자금 개인유용 부당행위계산부인	사적사용에 따른 법인세·소득세 (법인세 및 대표이사 소득세 증가)
지분 상속·증여 시	경영권 승계목적의 지분이전	가업상속공제 활용
기타	차명주식 해소	차명주식 해소에 따른 증여세 등

---

[109] 다만, 투자자가 소유한 피투자기업의 지분이 의결권 20% 미만이라도 유의적인 영향력이 있다면 관계기업투자에 해당되므로 투자지분 평가에 원가법이 아닌 지분법을 적용해야 함(금융감독원 회계감리 지적사례, 지분율 20% 미만도 유의적 영향력 있다면 '관계기업투자'일간NTN 21.12.30)

조금 더 알아봅시다.
국세청은 최근 불성실 세무신고 법인에 대한 검증 강화를 예고했습니다.

법인이 신고한 법인세 신고서 상 특히 국세청이 면밀하게 검증하는 대상은 다음과 같습니다.(출처: 국세청).

1. 업무무관가지급금에 대한 인정이자 및 지급이자 세무조정을 누락한 사례

2. 근무하지 않은 대표이사 가족에게 인건비를 허위 지급한 사례

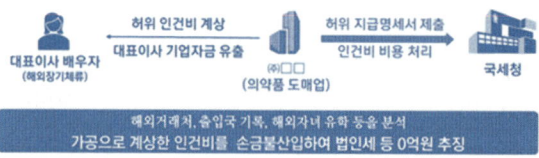

3. 법인의 업무와 관련 없는 특정시설물 이용권(고가의 골프회원권, 콘도회원권 등)을 취득하여 개인적으로 사용하는 사례

4. 대표이사 및 특수관계인이 업무용승용차를 사적사용하고 비용처리한 사례

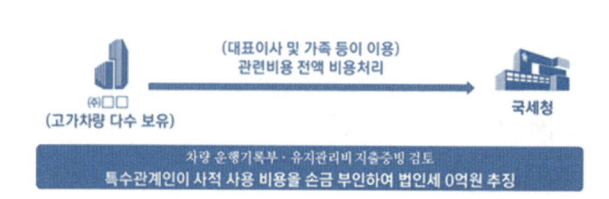

(1) 개인사업자의 법인전환

개인사업자의 경우에 높은 소득세율을 회피하거나 부동산의 상속세·증여세를 절세하기 위하여 법인전환을 고려하는 경우가 있습니다. 하지만 법인은 그 소유주와 별개의 실체에 해당하므로 법인의 자금을 개인적으로 사용하는데 제약이 따릅니다.

> **조금 더 알아봅시다.**
>
> [사례] 법인전환에 따른 절세효과
> 사업소득(과세표준)이 10억 원 이상인 경우 개인사업자는 45%의 소득세율을 적 받지만, 법인의 경우 일반적으로 20%(과세표준 2억 원 초과. 200억 원 이하)의 법인세율을 적용받게 됩니다. 다만, 법인의 경우 1차적으로 법인소득에 세금이 부과된 재원이 주주(배당) 또는 임직원(상여)에게 분배 시 추가로 개인소득세가 과세되므로 효과를 면밀히 살펴봐야 합니다.

1) 법인사업자와 개인사업자의 비교

구분	법인사업자	개인사업자
자금의 유출입	·법인자금의 사용에 제한이 있으며 법인 자금 인출 시 세금부담발생 → 급여, 배당, 대여금 등 법인자금과 개인자금의 분리	·자금사용에 제약이 거의 없음 ·사업과 관련하여 개인의 무한책임
세금부담	·소득세에 비하여 상대적으로 낮은 조세부담 → 법인세율: 10%~25% ·법인세와 소득세의 이중과세 부담 ·대표이사의 인건비 비용처리 가능	·상대적으로 높은 세율이 적용됨 → 소득세율: 6%~45% 자금유출시 소득세만을 부담
대외신용도	·개인사업자에 비해 높은 회계·세무 투명성이 요구됨 ·개인사업자에 비해 상대적으로 신뢰도 높음	·재무제표에 대한 신뢰도가 낮음 ·거래처, 금융기관, 관공서 등과의 거래에 있어 신용도 과소평가 가능

구분	법인사업자	개인사업자
가업승계	·가업승계에 대한 증여세 과세특례, 가업상속공제 가능 ·가업승계시 다양한 절세방안 가능	·가업승계에 대한 증여세 과세특례 혜택 없음 → 가업상속공제는 가능 ·가업승계 시 법인에 비해 높은 세 부담

2) 법인전환 방법 및 실익 분석

법인전환을 통해 개인사업자의 부동산을 법인에 이전하게 되면 필연적으로 매도인은 양도소득세를 부담하며, 취득하는 법인은 취득세를 부담해야 합니다. 통상 법인전환은 양도 또는 현물출자의 방법으로 이뤄지기 때문에 모두 양도소득세 과세대상에 해당하기 때문입니다.

다만, 법인전환은 개인에서 법인으로 인격체의 지위변화만 이전될 것일 뿐 일반적인 개인 간 매각의 경우와 그 목적이 다르기 때문에 세법상 세제혜택[110]을 주어 세법에서는 당장 발생하는 양도소득세를 추후 법인이 처분 했을 때 법인세로 과세하는양도소득세 이월과세를 허용하고, 동시에 신설법인이 부동산을 취득[111] 했을 때 내야 할 취득세를 일정 부분 감면(24년 까지 75% 감면, 20% 농어촌특별세 부과)해주는 세제혜택을 지원하고 있습니다.

하지만 지난 20년 7·10대책에 따라 지금은 법인전환에 따른 세제혜택이 대폭 축소되었기 때문에 법인전환의 실익이 크지는 않은 상황입

---

110) 조세특례제한법 제32조(법인전환에 대한 양도소득세의 이월과세), 지방세특례제한법 제57조의2(기업합병·분할 등에 대한 감면)
111) 과밀억제권역에서 법인을 설립하게 되면 취득세율이 중과되고 있습니다.

니다.

 즉, 21년 1월 1일 이후 법인전환 분부터 주택 및 주택관련 권리(분양권 등)에 대하여는 양도소득세 이월과세대상에 해당되지 않으며, 20년 8월 12일 이후 법인전환분부터는 부동산임대업 및 부동산 공급업에 해당하는 업종은 취득세 감면도 적용 배제되기 때문입니다. 따라서 현재 기준으로는 부동산임대업을 제외한 나머지 업종(소비성 서비스업은 배제)을 영위하는 개인사업자에 한하여 법인전환의 실익이 있습니다.

구분	일반 사업양수도	조특법상 사업양수도	조특법상 현물출자
방법	신규법인을 설립하여, 개인사업을 포괄적으로 양수	신규법인을 설립하여, 개인사업을 포괄적으로 양수	사업용 자산을 현물출자하여 법인을 설립
장점	절차가 비교적 간단	조세절감 효과가 큼 (양도소득세 이월 및 취득세 면제)	조세절감 효과가 큼(양도소득세 이월 및 취득세 면제 및 국민주택채권 매입면제)
단점	부동산 가액이 큰 경우 세 부담이 큼 (양도소득세 및 취득세 등)	기존 사업용 자산가액 이상의 대규모 자본필요	법원 검사인의 조사 및 법원의 허가가 필요
비교	가장 간단하나, 세 부담이 큼	세 부담 및 절차상 가장 유리하나, 일시적으로 큰 자금이 소요	세 부담은 적으나, 현물출자는 변태설립사항으로 법원의 통제를 받음

3) 법인의 지분(주식 등) 증여
VS 부동산 증여 시 증여세 과세가액 비교

비상장법인에 대한 평가방법은 현재에 이르기까지 지속적인 세법개정이 이뤄졌고 기본적으로 과세망이 점차 촘촘해졌다고 평가할 수 있습니다.

즉, 과거에는 부동산을 직접 증여하는 것 보다 부동산임대업을 하는 개인사업자가 법인전환을 통하여 그 법인의 지분을 증여하는 방식이 선호되었던 것이 사실입니다.

그 중심에는 자산가치와 손익가치를 가중평균하여 비상장주식의 1주당 가액을 평가하도록 하는 세법이 절세의 핵심이었습니다.

증여세과세가액(법인전환 후 증여)	증여세과세가액 (부동산 증여)
법인지분평가: 순자산가치(부동산가치 포함)×40% + 손익가치×60%(일반법인)[112] 단, 총자산대비 부동산비율이 50% 이상인 부동산과다법인은 순자산가치×60% + 순손익가치×40% 부동산 등 비율이 법인 자산총액 합계액에서 차지하는 비율이 80% 이상 법인은 순자산가치로만 평가	부동산: 부동산가치 (시가 또는 보충적 평가)

---

[112] 비상장법인의 1주당 가액을 상속세 및 증여세법상 보충적 평가방법으로 평가할 때 순자산가치와 순손익가치의 가중치는 다음과 같이 법인의 특성에 따라 달라짐.

구분	순자산가치 가중치	순손익가치 가중치	하한
① 일반법인	40%	60%	순자산가치의 80%
② 부동산과다보유법인	60%	40%	순자산가치의 80%
③ 부동산법인 (약칭)	100%	-	영업권 합산배제

즉, 부동산 임대법인의 경우 일반적으로 순손익가치(임대수입)가 순자산가치(부동산가치)보다 낮게 형성되므로 법인가치를 순자산가치로 평가하는 경우보다 1주당 가치가 과소평가되기 때문에 상속세 및 증여세의 절세효과가 발생하였던 것입니다.

하지만 지금은 부동산이 법인자산의 절대적인 비중을 차지하는 경우에는 법인전환을 통한 상속세 및 증여세를 절감하고자 하는 메리트가 크지 않습니다.

(2) 비상장법인의 상장 시 증여이슈[113]

이 규정은 일반 투자자와는 관련이 없는 규정이나 실무적으로 많이 문의하시는 이슈입니다. 과세취지는 기업(비상장)의 경영 등에 관하여 비공개정보를 이용할 수 있는 지위에 있는 최대주주의 '특수관계인'이 그 주식을 증여받거나 취득하여 5년 이내 상장차익을 얻는 경우 이익에 대하여 증여세를 과세할 수 있는 규정입니다.

즉, 최대주주로부터 상장되기 전의 주식을 자식 등 특수관계에 해당

---

113) 상속세 및 증여세법 제41의3 주식 등의 상장 등에 따른 이익의 증여

하는 자가 증여 받거나, 유상으로 취득한 경우 등이 해당되는 것이기 때문에 투자대상 법인과 특수관계가 없는 일반 투자자들은 상장차익에 대한 과세대상에 해당하지 않습니다.

한편 상증세법에서는 '주식 등의 상장에 따른 이익의 증여' 규정으로 비상장주식 등의 경우 증여일 이후 5년 이내 상장하고 30%이상 시세 차익이 발생할 경우 증여세를 별도 과세할 수 있기 때문에 IPO를 계획하는 법인의 경우 상기 증여 규정을 반드시 염두 해 두고 2세 경영권 이전 계획 등을 세워야 할 것입니다.

하지만 본 규정은 기본적으로 '거래소'에 상장하는 경우를 과세대상으로 하기 때문에 코넥스(KONEX) 시장에 상장하는 경우 본 증여의제 규정을 적용할 수 없는 바 우회적으로 코넥스 시장에 상장하는 방법을 모색해 볼 수 있습니다.

(3) 법인자금의 개인자금으로 유용

대기업을 제외한 중소규모 법인의 경우 일반적으로 법인과 개인의 경제적 분리가 쉽지 않은 경우가 많습니다. 즉, 대표자가 법인의 자금을 개인적 목적으로 사용하고 나중에 돌려주면 되겠지 하는 생각에 개인사업자처럼 자금을 쉽게 사용하곤 하는데 이는 횡령 또는 유용에 해당되는 행위이며, 세무상으로도 재무제표상 대표자에 대한 가지급금으로 계상되기 때문에 많은 이슈를 야기하는 단골분야입니다.

[대표자 가지급금에 대한 세법상 불이익]

대표자	법인
인정이자: 대표자 상여로 처분되어 최대 49.5% 소득세 부담 가지급금을 상환하지 못할 경우에 가지급금을 대표자 상여로 간주 사안이 심각할 경우 업무상 횡령, 배임죄가 성립	인정이자: 법인의 가중평균차입이자율 또는 당좌대출이자율로 계산한 인정이자 상당액에 대한 법인세 지급이자 부인: 법인의 지급이자 중 가지급금 상당액의 비용을 부인 대손충당금 설정불가 장기간 방치 시 세무조사 대상으로 선정될 리스크 증대

(4) 부당행위계산부인

기업이 특수관계자와의 거래를 통하여 부당하게 세 부담을 감소시키는 경우에 기업이 계상한 금액과 세법상의 차액만큼 법인세 및 소득세를 추가로 부과합니다.

[법인의 주요 부당행위계산의 유형]

유형	세무이슈
특수관계자와의 거래에서 자산을 시가보다 높은 가액으로 매입하거나 무상 또는 시가보다 낮은 가액으로 양도하는 경우 (대상법인의 적정한 과세소득보다 실제 과세소득이 낮은 경우)	▷시가와 거래가액의 차액이 시가의 5%에 상당하는 금액 이상이거나 3억 원 이상 시 ① 실제 거래대가와 시가와의 차액 등을 법인의 익금에 산입(법인세 추징) ② 해당 금액에 대하여 실질적인 소득의 귀속자에게 배당 또는 상여 등의 소득처분(귀속자에게 2차적인 소득세 추징)
특수관계자와의 거래에서 금전 등 자산·용역을 무상 또는 시가보다 낮은(높은)이율이나 요율이나 임대료로 대부(차용)하거나 제공하는(제공받는) 경우(단 일정 예외사유 있음)	▷시가와 거래가액의 차액이 시가의 5%에 상당하는 금액 이상이거나 3억 원 이상 시 ① 실제 거래대가와 시가와의 차액 등을 법인의 익금에 산입(법인세 추징) ② 해당 금액에 대하여 실질적인 소득의 귀속자에게 배당 또는 상여 등의 소득처분(귀속자에게 2차적인 소득세 추징)

제3절 가업승계 기본내용

상속세 부담에 가업 포기… 성장 사다리 잃은 중견기업
머니S 22.04.24

가업승계는 증여 또는 상속으로 경영권과 소유권을 후대 가족에게 동일 목적의 기업을 유지하게 이전하는 것입니다. 하지만 징벌적인 최고수준의 상속세금(최대주주 할증 시 상속세율 60%) 때문에 대부분의 한국기업이 가문의 업(業)을 차세대에 승계하는 것을 포기하는 사례는 비일비재 합니다.

물론, 일반상속공제와 달리 가업상속 시에는 최대 500억 원[114]을 상속공제하는지 원책이 있으나 사후관리 요건이 매우 까다롭기 때문에 실무상 가업상속공제를 받는 경우는 거의 없습니다.

우리가 관리하는 제조업 등 중소기업 고객들은 개인재산뿐만 아니라 법인재산의 원활한 승계에 많은 관심을 가지고 있습니다.

---

114) 22년 세제개편안에 따르면 23년 이후 상속개시분부터 최대 1,000억 원으로 공제액 상향

[22년 가업승계 관련 주요 개정세법]

구분	기존	개정
가업상속공제적용 중견기업 확대 (22.1.1. 이후 상속개시분)	■가업상속공제 적용대상 중견기업 범위확대 ▷가업상속공제* 적용대상 *10년 이상 계속하여 경영한 가업 상속 시, 해당 가업상속재산 가액 공제 - 중소기업 - 중견기업: 매출액 3천억 원 미만	■적용대상 확대 ▷(좌동) - 중견기업: 매출액 4천억 원 미만

1. 가업승계의 이해

(1) 가업승계의 의미

기업이 동일성을 유지하면서 소유권이나 경영권을 후계자에게 넘겨주는 것으로서 아버지가 평생 경영한 기업을 자녀 등에게 물려주는 것을 가업승계라고 합니다. 이렇게 가업승계가 실행될 때 가업상속은 상속으로 인하여 가업이 승계되는 것을 특히 가업상속이라 정의합니다.

(2) 가업상속유형

가업승계의 유형은 법인뿐만 아니라 개인기업도 가능하며 피상속인의 소유지분 전체 또는 개인사업에 해당하는 가업 전체가 가업상속공제대상은 아니며, 사업과 관련된 자산에 한하여 가능합니다.

가업의 형태	승계대상(상속·증여세 부과대상)
개인기업	사업용 순자산(사업용자산 - 사업용부채)
법인기업	법인의 주식(사업용 자산 비율 해당분)

2. 가업상속공제에 대한 주요 내용

(1) 가업상속공제의 의의

가업상속으로 인한 세 부담을 완화시켜 주기 위해 최소 10억 원을 공제해 주는 일반 상속과 달리 최대 500억 원까지 상속공제한도를 완화하여 가업의 원활한 2세 승계를 지원하는 제도입니다.

다만, 가업상속의 경우 현행 세법이 요구하는 상속공제의 요건이 매우 까다로워 사전에 대비하지 않으면 적합한 가업승계 세제지원을 받을 수가 없는 것이 현실입니다.

(2) 가업상속공제 적용 시 주요 고려사항

항목	내용
재산현황 파악	▷가업평가: 상속세 및 증여세법상 가업재산 평가 　- 기타 상속재산의 현황 및 가액평가 ▷가업재산평가를 통한 예상 상속세 산출 ▷상속세 납부재원 마련방안 검토
승계의사결정	▷상속인별 재산분배 의사결정 -후계자 선정 -경영승계(임원취임) 및 사내·외 공표
승계의사결정	▷상속인별 유류분 고려 향후 유류분 반환청구 소송 등에 대비 ▷기타 차명주식 존재 시 해소방안 검토 명의신탁주식 이전방안 검토

항목	내용
가업상속공제 요건	▷ 가업상속공제 적용요건 및 충족여부 검토 ▷ 상속세 절감방안 검토 　개인기업의 법인전환 　사업무관자산비율 축소 　주식가치 축소방안 검토
사후관리요건 검토	사후관리요건 위배 시 공제된 가업재산에 대한 상속세 부과

(3) 가업상속공제 효과

[가업상속공제액, 22년 현재 기준]

MIN ─┬─ 가업상속재산가액*의 100%에 상당하는 금액
　　　└─ 한도금액(가업영위기간 30년 이상 500억 원, 20년이상 300억 원, 10년 이상 200억 원)

* 가업상속재산가액: 상속세 및 증여세법상 평가액

구분	가업상속재산가액
개인기업	사업용순자산 = 사업용자산(토지, 건축물, 기계장치 등) − 사업용부채
법인기업	법인의 주식가액 × (총자산 − 사업무관자산) / 총자산 사업무관자산: 비사업용토지, 임대용부동산, 대여금, 일정수준 초과 현금 등

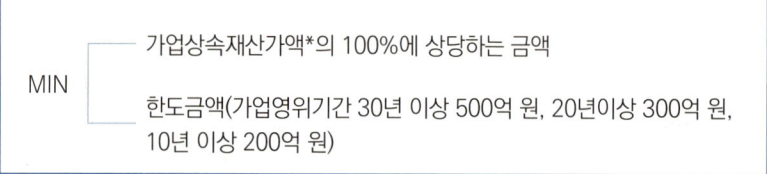

※가업상속공제의 사례
- 아버지 A씨는 개인기업을 11년간 경영하고 있으며, 사업재산으로는 토지 100억 원, 건축물 50억 원, 기계장치 60억 원을 보유(그 외 재산과 부채는 없음)한 상태로 사망하여 상속이 발생하였습니다. A의 사망으로 발생된 상속세 및 가업상속인 경우는 아래와 같습니다. (단, A는 배우자 없음)

구분	일반적인 상속	가업상속
상속세 과세가액	210억 원	210억 원 (토지100억 원+건축물50억 원+기계장치60억 원)
(-)일괄공제	5억 원 (가정)	5억 원 (가정)
(-)가업상속공제	-	200억 원 (10년 이상 가업영위 시 200억 원 공제)
(=)상속세 과세표준	205억 원	5억 원
(×)세율	50%	20%
(=)산출세액	97.9억 원	0.9억 원
상속세 차액	97억	

(4) 가업상속공제의 요건

No.	구분	요건	비고
1	가업	조세특례제한법상 중소기업 등	
2		피상속인이 10년 이상 계속하여 경영한 기업일 것	
3	피상속인	대표이사 재직기간: 가업 영위기간 중 50%이상 또는 상속개시 전 10년 중 5년이상	
4		최대주주 지분 50%이상 보유(특수관계인 포함, 10년 이상 계속)	상장기업 30%

No.	구분	요건	비고
5	상속인	상속인이 상속개시일 현재 18세 이상일 것	
6		상속개시일 2년 전부터 계속하여 가업에 종사	
7		상속인이 상속일로부터 6개월 내 임원에 취임하고, 그로부터 2년 이내 대표이사로 취임할 것	

(5) 가업상속공제의 사후관리

가업상속공제를 받는 경우 후계자는 7년간 사후관리 요건을 충족하여야 합니다. 만일 미충족 시 공제받은 가업재산에 대한 상속세가 추징됩니다(19.12.31. 이전 상속: 사후관리 10년).

구분	내용
가업자산의 처분	개인기업이 해당 가업용 자산의 20% 이상(5년 이내 10%)을 처분 또는 임대한 경우
가업 미종사	해당 상속인이 가업에 종사하지 아니하게 된 경우 상속인이 대표자 등으로 종사하지 아니하는 경우 등
상속지분 감소	주식 등을 상속받은 상속인의 지분이 감소된 경우 상속인이 상속받은 주식 등을 처분하는 경우 등
고용감소	(매년판단) 정규직 근로자수의 평균 및 총급여액이 기준고용인원(기준총급여액)의 80% 미달 (7년 후 판단) 상속개시된 사업연도 말~7년간 정규직 근로자의 수의 전체평균이 기준고용인원에 미달, 7년간 총급여액의 전체평균이 기준총급여액에 미달

(6) 가업상속재산에 대한 상속세 연부연납제도

상속재산이 대부분 부동산이나 주식으로 구성된 경우에는 당장 납부할 세금을 위해 자산을 저가로 매각하는 등 유동성 부족에 빠질 수 있기 때문에 거액의 세금을 일시에 납부하기 어려운 경우 수년간 나눠 낼 수 있는 연부연납제도를 이용할 수 있습니다.

일반 상속의 경우 연부연납기간이 금년 상속개시분부터 10년으로 연장되나 가업상속의 경우 연부연납기간이 최장 20년에 달합니다. 가업상속재산에 대한 연부연납기간은 상속재산 중 가업상속재산의 비율이 50%를 넘는지 여부에 따라 구분됩니다.

표: **상속·증여세 연부연납기간**[115]

세목			연부연납기간
상속세	가업상속재산	50% 미만	10년 분할납부 (3년 거치 선택가능)
		50% 이상	20년 분할납부 (5년 거치 선택가능)
	일반상속재산		10년
증여세			5년

한편 연부연납의 경우 연 1.2%에 달하는 연부연납가산금(이자상당액)을 추가로 부담해야 하며, 연부연납 신청세액에 상당하는 납세담보를 제공해야 합니다.

---
115) 2022년 가업승계 지원제도 안내, 국세청

3. 가업승계주식에 대한 증여세 과세특례[116]

한편 가업상속은 가업의 창업주가 사망하여 주식이 상속되는 경우를 말하지만 사망 이전이라도 가업승계 대상주식을 미리 증여할 수 있으며, 이 경우에도 증여세 과세특례를 두어 혜택을 주고 있습니다.

즉, 가업자산상당액에 대한 증여세 과세가액(100억 원 한도)에서 5억 원을 공제한 후 10%의 낮은 세율(과세표준 30억 원 초과 20%)을 적용하여 증여세를 계산하는 것이 주요 골자입니다.

다만, 일반 증여의 경우 상속인에게 한 사전증여재산은 10년 이내 상속재산에 합산되지만 이 경우에는 기한에 관계없이 기업주의 사망 시 합산되며 정산됩니다.

해당 규정의 취지는 창업주의 부를 조기 이전하여 경제 활력을 증진하고 중소·중견기업 경영자의 고령화에 따라 생전 자녀에게 가업을 계획적으로 사전상속 될 수 있도록 지원하는 데 취지가 있습니다.

가업승계주식에 대한 증여세 과세특례를 요약하면 다음과 같습니다.

---

116) 조세특례제한법 제30조의6

구분	내용
수증자요건	▷증여일 현재 만 18세 이상인 '거주자'인 자녀 ▷수증자가 증여세 신고기한까지 가업종사 & 증여일로부터 5년 내 대표이사 취임(가업승계자 2인 이상인 경우 가업승계자 모두 특례적용가능)
증여자요건	▷증여일 현재 중소기업 등 가업을 10년 이상 계속 경영(주식 총액의 50%이상(상장 30%) 계속 보유) ▷만60세 이상 부모로부터 수증받을 것
증여물건	▷주식 또는 출자지분
특례신청요건	▷증여세 신고기한까지 주식 등 특례신청서 제출(기한 내 미신청 시 특례적용불가)
과세특례 내용	▷가업자산상당액(사업용 자산가액 限)에서 5억 원 공제 후 10% 세율 적용 (과세표준 30억 원 초과 시 20% 세율 적용)
기타내용	▷신고세액공제 불가(3%) ▷증여세 연부연납 가능
사후관리	▷증여 후 가업승계 불이행 시 정상세율로 세금 추징(증여 후 7년) ▷5년 내 대표이사 미취임, 7년까지 대표이사 유지 않는 경우 ▷7년 이내 가업 미종사 등

4. 창업자금증여특례[117]

(1) 요건

창업자금에 대한 증여세 과세특례 란 일반적인 증여 시 직계비속 성년 5천만 원(미성년 2천만 원)의 증여재산공제와 달리, 만60세 이상 부모로부터 만18세 이상 거주자가 현금으로(부동산제외) 창업자금을

---

[117] 조세특례제한법 제30조의5

증여 받아 2년 이내[118] 사업을 창업(가업상속공제업종[119])할 경우 큰 폭의 세금혜택을 부여하는 것이 주요 골자입니다.

해당 제도는 창업활성화를 위해 투자와 고용을 창출하고 경제활력을 도모하기 위해 06년 도입된 증여세 특례제도입니다.

(2) 세금혜택

증여받은 자금에 5억을 공제하고 10% 증여세율로 과세하며, 30억원의 한도를 두고 있으나, 창업회사가 10명이상 고용 하면 한도가 50억까지 늘어나게 됩니다.

창업자금에 대한 과세특례는 가업승계 증여세 과세특례와 중복적용 받을 수 없으며 둘 중 한 가지만 적용받을 수 있음에 유의해야 합니다.

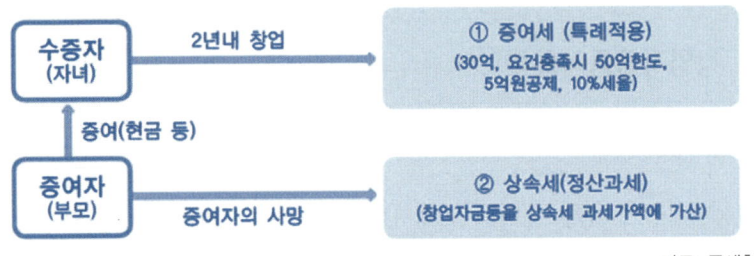

자료: 국세청

---

[118] 20년 이후 증여분부터 2년 이내 창업 & 4년 이내 사용으로 개정
[119] 과세특례대상 창업중소기업 등에 해당하는 업종은 조세특례제한법 제6조 제3항에 규정되어 있으며, 광업, 제조업, 수도, 건설, 통신판매, 물류업, 음식점, 정보통신업 (일정 업종 제외), 금융및보험업 중 일부업종, 전문, 과학 및 기술서비스업(일정 전문직 서비스 제외), 예술, 스포츠 및 여가관련서비스업 등이 있음.

(3) 사후관리

창업에 자금을 반드시 사용하여야 하며, 기한에 관계없이 증여자 사망 시 증여한 창업자금을 상속세에 정산하여 과세합니다. 또한 사후관리 적용대상이기 때문에 다음에 해당하는 사후의무이행 사항을 위반할 경우 일반증여과세로 전환하여 세금을 추징[120]당하게 됩니다.

구분	내용
2년 이내 창업하지 않은 경우	창업자금 전체 과세
창업중소기업 업종 외 업종 경영	규정된 업종 외 창업자금은 과세
창업자금을 4년 내 모두 해당 목적에 사용하지 않은 경우	해당 목적에 사용하지 않은 창업자금 과세
증여받은 후 10년 이내 창업자금 (가치증가분 포함)을 해당 사업용도 외의 용도로 사용	해당 사업용도 외의 용도로 사용된 창업자금은 과세
창업 후 10년 이내 사업 폐업 또는 휴업	창업자금(가치증가분 포함) 과세
증여받은 창업자금이 30억 원을 초과하는 경우로서 5년 내 근로자수가 미달하는 경우	창업한 날의 근로자수 -(창업통한 신규고용 인원수-10명)

즉, 본 제도의 실익은 창업을 위한 자본금 마련에 세제혜택을 주어 해당 창업자금에만 증여세를 과세하며 추후 창업으로 회사 또는 개인사업이 커지는 경우에는 당초 창업자금 해당액만 상속재산에 합산하여 정산과세함으로써 그 차액에 대해서는 상속세 부담이 추가로 없다는 것에 의의가 있다고 할 수 있습니다.

---

120) 다만, 부채가 자산을 초과하여 폐업하는 등 부득이한 사유가 있는 경우는 추징 제외

제4절 법인의 금융투자 및 가업승계 FAQ

Q1. 법인계좌로 펀드와 주식 매매차익이 발생되었는데 어떤 세금이 과세되죠?

A1. 법인세로 과세됩니다. 법인은 개인과 달리 모든 금융상품 매매차익에 대하여 다른 영업손익과 정산하여 2억까지 11% 2억 초과 22%로(지방세포함) 과세되며, 12월 결산법인의 경우 3월에 법인세 신고 납부하면 됩니다.

Q2. 내년('23)부터 금융투자소득세가 시행되면 법인계좌로 투자하는 것도 상장주식은 기본공제 5천만 원이 적용되고, 나머지 상품은 250만 원 기본공제 대상이죠?

A2. 아닙니다. 법인계좌로 투자하는 것은 개인투자와 다르게 '금융투자소득세' 과세대상이 아니며, 금융상품에 대한 매매차익 외에도 1개 연도의 법인의 사업소득을 모두 통산하여 법인세로 과세됩니다. 금융투자소득세는 국내 거주자인 개인투자자에게 적용되는 세금입니다.

> **조금 더 알아봅시다!**
> **법인은 양도소득세, 금융투자소득세, 종합소득세와 무관합니다.**
>
> 법인은 모든 금융상품 손익에 대해 법인세로 과세가 됩니다.

Q3. 법인명의로 상장주식을 10억 원 넘게(지분율 미해당 가정) 보유하고 있는데, 그럼 올해 말('22末) 대주주에 해당하지 않기 위해 10억 원을 맞춰야 하나요?

A3. 법인의 경우 국내 상장주식 매매차익에 대하여 법인세가 과세되므로, 법인 계좌만 고려한다면 현행 대주주 양도소득세 과세기준을 맞출 필요는 없습니다.

하지만 해당 법인명의로 10억 원을 넘게 A종목을 보유하고 있는 경우 해당 법인의 대표이사 등 특수관계인에 해당하는 자가 동일 A종목을 보유하고 있는 경우에 대표이사 등은 '금융투자소득세' 시행 시, '의제취득가액'을 적용 받기 위해서 법인계좌를 포함하여 금년 말 10억 원 이하로 시가총액을 조절할 필요가 있습니다.

즉, 의제취득가액 대상 대주주 기준을 판단하는 시점이 12월 결산법인 종목을 보유하고 있는 경우 금년 말(22말)이 되기 때문이며, 개인투자자의 대주주 기준은 특수관계에 있는 법인명의 주식도 합산하여 판단하기 때문입니다.

조금 더 알아봅시다.
대주주 판정 시 법인의 최대주주 등은 개인과 합산 판단해야 됩니다.

개인과 법인은 세금신고는 각각 별개지만, 주식 대주주 판정 시 개인이 법인의 최대주주등인 경우 개인계좌 종목과 법인계좌의 종목을 합산 판단해야 합니다.

Q4. 법인계좌로 국내 상장주식 투자를 하고 있는데 배당금이 발생했습니다. 개인 고객들은 세금 떼고 입금되는데, 법인은 전액이 입금됐네요? 전산오류 인가요?

A4. 법인계좌로 투자 시 발생하는 배당금은 원천징수 대상이 아닙니다. 따라서 법인계좌 배당금은 세금을 원천징수하지 않고 총액이 입금되는 것이 맞습니다. 또한, 배당과 달리 이자가 발생한 경우는 배당금과 달리 15.4% 원천징수를 합니다.

Q5. 대표이사가 보유한 시가 주당 7천 원 주식을 저가로 액면가액(5천 원)에 법인계좌로 넘기려고 해요. 문제가 없을까요?

A5. 무상으로 대체하는 경우 수증받은 법인은 법인세를 납부해야 하며, 유상으로 대체하는 경우에도 특수관계자 간 저가양도 행위에 해당하므로 시가와 액면가 차이만큼을 법인세로 납부해야 합니다.

[법인의 주식취득 유형별 과세]

구분	내용	비고
법인이 무상취득 시	전부 법인세 과세	시가
법인이 저가매입 시	(시가-매입가) 차액 법인세 과세	특수관계자·유가증권일 경우
법인이 고가매입 시	양수자(법인) 법인세 과세 양도자(법인·개인) 법인세·증여세 과세	시가와 대가의 차이가 5% or 3억 원 이상일 경우

> **조금 더 알아봅시다.**
> **법인의 감자목적으로 대주주가 법인에 양도한 자기주식은 양도소득? 배당소득세?**
>
> 법인 입장에서 보면 해당 법인의 대주주가 보유하고 있던 주식을 매입하는 경우 자기주식에 해당하게 되는데 추후 자기주식을 소각하는 경우 대주주가 얻은 소득이 양도소득인지 주식소각에 따른 '의제배당'(배당소득)에 해당하는지 사실관계에 따라 과세관청과 다툼이 있을 수 있습니다.

Q6. 법인의 대표이사 등이 법인의 자금을 개인적으로 유용하여 사용(주식투자 등) 하면 어떻게 되나요?

A6. 법인에게는 법인세, 대표이사에게는 소득세가 부과됩니다. 법인의 자금을 개인(대표이사·지배주주)의 자금으로 소유권을 이전하기 위해서는 급여·배당 등의 절차를 통해야 하는데, 이때는 개인에 대한 소득세(퇴직포함)가 발생합니다. 이러한 소득세를 회피하기 위해 '법인으로부터 자금을 대여한 것'으로 처리하는 경우가 있습니다. 이러한 것을 가지급금이라고 하며, 법인은 대표이사로부터 대여금에 대한 이자를 수취해야 합니다.

> **조금 더 알아봅시다.**
>
> 대표이사 대여금(가지급금)에 대한 이자율은 연 4.6% 이며, 이자를 지급받지 아니한 경우에도 대여자인 법인은 이자소득으로 인한 법인세를, 대표이사는 지급하지 아니한 이자에 대한 소득세를 납부해야 합니다.

Q7. 개인사업자가 법인으로 전환하는 경우 어떤 점이 유리한가요?

A7. 사업소득에 대하여 종합소득세 대신 법인세가 과세되며, 상속·증여 시 증여재산이 부동산 등에서 주식으로 전환되므로 상속·증여세 절세를 도모할 수 있습니다. 하지만 법인전환의 과세실익 및 구체적 판정은 세무사를 통한 전문적인 상담을 통해 진행하시기 바랍니다.

조금 더 알아봅시다.

개인사업자와 법인사업자의
전체 세금비교(소득금액·순이익 2억 원 가정)

― 지방소득세 10% 제외

구분		구분	세부담액
개인사업자		종합소득세	2억 원(순이익, 과세표준 기준) * 기본세율(38%) = 56,600,000원
		합계	56,600,000원
법인사업자	급여 1억 원, 퇴직금 적립 1천만 원, 배당금 9천만 원 가정		
		구분	세부담액
		법인세	[2억 원(순이익) − 1억 원(급여) − 1천만 원(퇴직금 적립)] * 10%(법인세율) = 9,000,000원
		근로소득세 (원천징수)	약 13,000,000원 (1억 원, 간이세액표 기준)
		금융소득 종합과세시 추가납부액	약 7,000,000원 (근로소득 + 배당소득 합산, 기본공제 150만 원 가정)
		퇴직소득세	약 300,000원
		합계	약 29,300,000원
차이			약 2,700만 원

Q8. 법인 고객이 상장주식이나 채권을 투자할 때 어떻게 회계처리 해야 하나요?

A8. 법인계좌에서 매매가 발생할 경우 손익(처분손익)은 회계상 반영이 되지만, 매매 전 평가손익은 단기로 보유하냐 장기로 보유하냐에 따라 평가손익이 회계상 반영됩니다.

단기매매 목적으로 취득하는 경우라면 주식이나 채권의 시가로 평가하고 평가손익은 회계상 당기순손익에 반영됩니다. 반면, 1년 이상 장기보유목적인 경우 평가손익은 당기손익에 반영되지 않습니다.

> **조금 더 알아봅시다.**
> **법인의 비상장주식은 평가손익을 반영하지 않는 매도가능증권으로 분류됩니다.**
>
> 기업회계기준에 따르면 단기매매증권은 주로 단기간 내의 매매차익을 목적으로 취득한 유가증권으로서 매수와 매도가 빈번하게 이루어지는 것으로 정의됩니다. 비상장주식은 활성화된 거래시장이 없으므로 이러한 단기매매증권의 정의에 부합하지 않으므로, 일반적으로 평가손익을 반영하지 않는 매도가능증권으로 분류합니다.

Q9. 법인도 개인처럼 비과세 대상인 금융상품이 있나요?

A9. 없다고 보셔도 무방합니다. 개인의 경우에만 장내 주식·채권 매매차익 등 일부 열거된 금융상품 소득이 비과세되며, 법인의 경우에는 모든 금융상품의 소득이 법인세로 과세됩니다.

Q11. 법인계좌에서 금융상품을 운용하다가 매매손실이 발생했습니다. 법인의 주요 사업과 관련한 영업이익과 상계돼서 법인세를 줄일 수 있나요?

A11. 네, 금융상품 매매차손은 법인의 1개 사업연도의 손익과 상계되기 때문에 법인세가 줄어드는 효과가 발생합니다.

> **조금 더 알아봅시다.**
>
> 개인은 현행 세법상 상품 간 손익상계가 되지 않지만, 법인의 영업이익과 금융상품 매매손실은 상계가 된다는 점을 기억하시기 바랍니다.

Q12. 상장주식을 취득하여 결산일에 평가이익을 인식하면 회계상 당기순이익이 증가하겠네요? 그럼 이 이익에 대해서도 법인세를 내야 하나요?

A12. 그렇지 않습니다. 세법상 금융자산의 평가손익(미실현손익)은 법인세법에서 손익으로 인정되지 않는 항목이기 때문에 세무상 평가이익을 제거하는 세무조정이 발생하며 결론적으로 세법상 익금으로 인정되지 않습니다.

즉, 평가손익은 회계상 이익에 대하여만 반영될 뿐이고, 실제 매매가 발생해야 법인세에 영향을 줍니다.

> **조금 더 알아봅시다.**
> **금융상품의 평가이익 뿐만 아니라 평가손실도 법인세에 영향을 미치지 않습니다.**
>
> 재무제표의 금융상품 평가손익은 회계손익으로 반영 되지만, 세금을 부과하는 기준(과세표준)은 미실현 손익으로 보아 과세소득에서 제외됩니다.

Q13. 법인계좌에서 금융소득이 2,500만 원 발생했고 대표이사 계좌에서 금융소득이 1,500만 원 발생했습니다. 이 경우 금융소득종합과세 신고를 해야 하나요?

A13. 법인은 금융소득종합과세 신고대상이 아닙니다. 금융소득종합과세는 개인만이 대상이며(법인은 법인세과세), 법인과 개인은 별개의 실체이므로 각각 별도로 과세되며 합산과세되지 않습니다.

Q14. 법인계좌 수익에 대해서는 언제 세금을 내나요?

A14. 법인의 회계연도 종료일이 속하는 달의 말일로부터 3개월 내에 신고 및 납부를 해야 합니다.

> **조금 더 알아봅시다.**
>
> 대부분 법인이 12월 말 결산일을 가지고 있으므로, 법인세 신고기간은 통상 매년 3.1~3.31입니다.

Q15. 금융상품 매매손실 때문에 세무상 소득이 적자가 날 것 같습니다. 이 경우도 법인세 신고를 해야 할까요?

A15. 반드시 법인세 신고를 하시기 바랍니다. 특히 법인은 적자(결손금)이 이월되기 때문에 추후 발생하는 사업연도 이익에서 공제가 되어 세금을 줄일 수 있습니다.

Q16. 법인이 부실금융상품에 투자해서 평가손실이 큰 상태입니다. 매매하지 않은 상황인데도 손실인정이 될까요?

A16. 네, 앞서 법인의 소득은 실현된 소득을 기준으로 소득에 반영된다고 설명드렸지만 예외적으로 손상차손을 인식하여 세법상 당기손실로 인식할 수 있습니다.

조금 더 알아봅시다.

주식을 발행한 법인의 부도발생, 회생계획인가 결정, 부실징후기업 선정 등의 사유 발생 시 여기에 투자한 법인은 당해 연도 손실로 반영할 수 있습니다. 이는 미실현손실로 보지 않는 예외적인 경우입니다. **손실로 반영하기 위해서는 법인(세무)담당자가 장부에 회계처리를 통해 손실을 반영해야 합니다.**

Q17. 법인이 해외주식에 직접 투자했습니다. 환차손익 과세가 될까요?

A17. 법인의 경우 환차손익도 법인세로 과세됩니다. 개인투자자의 경우 해외주식 직접투자 시 달러를 원화로 환전함에 따른 환차손익이 과세대상에서 제외되지만 법인은 모든 손익을 상계하여 과세하므로 환차손익도 법인세 과세소득에 포함됩니다.

Q18. 종교단체나 학교 등 비영리법인도 법인세를 신고 및 납부해야 하나요?

A18. 법인세는 기본적으로 '영리활동'을 위한 소득에 과세하기 때문에 주된 수익사업이 영리목적이 아닌 비영리법인은 법인세를 내지 않습니다. 하지만 비영리법인의 고유목적사업 외 영리활동을 위한 수익사업부분에 대해서는 구분기장을 통해 영리법

인과 같이 법인세를 신고 및 납부해야 합니다(영리사업을 하지 않더라도 법인세 신고는 필요).

> **조금 더 알아봅시다.**
> **공익법인 등 금융투자상품 판매 시 주무관청 기본재산 처분허가 확인.**
>
> 2020.12.21 신규 공익법인(사업자등록번호 가운데 번호 82 또는 재단, 복지, 학교, 병원 등 고객 및 계좌명 표기계좌) 계좌개설 건부터 주식을 포함한 금융상품 투자 시 주무관청의 기본재산 처분허가를 받아야만 금융상품 매매가 가능합니다. 처분허가(증명)이 없으면 원금보전 CMA, MMT, 국공채 등만 가능합니다.

Q19. 법인이 금융상품을 보유 중인데, 폐업(청산)을 하려 합니다. 이 때 법인세가 발생되나요?

A19. 네, 법인세가 발생될 수 있습니다. 개인의 경우 사망 시 상속세를 부과하는 것처럼 법인의 경우도 청산시 정산과세하도록 규정되어 있고, 일반 법인세율로 과세가 됩니다.

Q20. 개인이 금융소득종합과세를 회피하고자 보유하고 있는 ELS를 법인에 이전하려고 합니다. 문제가 있을까요?

A20. 개인이 주식 외 금융상품을 유상매매 형태로 법인에게 이전하는 경우 출고일 기준 잔고평가가액으로 대금을 수수하면 양도소득세 과세대상에 해당하지 않기 때문에 세무신고 등 크게 이슈될 부분은 없어 보입니다(시가 외 가격으로 이전할 경우 증

여세 과세문제 발생가능).

하지만 유사한 상황에서 개인이 보유한 상품이 주식인 경우 양도소득세 과세대상이므로 장외거래에 해당하여 증권거래세 신고와 양도소득세 신고를 하셔야 합니다(양도차익이 발생하면 세금도 발생)

Q21. 올해('22)부터 일반 상속세 연부연납기간이 10년으로 연장됐다는 얘기를 들었는데, 가업상속일 경우도 동일한가요?

A21. 연부연납이란, 납부할 상속세가 2천만 원이 넘는 경우 일반적인 상속세 납부절차에서 장기간 나눠 낼 수 있도록 기한을 연장하는 제도로서, 연장기간동안 상속세와 별개의 이자(연 1.2%, 매년 변동가능)를 부담하고 그 기간을 담보할 만한 재산을 국세청에 제공해야 합니다.

가업상속재산에 대한 상속세는 일반 상속세와 달리 최장 20년 동안(거치도 가능) 나눠 낼 수 있으며 구체적인 연부연납기간은 다음과 같습니다.

구분	연부연납기간	비고
상속재산 중 가업상속재산비율이 50% 미만	10년	3년 거치가능
상속재산 중 가업상속재산의 비율이 50% 이상	20년	5년 거치가능

Q22. 가업상속 시 상속세를 최대 20년까지 나눠 낼 수 있다니 엄청난 혜택 같은데, 가업상속 직후 폐업을 해도 동일한 가요?

A22. 우선 상속받은 가업을 폐업하거나, 상속인이 가업에 미종사하는 경우 등 일정한 경우에는 연부연납이 취소되며 세액은 한꺼번에 완납해야 하므로 가업상속공제의 사후관리 의무 준수를 반드시 준수해야 합니다.

Q23. 가업상속공제 대상 기업의 요건이 있나요?

A23. 일반적으로 가업상속공제의 세법상 '가업'의 요건을 만족하는 중소기업(중견)이면서 피상속인이 10년 이상 경영한 기업을 의미합니다.

> **조금 더 알아봅시다.**
> **22년 상속개시분부터 중견기업의 수입금액요건 완화.**
>
> 22년 상속개시분부터 중견기업의 '수입금액'요건이 일부 완화되어 금년 상속개시분부터는 4천억 원 미만 기업에 적용가능하며, 금년부터 유치원도 가업상속공제 대상 업종에 해당합니다.

Q24. 가업상속공제금액은 얼마나 되나요?

A24. 가업에 사용된 사업용 자산(사업용자산 해당 분 지분)은 상속공제 대상이 되며, 과거 가업을 유지한 기간이 30년 이상 500

억 원, 20년 이상 300억 원, 10년 이상 200억 원을 한도로 공제가 됩니다.

참고로, 금년 정부가 발표한 세제개편안에 따르면 중견기업에 한하여 가업상속공제 적용대상 기업의 매출액 기준을 기존 4천억 원 미만에서 1조 원 미만으로 대폭 확장하였으며, 공제한도도 10년 이상 400억 원, 20년 이상 600억 원, 30년 이상 1,000억 원으로 확대하는 개정안을 발표했습니다.

또한 피상속인의 지분요건은 현행 세법상 최대주주이면서 지분이 50% 이상(상장법인 30%)이이면서 10년 이상 계속 보유해야 하나, 내년부터 지분율 40% 이상(상장법인 20%)으로 완화될 전망입니다. 동 개정안은 금년 말 국회통과 시 내년 상속개시분('23년 이후) 부터 적용될 예정입니다.

Q25. 가업상속재산가액을 상증세법에 따라 평가한다고 하였는데, 구체적으로 어떻게 평가해야 하나요?

A25. 상속세 및 증여세법상 재산의 평가원칙은 시가에 따르는 것이나, 시가가 존재하지 않는 경우에는 아래와 같은 보충적 평가방법에 따르도록 규정하고 있습니다.

재산종류	평가방법
기계장치	재취득가액 또는 장부가액(감가상각비 재계산)
토지	상속 또는 증여편 참고
상장주식	
비상장주식 등	

Q26. 가업상속공제를 받고 가업에 미종사하는 경우에도 상속공제 혜택은 유지되나요?

A26. 국세청에서 가업에 대한 종사여부와 사후관리를 면밀히 점검하며 상속인이 가업에 종사하지 않은 것으로 드러나면 가업상속공제를 적용하지 아니하고 공제받았던 상속세를 전부 추징하게 됩니다(폐업인 경우 포함).

Q27. 가업상속공제를 받고 업종을 변경할 수 있나요?

A27. 네, 한국표준산업분류표상 대분류 내에서 변경되는 경우 가능합니다. 22년 개정세법으로 가업상속공제 완화조치로 업종변경의 문턱이 낮아졌습니다. 과거 소분류에서 변경이 가능했던 부분이 점차 완화되었습니다.

Q28. 가업상속공제를 받은 후에 불가피하게 가업을 지속적으로 영위하지 못하는 경우가 있을 수 있는데, 상속공제 사후관리가 너무 타이트하네요. 예외사유가 있죠?

A28. 네, 가업용 자산을 국가 등에 증여하거나 질병으로 인한 요양, 가업 상속받은 상속인이 사망한 경우 등 법에서 정한 불가피한 사유를 국세청이 인정 시 상속세가 추징당하지 않습니다.

가업상속공제는 한도가 크지만 세법상 의무준수사항이 너무 가혹하기 때문에 실제 가업승계의 발목을 잡는 가장 큰 요인으로 지속적으로 지목되어 왔습니다. 금년 세제개편안을 시작으로 더욱 완화된 세제지원이 필요해 보입니다.

Q29. 개인사업자로 가업을 운영하다가 5년 전 폐업하고 동일업종 및 동일상호로 법인전환하여 이후 5년 정도 운영하고 있습니다. 이 경우 피상속인이 10년 이상 영위한 가업의 요건 중 개인사업자로서 영위한 기간도 인정될까요?

A29. 네, 인정됩니다. 개인사업자로 영위하던 가업을 동일한 업종의 법인으로 전환하여 피상속인이 법인 설립일 이후 계속하여 당해 법인의 최대주주 등에 해당하는 경우에는 개인사업자로서 가업을 영위한 기간을 포함하여 기간을 계산하도록 보고 있습니다.

따라서 법인 설립 이후 10년이 경과하지 않았으나 이 경우 개인사업자의 기간을 합산하여 10년 요건을 충족한다면 가업상속공제 요건에 해당합니다.

Q30. 피상속인이 과거 대표이사, 이사 등을 수행하다가 사망일 현재 고문직을 맡고 있는 상황에서 돌아가셨습니다. 개인사정상 부득이하게 대표이사로 등재만 되지 않았을 뿐 창업 이후 회사의 의사결정을 도맡아 행사하였는데 이 경우 가업상속공제 대상에 해당되나요?

A30. 세법상 '대표이사 등으로 재직한 경우'는 피상속인이 대표이사로 선임되어 법인등기부에 등재되고 대표이사직을 수행하는 경우를 말하는 것으로서, 사실상 상속대상 회사에 영향력을 미쳤더라도 고문으로서의 재직기간은 배제해야 합니다.

Q31. 법인기업의 최대주주이며, 대표이사인 거주자A(지분율 50%)가 사망하여 자녀가 가업상속공제를 적용받은 후 배우자 B(주주, 지분율 50%)가 사망한 경우에 또 다시 가업상속공제를 적용받을 수 있나요?

A31. 적용 받을 수 없습니다. 배우자 B는 대표이사로서 법인기업을 경영한 자에 해당하지 않습니다.

조금 더 알아봅시다.

상기의 사례에서 거주자A와 거주자B(A의 배우자)가 **공동대표로 사업을 영위하다가 사망한 경우라 하더라도 B의 주식에 대해서는 가업상속공제를 적용받을 수 없습니다.**

세법에서는 이미 가업상속공제를 적용받은 경우에 가업상속 당시 최대주주(거주자A)

의 특수관계인(거주자B)의 주식에 대해서는 가업상속 공제를 적용하지 않도록 규정하고 있습니다.

Q32. 개인사업자가 법인으로 전환하는 경우에 상속세 절세가 가능하다고 들었는데 어떤 이유에서 그런가요?

A32. 법인의 경우에는 토지, 건축물, 기계장치 등의 순자산가액과 순손익가치를 가중평균한 주식가치로 가업상속재산을 평가하는데, 통상적으로 순자산가액에 비하여 순손익가치가 낮게 산출됩니다. 따라서 가업상속재산의 주식 평가액을 낮추기 위하여 법인전환을 고려하는 경우가 많습니다.

하지만 지금은 시기적으로 법인전환에 대한 니즈가 큰 부동산임대업, 주택임대업 등의 일부업종에 대해서는 법인전환의 실익이 크지 않은 것이 현실이므로 세무사와 꼼꼼히 상담하신 후 진행하시기 바랍니다.

Q33. 가업상속공제는 창업주가 사망해야 상속세로 공제를 적용받은 제도인데, 창업주의 생전에 주식 등을 증여하는 경우 적용할 수 있는 세제혜택이 있을까요?

A33. 가업승계주식 증여특례와 창업자금 증여특례 제도가 있습니다. 가업승계 주식 증여특례는 가업승계를 목적으로 상속개시 전 부모로부터 주식을 증여받는 경우에 증여재산가액 100억

원을 한도로 하여 5억 원을 공제하고 10%세율 등으로 적용 받을 수 있습니다(사후관리기간 7년)

다만, 창업자금 증여특례제도와 가업승계주식 증여특례제도는 중복해서 적용받을 수 없습니다.

[가업승계 주식 증여특례 개념]

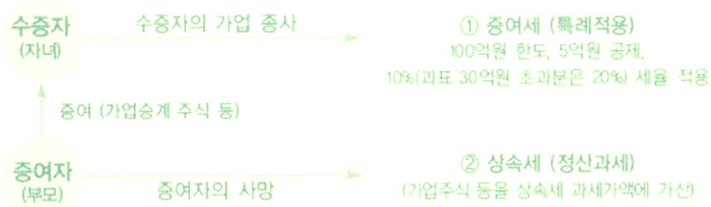

출처: 국세청

Q34. 제 고객이 몇 년 전 환갑이 지나셨는데 30살 초반의 자제분이 아직 취업을 못했다고 해요. 현금을 증여해서 뭐라도 창업을 시키고 싶어 하시는데 5억 정도 증여한다고 하면 증여세가 9천만 원 정도 나오나요?

A34. 일반 현금 증여를 할 경우에는 적법하게 신고할 경우 세금의 3%까지 깎아주기 때문에 정확한 세금은 87,300,000원 발생합니다. 그러나 증여하는 현금의 용도가 '창업자금'이라면 5억 원까지 증여세가 과세되지 않아(30억 원 한도로 5억 초과분 10% 저율과세) 증여 당시 증여세는 발생하지 않습니다.

본 케이스는 증여하시는 부친이 만60세 이상이고, 자녀가 만 18세 이상이기 때문에 가능(and조건)하며, 반대로 부친이 만 60세 미만이거나, 자녀가 만18세 미만이라면 증여세과세특례를 적용받을 수 없음에 유의하시기 바랍니다.

Q35. '창업자금 증여특례'를 신청할 때 아무 업종이나 모두 가능한가요?

A35. 모든 업종이 가능하지 않습니다. 반드시 세법이 정하는 업종으로 창업을 하셔야 합니다. 또한 2년 내 사업자등록(창업)을 해야 하며, 해당 창업자금은 증여일로부터 4년까지 실제로 사업에 모두 사용해야 함을 유의하시기 바랍니다.

만일 2년 이내 창업하지 않은 경우 창업자금 전체에 대하여 증여세를 부과하며 4년 내 사업에 사용하지 않은 경우 '미사용금액'을 역시 증여세로 추징하게 됩니다.

조금 더 알아봅시다. 창업자금 증여세 과세특례 적용가능 업종 예시(조특법 제6조 제3항)

▷가능: 광업, 제조업, 건설업, 음식점업, 전문서비스업, 예술, 스포츠 여가관련 서비스업, 관광숙박업, 학원업(직업능력개발훈련을 주된사업으로 하는 경우 한정) 등

▷불가능: 농업, 정보통신업 중 비디오방, 가상화폐 매매 중개업, 전문직 서비스업(변호사업, 세무사업 등), 예술 스포츠 여가 서비스 업 중 오락장, 수상오락, 사행시설

> 관리운영
>
> 아울러, 창업자금 증여세 과세특례 대상업종이 반드시 가업상속공제 대상업종이 되는 것이 아니기 때문에 반드시 해당업종을 개별적으로 검토해봐야 합니다.

Q36. 상속세 및 증여세를 절세하기 위해 법인전환을 고려하는 경우 법인전환 후 주식을 즉시 증여하면 그래도 절세될까요?

A36. 앞서 법인전환에 대한 유불리는 본문을 참고하시기 바라며, 그 외에도 법인전환 후 3년 이내에 상속·증여할 경우 주식가액을 순자산가치로만 평가하도록 규정되어 있기 때문에 부동산 임대법인 등 주요 자산이 부동산이거나 주된 수입이 부동산임대수입 등이라면 실익이 크지 않습니다.

Q37. 가업승계주식 증여특례를 적용하여 상속 전에 증여를 할 경우 일반증여와 비교하여 세금이 얼마나 절세될까요?

A37. 10년 이상 경영한 중소기업 주식을 80% 보유한 부친이 성년 자녀에게 주식 70억 원을 증여할 경우 일반증여와 특례증여의 세액효과를 비교해 보면 다음과 같습니다.

일반증여	구분	가업승계주식 특례적용 증여
70억 원	증여세 과세가액	70억 원
(5천만 원)	증여재산공제	(5억 원)
69.5억 원	증여세과세표준	65억 원
50% (누진공제 4.6억 원)	세율	10%, 20% (30억 원초과분)
30.15억 원	산출세액	10억 원
9,045만 원	신고세액공제	-
29.25억 원	자진납부세액	10억 원

※가업승계주식 특례 적용 시 세금절세액은 19.25억 원이며, 추후 증여인 사망 시 상속세로 정산과세 됩니다.

제5절 법인의 금융투자 자산관리전략

1. 양도 및 종합소득세 회피를 위한 법인투자

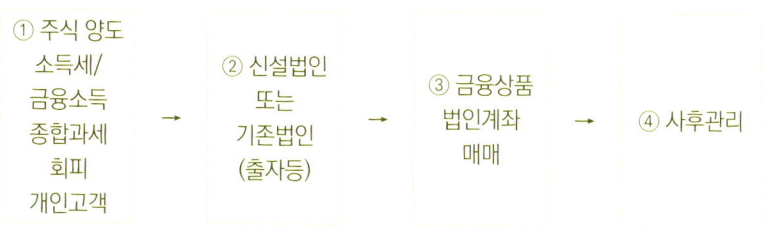

① 양도세/금융소득종합과세 회피 개인고객: 양도소득세 및 간접투자상품 배당소득 등으로 각종 세금 및 건강보험료 회피고객에게 법인계좌 금융상품 매매 시 법인세 과세 안내

② 신설법인 또는 기존법인에 투자자본 효율적 투입
③ 금융상품 법인계좌 매매: 법인세로 갈음

④ 사후관리: 세후 법인유보이익 최소 세 부담 개인 이전 방안 강구

> **Notice**
>
> 법인 금융상품 투자는 최선의 판단과 지속된 사후관리를 반드시 필요로 합니다.
> 개인의 높은 세금을 낮은 법인의 세금으로 전환시키는 것은 의미는 간단하지만 그 실행과 사후관리가 안 될 경우 개인투자보다 오히려 세부담이 더 클 수 있습니다. 즉, 법인을 통한 금융상품 매매는 전담하여 관리해 줄 세무사가 필요합니다.

2. 비상장법인의 상장시기 및 방법 조정

(1) 상장시기의 결정

비상장법인이 상장을 고려하고 있는 경우라면, 사전에 주식 등을 증여하거나 또는 상장 등에 따른 증여세와 상장의 실익을 고려하여 상장시기를 조절하여야 합니다.

(2) 증여 외의 방법으로 주식취득

최대주주 등으로부터 주식을 증여 받거나 취득한 이후 5년 이내에 상장함에 따른 평가차액에 대하여 증여세가 과세되므로 비상장법인이 향후 상장할 계획이 있는 경우라면 제3자로부터 주식을 취득하는 방안을 고려할 수 있습니다.

※참고. 비상장법인의 상장에 따른 비교

구분	세목	비상장	상장
취득	취득세	과점주주 간주취득세 (코스닥 등 해당)	코스피: 과점주주 간주취득세 대상 아님
매도	(개인) 양도소득세 (법인) 법인세	개인주주 양도소득세 중소기업 11% 중소기업 외 22% 법인주주 중소기업 여부에 관계없이 양도차익에 대한 법인세 과세 (10%~25%)	·개인주주 양도소득세 ·소액주주 비과세 ·대주주 22%(27.5%) (중소기업 여부 불문) ·법인주주: 중소기업 여부에 관계없이 양도차익에 대한 법인세 과세(10%~25%)
	증권거래세	양도가액의 0.43%	·코스피: 증권거래세 0.23%(0.08%+0.15%) ·코스닥: 증권거래세 0.23% ·코넥스: 증권거래세 0.1%

구분	세목	비상장	상장
증여·상속	증여세 상속세	증여재산평가 순자산가치×0.4 + 순손익가치×0.6 최대주주 등이 증여하는 비상장주식이 증여 후 5년 이내 상장 시 상장에 따른 증여세 과세	증여재산평가 평가기준일 전후 2개월 종가평균

구분	선택방안	비고
법인전환 절차상 편리함을 원할 경우	사업양수도	(사업양수도)개인의 자산을 법인에 매매형식으로 이전
사업양수도 자금조달이 어려울 경우	현물출자	(현물출자)개인자산의 법인자본화

3. 개인사업자의 법인전환

(1) 법인전환에 대한 전략적 의사결정

개인사업자와 법인사업자의 특성상 장단점이 존재하며, 무조건 법인전환이 유리한 것은 아니기 때문에 법인전환에 따른 득실을 고려하여 전략적인 의사결정이 필요합니다.

* 법인전환 의사결정 사례

구분	의사결정
사업을 자녀에게 상속·증여하고자 하는 경우	법인전환
사업소득을 법인에 유보하고자 하는 경우	법인전환
사업소득을 자가 사용하고자 하는 경우	개인사업자 유지
법인전환 시 부동산 과다보유 법인에 해당할 경우	개인사업자 유지

4. 법인자금의 상시유출 등에 따른 해결방안

[대표자 가지급금 정리방안]

구분	내용
급여·상여	대표이사의 급여나 상여를 올려 법인세 유출을 방지하고 상환하는 방안. 단, 소득세 인상분을 고려하면 49.5%의 세금을 부담해야 함. 대표이사의 급여나 상여를 인상하고 그 인상한 금액을 법인 손금으로 인정받기 위해서는 미리 정관·주주총회 또는 이사회 결의에 의하여 결정된 급여지급기준을 마련해야 함.
대표자 지분처분	개정상법에서는 배당가능이익 범위 내에서 자기주식 취득이 허용됨에 따라 대표이사 주식을 회사가 매입하여 소각 또는 양도(단기보유)하는 방안. 회사가 취득한 자기주식을 소각하는 경우 대표이사에게 배당소득세가 적용되고 양도(또는 단기보유)하는 경우에는 양도소득세가 적용됨.

5. 명의신탁(차명)주식 환원 전략

(중소기업) 법인 대표이사들은 본인 주식 지분이 친인척명의 등 차명으로 분산되어 있는 경우가 많이 있으며, 이를 아래와 같은 방법으로 해소할 수 있습니다.

* 명의신탁 주식 해소방안

구분	내용
명의(차명) 신탁주식 환원	당초 명의신탁 시 세금회피목적이 없었다는 것을 입증가능한 경우 명의신탁 해지 또는 반환하는 것은 세금 부담없이 차명주식을 해소할 수 있음 관련 판례에 따르면 세금회피목적이 없었다고 인정되는 경우는 다음과 같음. 상법상 요구되는 발기인 수를 채우기 위한 경우 원고를 회사에 입사시켜 중용하기 위한 경우
실소유주의 후계자 증여	실소유주가 법인의 주식을 자녀에게 승계하는 경우에 적합한 방안임.
실소유주 (또는 후계자)양도	명의자 양도소득세 부담 및 양수자(실소유자 또는 그 후계자)는 재산취득자금 출처입증 부담
명의신탁주식 환원제도 활용	주소지 관할 세무서 재산세과 신청

제9장
비거주자의 금융투자와 국제조세

PB와의 대화

> 외국국적 고객은 국내에서 거래한 금융상품 매매차익 등에 대해서 소속 국가에 세금신고를 해야 합니다.

PB: 온라인 HTS로 주로 매매하는 고객인데 삼성전자 보유물량이 10억은 좀 안 되시고요. 이분이 미국국적이라고 하시는데 지금은 주로 우리나라에서 체류하고 계시고 생활하세요. 대주주도 아닌데, 무슨 미국 쪽에 세금을 내야 한다고 어디서 들으셨나 봐요. 무슨 얘기에요?

세무사: 네, 외국국적 보유하고 계신 고객 분들이 많으시죠. 대주주도 아니면서 장외거래가 아닌 경우 국내에서는 세무서에 신고할 필요는 없고, 본국인 미국에 세무신고를 한다는 의미인거 같습니다. 미국은 양도자가 시민권자, 영주권자 등 미국 세법상 'US Person'에 해당되는 경우에 전 세계 발생 양도소득에 대하여 미국에 납세의무가 있기 때문입니다.

따라서 문의하신 것처럼 미국국적 보유자는 한국에 거주를 하더라도, 한국에서 얻은 금융소득 등을 소속 국가에 신고하고 세금을 납부해야 합니다.

PB: 그렇군요? 이분은 한국에서 삼성전자 거래내역을 가지고 미국에 신고를 해야겠네요. 세금이 얼마나 나오죠?

세무사: 자세한 신고는 미국 현지 세무대리인에게 문의하시면 되지만, 일반적으로 설명해 드리자면 미국 양도소득세 과세는 보유기간 1년을 기준으로 단기 양도소득(Short-term Capital Gains, STCG)과 장기 양도소득(Long-term Capital Gains, LTCG)으로 구분합니다.

매매차익에 대하여 STCG는 일반 소득과 합산하여 10%~37%의 세율이 적용되며, LTCG는 최고 20% 세율이 적용된다고 보시면 됩니다.

우리나라에서 금융상품을 투자해서 과세되는 경우 연간 250만 원의 기본공제가 있는 것처럼 미국은 개인 $41,675(부부합산보고 시 $83,350)이하이면 LTCG에 대한 0% 세율이 적용되기 때문에 세금이 없는 경우가 있을 수 있습니다.

PB: 미국 현지 세무대리인 찾으라고 할게요. 무슨 말인지 모르겠네요.

세무사: 네, 고객에게 서류 주실 때 매매 거래내역과(영문)잔고증명서를 제출해 주시면 됩니다. 그 외 세무신고 자료는 본국에서 알아서 진행을 할 겁니다.

경험적으로 외국국적으로 보유한 고객은 HNWI 고객일 가능성이 높고, 한국에서 세대 간 이전 시 막대한 세 부담이 초래되므로, 이민을 고려하는 고객층도 늘어날 것이라고 예상해볼 수 있습니다.

각 나라의 세금체계는 모두 다르지만 원칙적으로 해외에 거주하더라도 국적이 소속된 국가에 세금신고와 납부는 해야 한다는 점은 공통적입니다.

또한 지금은 FACTA, CRS 등 전세계적으로 금융정보교환이 일반화되고 있기 때문에 역외소득에 대한 탈세행위는 금융정보교환을 통해 쉽게 발각될 수 있기 때문에 어느 때보다 큰 주의를 요합니다.

제1절 비거주자의 금융투자와 국제조세 핵심요약

Tax Key

* 금융투자소득세가 23년 이후 시행된다는 전제하에, 국외전출(이민) 시, 모든 주식투자자가 국외전출세 양도소득 과세대상에 해당합니다.
* FATCA 등 '의무이행방해자 신고제도'가 20년 5월부터 개정 시행되고 있으며, 재외국민에 대한 한국 거주자입증도 강화되고 있습니다.
* 계좌개설시 비거주자판정 기준표 의해 거주자로 판정된 고객은 국내 금융소득 뿐만 아니라, 해외에 있는 금융소득까지 한국 국세청에 신고·납부하여 합니다(해외에서 납부한 세금은 한국에서 공제)
* 한국 거주자는 해외계좌에 담긴 금융자산이 매월 말일 중 5억 초과 잔액이 있는 경우 익년 6월 말 까지 한국 국세청에 해외금융계좌신고를 해야 합니다. 다만, 국내 증권회사를 통한 해외금융자산 투자는 해외계좌가 아니므로 신고대상은 아닙니다.
* FATCA는 미국 시민권·영주권자의 한국소재 금융자산정보가 한국 국세청을 통해 미국과 상호교환되는 것을 의미하며, CRS는 미국 외 캐나다 등 주요 선진국 시민권·영주권자의 한국소재 금융자산정보가 소속국과 상호교환 되는 것을 말합니다.

1. 역외탈세방지의 개념

구분	내용	비고
세금납부 의무	·거주자·국내법인: 국내·외 모든 소득에 대하여 납세의무(Worldwide Taxation) ·비거주자·외국법인: 국내'원천'소득에 대하여 납세의무(Territorial Taxation)	미신고 시 세금 및 과태료 등 부과
해외금융 계좌 신고의무	·거주자·국내법인: 21년 매월 말일 중 해외금융계좌 보유잔액 합계가 5억 원 초과인 경우 22년 6월 말일까지 국세청 자진신고(재외국민: 신고대상연도 종료일 2년 전부터 국내 거소기간 183일 초과자)	

2. 국가간 금융정보교환(FATCA(한-미), CRS(다자간))

> **Notice.**
> FATCA 및 CRS 모두 기존 계좌에 대한 외국인 실사는 종료되었고, 신규계좌에 대해서만 외국인 여부를 판단합니다.
>
> 즉, 기존계좌 중 실사대상으로 해당이 되지 않는 고객은 FATCA CRS와 무관하며, 실사대상으로 정보교환 대상이 되는 고객의 DB는 이미 정보교환이 되고 있는 상태입니다.

구분	내용					비고
의의	국가간 상대국 거주자의 금융정보를 상호교환하여 국외에서 발생한 금융소득을 포착하여 역외탈세를 방지					
해외금융계좌 납세협력법(美) (FATCA: Foreign Account Tax Compliance Act)	구분			실사 기한	보고잔액 (보고시기)	
	계좌유형		기준(시점잔액)			
	신규고객		'14. 7.1. 이후 개설 (매년 말 $50,0000이하 예금 제외)	계좌 개설 시	매년 말 잔액 ① 금융회사→한국국세청: 익년 7월, ② 한·미 국세청 상호교환: 익년 9월 (한국 국세청 보고 후 2개월 후)	
	기존고객	개인	고액	'14.6월 말 또는 '15.12월 말 및 후속 연도 말 $1,000,000초과	'15. 6.30	
			소액	'14.6월 말 $50,000초과 ~ $1,000,000이하 (현금가치 보험계약 및 연금계약 $250,0000이하 제외)	'16. 6.30	
		단체		'14.6월 말 $250,000초과 또는 후속년도말 $1,000,000초과		

구분	내용					비고
다자간 금융정보 자동교환 협정 (CRS: Common Report-ing Stan-dard)	구분		기준(시점잔액)	실사 기한	보고잔액 (보고시기)	
	계좌유형					
	신규고객		'16.1.1이후 개설 (정보공유 예외금액 無)	계좌 개설시	매년 말 잔액 ① 금융회사→ 한국국세청: 익년 7월, ② 한·미 국세청 상호교환: 익년 9월 (한국 국세청 보고 2개월 후)	
	기존고객	개인	고액	'15.12월 말 또는 후속 연도 말 $1,000,000초과	'16. 12.31		
			소액	'15.12월 말 $1,000,000 이하	'17. 12.31		
		단체		'15.12월 말 또는 후속년도말 $250,000초과	'17. 12.31		
파급효과	국외에서 발생한 금융소득에 관한 정보가 자국 국세청으로 입수되므로 국외원천소득에 대한 탈세방지효과(역외탈세방지)					
의무이행 방해자 신고제도	① 의무이행방해자 신고제도 　FATCA/CRS 실사대상 고객 중 본인확인서 또는 증빙자료의 제출을 부당거부·지연하거나 허위작성·제출하는 경우 및 정보가 변경되었음에도 불구하고 보고금융기관에 통보하지 않은 고객 등은 '의무이행방해자'로 등록처리를 해야 함 ② 재외국민에 대한 대한민국 거주자 입증자료 강화 　주민등록증(재외국민) 신분증을 제시하는 고객에 대하여 대한민국 거주자임을 입증하는 추가증빙자료를 제출해야 함 　정부단체(지자체 포함), 국세청이 발급한 '거주자증명서' 　거주자라는 이유로 납세한 사실을 확인할 수 있는 공인정부단체가 발급한 자료 　대한민국에서 183일 이상 거주했음을 입증하는 출입국관리기록 등 증빙자료					'20. 5월 이후

3. FY2022 미국, 캐나다, 일본, 홍콩, 대만 주요세율

	미국	캐나다	일본	홍콩	대만
법인세	- 연방: 21% - 주: 1%~12% (일부 주 미부과)	- 연방: 15% - 주: 8%~16%	30~34% 지방세포함 (국세 23.2%)	8.25% 16.5% (HKD2백만 초과)	20% (+미분배이익5%)
신고기한	익년 4월 15일	회계연도 말로부터 6개월 이내	회계연도 말 이후 2개월 이내	4월 첫 번째 영업일	5월 31일
개인소득세	최고 37% (누진)	최고 33% (누진)	최고 55% (누진)	최고 17% (누진)	최고 40% (누진)
부가가치세	-	5%	10% (standard)	-	5%

제2절 비거주자의 금융상품투자와 국제조세 기본내용

해외법인 세워 회삿돈 빼돌리고 편법증여… 역외탈세 백태

한국세정신문 22.02.22

최근 법인 대표가 해외에 페이퍼 컴퍼니를 설립한 후 페이퍼 컴퍼니에 지속적으로 송금한 후 현지에 있는 자녀가 해당 돈을 인출하여 사용하다 '다자간금융정보자동교환협정'에 따라, 해외 국세청이 한국 국세청으로 해당 법인의 금융정보를 통보하였습니다.

습득된 금융정보를 근거로 한국 국세청은 세무조사를 통해 대표가 해외 유령법인에 수억의 자금을 송금하고 자녀가 증여세 신고를 누락한 것으로 보고 증여세 부과는 물론이고 외국환거래 위반으로 검찰에 고발하였습니다.

위 결과는 현재 한국과 다자간금융정보자동교환협정(CRS: Common Reporting Standard)이 체결된 다수의 국가에서 한국으로 금융정보를 통보하고 있기 때문에 발생하며, 그 포위망이 점점 촘촘해 지고 있기 때문에 고객에게 역외탈세 행위에 대한 잘못된 정보전달은 지양해야 합니다.

1. 금융권 고객이 겪을 수 있는 국제조세 관련 이슈

(1) 해외 소득 누락 시 소득세 + 해외금융계좌 신고 과태료

한국인이(한국 세법상 거주자) 국내 증권사를 경유하지 않고 해외에서 금융계좌 개설 및 해외자산 운용 시, 금융정보교환협정이 체결된 국가의 경우 역외금융정보가 외국 국세청을 통하여 한국 국세청으로 자동 통보됩니다.

따라서 외국 금융소득에 대한 종합소득세 등 신고가 누락되는 경우 세금이 추징될 수 있으며(FATCA, CRS 하단 설명) 나아가 해외금융계좌 신고제도에 따라 해외금융계좌 미신고에 따른 '과태료'도 이중으로 부과되므로 역외소득에 대한 세금신고를 누락하지 않도록 각별히 유의해야 합니다.

(2) 미국 국적자가 한국에서 생활하는 경우

한국에서 비거주자 신분으로 계좌를 개설하였지만, 국세청으로부터 한국 거주자로 판정 받아 한국의 금융소득에 대하여 세금을 부과 받는 경우가 발생할 수 있습니다.

즉, 기본적으로 국세청은 납세자의 사실상의 거주신분을 판단할 수 없으며 금융기관에 계좌 개설 시 작성된 거주성 여부로 한국 거주자인지 비거주자인지 여부를 1차적으로 판단하기 때문에 고객의 사실관계에 따라 다른 세무처분이 발생할 수 있음을 의미합니다.

> **Notice!**
>
> 비거주자 계좌는 '국내원천소득 제한세율 적용신청서(비거주자용)'를 통해 비거주자 판정기준을 충족해야 합니다. 비거주자를 판정하는 8가지 항목 중에 한 가지라도 '예'로 체크된다면 국적과는 상관없이 거주자 계좌로 인정되며 금융소득종합과세 대상여부를 판단해야 합니다.
> 우리나라는 2015년부터(2015.01.12 이후) 해외거주자를 가장한 탈세방지를 위해 비거주자 판정기준이 아래 표와 같이 강화된 바, 자산관리영업에 필히 유의하시기 바랍니다.
> **(국내 거주기간 365일 → 183일)**
>
> 국내원천소득 제한세율 적용신청서 (비거주자용)

(3) 역외탈세방지가 말하는 시사점

최근 전 세계적으로 역외탈세를 차단하기 위하여 국가 간 공조가 강화되는 가운데 그 일환으로서 타국에 거주하는 자국 거주자의 금융정보를 입수하여 국외 금융소득에 대한 과세권을 강화하려는 움직임이 확산되고 있습니다.

또한, 심심찮게 파나마페이퍼스(ICIJ, 국제탐사보도언론인협회)와 같이 특정 단체가 폭로한 탈세문서가 언론에 공개되고 있고, 이 자료가 파생되어 역외탈세자에 대한 세무조사를 실시할 수 있으며, 이들에 대한 세금탈루 추징액이 점차 증가함을 알 수 있습니다.

2. 역외탈세방지를 위한 국가 간 금융정보교환

<역외탈세를 위한 정보교환에 관한 규정의 관계>

최상위 개념	<조세조약> 다자간 금융정보 자동교환 협정	<조세조약> 한·미 정부간 FATCA협정

상위 개념	<법률> 국제조세조정에 관한 법률

하위 개념	<이행규정> 정기 금융정보 교환을 위한 조세조약 이행규정 다자간 협정의 이행을 위한 OECD표준모델(CRS)

조금 더 알아봅시다. 미국 세법상 거주자(시민권, 영주권 등)는 미국 외 금융자산 등에 대하여 개별적으로 다음의 신고를 해야 합니다.

미국의 경우 주요 신고제도는 FBAR(해외금융계좌보고의무, Report of Foreign Bank and Financial Accounts)와 해외금융자산보고의무(Foreign Financial Asset Reporting)이 있으며, 역시 미국 역외에서 발생된 소득에 대하여 개인 소득세 신고를 해야 합니다.

*해외금융자산보고의무 대상금액(미국거주: 연중 미국 35일 이상 체류)

구분	해외금융 '계좌' 보고의무(FBAR)	해외금융 '자산' 보고의무 (FATCA)
1. 신고대상자	미국 세법상 거주자인 개인(시민권자, 영주권자, 거주 외국인 포함), 주식회사, 합자회사, 합명회사, 신탁 등	미국 세법상 거주자인 개인(시민권자, 영주권자, 거주외국인)
2. 대상금액	해당연도 어느 시점이든 모든 보고대상 해외금융계좌 합산 $10,000 초과보유	정해진 한도*를 초과하는 '특정 해외금융자산'
3. 신고방법	FBAR 양식에 의한 전자신고 방식 (FinCEN)으로 보고(Form114)	매년 개인소득세 신고 시 함께 보고 (Form8939)
4. 신고기한	4월 15일(6개월 연장가능)	4월 15일 (소득세 신고서와 함께 계좌별 제출)
5. 대상계좌	은행계좌, 투자계좌, 뮤추얼펀드, 연금계좌, 증권계좌 등 모든 해외금융계좌 잔고합산 총액기준	① FBAR 대상계좌 ② 금융계좌를 통해 관리되지 않으나, 투자목적으로 직접 보유한 거주 외국인이 아닌 외국법인(개인)이 발행한 주식과 채권, 해외법인에 대한 권리, 파생상품 등
6. 페널티	① 비의도적 합리적 사유: Max($10,000, 계좌잔액의 50%) ② 의도적제출회피:Max($100,000, 계좌잔액의 50%)(형사처벌 가능)	① 기본 $10,000 ② IRS 적발 시 통지서 발급직후부터 매 30일마다 추가 $10,000벌금(최대 $50,000) - 형법상 추가벌금 가능

3. 국내세법상 해외금융계좌 신고의무

해외금융계좌 신고제도란, 한국거주자(내국법인)가 해외에 원화로 환산하여 연중 매월 말 잔고가 5억 원을 초과하면 해외금융계좌 보유현황을 국세청에 자진신고하는 제도입니다.

해외금융계좌 신고는 해당연도의 금융거래현황을 익년 6월에 신고해야 하는데, 미신고 시 과태료 등이 부과될 수 있으며, 점차 국가 간 금융계좌 정보교환 빈도가 증가하고 있기 때문에 제때 보고하여 불이익을 당하지 않도록 하는 것이 좋습니다.

정보교환이 되면 미신고된 금융자산에 대하여 원금을 기준으로 페널티가 부과되며, 동시에 미신고소득에 대한 과태료가 발생되고, 세무조사까지 파생될 수 있습니다.

※ 한미일 해외금융계좌 신고제도

韓·美·日 금융재산 신고제도 비교

구분	제도명	기준일	기준금액	제제(과태료) 기준	신고기한
미국	해외금융자산 보고의무 (FBAR)	연중	1만 불	미신고 또는 적발 금액의 Max(잔고50%, $10,000) 등	매년 4.15
한국	해외금융계좌 신고 제도	연중	5억	미신고 금액 또는 적발 금액의 10% 과태료 등	매년 6.30
일본	국외재산 조서제도	연말	5천만 엔	과소신고가산세 5%중과 및 징역1년 또는 벌금 50만 엔	매년 3.15

4. 국외 출국세(전출세)(Exit tax)

국외전출세란 외국으로 이민을 가는 경우 한국인이 보유한 금융재산에 대하여 실제 매매를 하지 않았더라도 매각했다고 가정하여 세금을 부과하는 제도이기 때문에, 개념상 다소 생소할 수 있습니다.

미실현소득에 대하여 세금을 부과하기 때문에 조세저항이 심할 것으로 예상되지만, 현재까지는 상장주식 대주주를 과세대상으로 삼고 있기 때문에 과세대상이 매우 극소수에 달하며 대중적으로 알려지지도 않았으나, 금융투자소득세가 시행되면 모든 국내 주식으로 과세범위가 대폭 확장되므로 이슈가 커질 수 있는 분야입니다.

'18년부터 대주주인 거주자가 해외이주 등으로 국외로 출국하는 경우 출국 당시 소유하고 있는 국내주식 등의 평가이익을 매도하지 않아도 양도소득으로 간주하여 과세하는 제도입니다.

구분	내용
납세의무자 (①, ② 모두충족)	① 출국일 전 10년 중 5년 이상 국내에 주소 또는 거소를 둔 자 ② 출국일의 직전연도 말 현재 대주주(지분율 및 시가총액 고려)
과세대상 주식	국내주식(상장, 비상장)(신주인수권 및 증권예탁증권 포함) 부동산 주식 포함('19년 개정) (부동산 자산비율이 50%이상인 해당 법인의 주식(골프장, 스키장업 80%)

구분	내용
과세 표준 및 산출세액	① 과세표준: 양도가액 − 필요경비(취득가 + 양도비 등) ② 세율: 과세표준 3억 원 초과분 25%(3억 원 이하분 20%, '19년 개정)
양도가액 산정	① 출국일 당시 시가 ② 시가 산정이 어려울 경우 − 상장: 출국일 이전 1개월 종가평균 − 비상장: 출국일 전,후 각 3개월 이내 매매사례가액, 보충적평가액
신고 및 납부기한	출국일이 속하는 달의 말일로부터 3개월 이내 신고
주식보유 현황 미신고가 산세	19년부터는 신고일 전날의 보유현황을 출국일 전날까지 제출해야 하며 미신고 시 주식 액면가액의 2% 가산세가 부과
납부유예	납세관리인 신고 및 납세담보 제공 시 출국일로부터 실제 양도할 때까지 납부유예 신청 가능 (단, 출국일부터 5년(유학 10년)이내 실제 양도하지 않은 경우 5년(유학 10년)이 되는 날이 속하는 달의 말일로부터 3개월 이내 납부해야 함)

※국외전출자의 신고흐름

구분	출국 전	출국 후 3개월 이내
외교부 신고*	▷해외이주신고 ▷재외국민 등록	−
국세청 신고	▷납세증명서 신청(해외이주신고서에 첨부) ▷납세관리인 신고	▷국외전출자 주식 등 양도소득세 신고(출국 전 국내주식 등 보유현황 신고)

* 해외이주신고 및 재외국민등록관련 사항은 외교부 홈페이지 참고(www.mofa.go.kr)

조금 더 알아봅시다.
23년 이후 국외전출(이민) 시, 과세대상이 대폭 확대됩니다.

국외전출세는 국내 상장주식, 국내 비상장주식 및 특정 부동산법인주식을 보유한 자가 이민 시, 실제 주식을 매각하지 않더라도 매각을 간주하고 납세의무가 생성되는데, 금년(22) 국외 전출 시 까지는 상장주식 중 '대주주'만을 납세의무자로 한정하였으나, 23년 이후 금융투자소득세 시행 이후 전출하는 경우 '대주주'의 개념이 사라지므로 납세의무자가 국내 주식을 보유하는 모든 거주자로 대폭 확대됩니다.

구분	기존	23년 이후
1. 납세의무자	출국일 전 10년 중 5년 이상 국내에 주소 또는 거소를 둔 자로서, 출국일 직전 연도 말 현재 대주주	출국일 전 10년 중 5년 이상 국내에 주소 또는 거소를 둔 자(대주주 요건 無)
2. 대상자산	국내 상장주식, 비상장주식, 국내부동산법인주식 등	좌동
3. 과세표준 및 산출세액	기본공제: 250만 원 세율: 3억 원 이하 분 22%, 3억 원 초과분 27.5%	1) 국내 상장주식 및 비상장주식 (K-OTC 중소·중견기업 限): 5천만 원 – 1월1일~출국일까지 발생 소득금액 차감 2) 위 1 외의 주식: 250만 원

즉, 무엇보다 대주주 범위가 삭제되어 국내 상장주식 등을 보유하고 있는 경우 해당 자산 모두 과세대상에 포함되기 때문에 23년 이후 이민을 고려하는 경우 세 부담이 커질 것으로 예상됩니다.

제3절 비거주자의 금융상품투자와 국제조세 FAQ

Q1. 23년부터 일반투자자들도 국외전출세 과세대상에 해당되는 건가요?

A1. 네, 우선 해당 소득세법 규정은 23년 금융투자소득세 시행을 전제로 입법이 완료되었지만, 현재 금융투자소득세 시행유무가 불투명한 상황으로 만일 시행유예가 된다면 국외전출세 과세체계 또한 개편될 수 있습니다.

기존에는 지분율(1%, 2%, 4%) 또는 시가총액(10억 원)을 넘어서는 '상장주식 대주주'만을 대상으로 했기 때문에 사실상 과세대상이 매우 극소수에 달했고 관심도 크게 없었지만, 금융투자소득세 이후에는 모든 국내주식을 보유한 투자자가 과세대상이 되므로 신고건수가 대폭 확대될 수 있고, 이와 관련한 국세청과의 마찰도 증가할 것으로 예상됩니다.

Q2. 본문에서 국내 상장주식 등의 경우 기본공제를 5천만 원까지 해 주되, 1월 1일에서 출국일까지 발생한 소득을 차감한다는 게 무슨 말이죠?

A2. 한국 소득세법상 거주자(개인)의 과세기간은 무조건 1년 단위(1.1~12.31.)을 기준으로 하고 있고, 이민의 경우 1.1~출국일까지는 '거주자' 이후는 '비거주자'로서 납세의무가 다르게 적용

됩니다.

따라서 출국일까지는 한국 세법상 '거주자'로서 금융투자소득세가 과세되므로, 5천만 원 중 해당 거주자로서의 적용받은 5천만 원의 효과를 제거해 주는 것으로 이해하시면 됩니다.

Q3. 미국 국적(영주권 포함)을 보유하고 있는데, 미국에 한국 금융 계좌정보가 통보되면 어떤 문제가 발생하죠?

A3. 영주권, 시민권을 보유하면 한국에 거주를 하더라도 한국 세법과 별개로 무조건 미국세법을 적용받습니다. 미국법상 해외금융자산을 $10,000이상 보유할 경우 미 국세청 등에 보고(FBAR)해야 하며, 보고의무를 이행하지 않은 것이 적발될 경우 심각한 민·형사상 제재를 받게 됩니다.

FATCA제도는 미국 자국민의 소득세 신고 및 FBAR(해외금융계좌신고)보고에 대한 검증의 수단으로 이해하셔도 됩니다.

Q4. 외국 국적자는 금융정보 교환대상자를 국세청에서 직접 지정하여 금융기관으로 통보하는 구조인가요?

A4. 아닙니다. 각 금융기관이 외국 국적보유 고객을 파악하여 국세청으로 통보하는 구조입니다. 현재까지는 금융기관에서 국세청으로 정보를 보내지 않는 이상, 금융정보는 전달되지 않습니다.

> **조금 더 알아봅시다.**
> **20년 5월 15일부터 '의무이행방해자 신고제도'가 시행 중입니다.**
>
> 「FATCA·CRS에 관한 업무규정」제정에 따라 의무이행방해자 신고제도가 시행 중에 있으며, 본인확인서 제출대상 고객이 부당하게 본인확인서 또는 증빙자료의 제출을 거부하는 등 금융회사의 의무이행을 방해하는 금융기관은 해당 고객을 내부시스템에 등재해야 하며, 등재되는 경우 해당 내용이 국세청에 통보되는 프로세스입니다.

Q5. 기존 계좌의 잔고가 5만 불을 넘게 되면 계좌정보가 국세청에 통보된다고 알고 있는데, 잔고 평가기준일은 언제 시점인가요?

A5. 최초기준일은 2014.06.30일이며, 그 이후에는 매년 말일을 기준일로 합니다.

Q6. 고객이 본인이 스스로 금융정보교환대상자에 해당하는지 확인할 수 있나요?

A6. 해당 여부는 고객이 알 수 없으며, 지점 PB 등에 문의하셔야 합니다.

> **조금 더 알아봅시다. 한-미 금융정보자동교환협정 관련 금융기관의 해외계좌 보고의무 요약**
>
> | 구분 | 내용 |
> | --- | --- |
> | 계좌보유자 | 미국시민권자, 영주권자 등 미국 세법상 거주자 |
> | 대상계좌 | 개인: USD 50,000 초과 계좌
법인: 기존계좌 USD 25만 초과 계좌
신규계좌: 제한 없음 |
> | 교환금융정보 | 이자, 배당, 기타 원천소득, 잔액 |

Q7. 캐나다 시민권자 고객입니다. 잔고가 5만 불을 넘게 되면 계좌 정보가 국세청으로 통보된다고 했죠. 5만 불 이하로 잔고 유지하는 경우 보고대상에서 제외될 수 있을까요?

A7. 아닙니다. 미국 외 국가(CRS)의 경우 계좌 잔고에 관계없이 모두 보고 대상입니다.

Q8. 미국 외 캐나다, 일본 등으로 금융정보가 제공되는 시점이 언제인가요?

A8. 2017년 7월입니다. 구체적으로 100만 불 이상 계좌는 2017년 7월이고, 100만 불 이하는 2018년 7월 예정입니다. 이후 매년 7월 금융회사에서 한국국세청에 금융정보를 제공하며 상호교환은 매년 9월 경 진행됩니다.

Q9. 금융정보교환대상 고객이 작년 말을 기준으로 금융잔고가 있습니다. 지금 모두 인출하면 정보교환대상에서 제외될 수 있을까요?

A9. 지금 인출(이체)하는 것은 의미가 없으며, 인출 또는 타인명의로 이체 시 자금세탁방지법에 의해 해당 거래자료가 검찰 및 국세청으로 통보될 수 있습니다. 즉, 이미 계좌정보를 금융기관이 수집한 상황이므로 현재 잔고를 인출하거나 계좌를 폐쇄하는 행위는 지양하시길 바랍니다.

> **Tax Tip**
> 금융정보 보고대상에 해당되는 고객은 본국에 자진신고를 권유하시기 바랍니다.
>
> 미국의 경우 자진수정신고제도(OVDP 또는 Streamlined procedure)를 운영하고 있으며, 다른 나라들도 미국과 유사한 자진신고 제도를 운영하고 있습니다. 이미 지난 금융정보라 하더라도 자진신고를 하는 것이 가장 현명한 방법일 수 있습니다.

Q10. 미국 시민권자로서 과거 부실채권에 투자하여 원금손실이 발생했는데도 잔고증명서상 평가는 액면가액으로 되어 있습니다. 미국에 FATCA 정보 교환 시 액면가액으로 금융정보가 교환되나요?

A10. 네. 액면가로 보고하셔야 하며, 영문 잔고증명서로 제출할 수밖에 없습니다. FATCA 이행 규정상 잔고증명가액으로 보고하는 것이 원칙입니다. (자세한 사항은 세무전문가와 상의하시기 바랍니다.)

> **조금 더 알아봅시다.**
> 한국은 상속 증여 시 그 재산가액은 부실금융상품은 잔고증명서가액이 아닙니다.
>
> 우리나라 세법은 금융기관의 잔고증명서상 가액을 재산평가액을 사용하지 않으며 각각 별도로 세법상 평가하도록 규정되었습니다. 부실금융상품이라면 회수가능가액 또는 현 가치를 확인하여 세무상 가액으로 신고하고도록 되어 있습니다. 자세한 내용은 금융상품 편을 참고하시기 바랍니다.

Q11. 금융정보교환에는 부동산 자산도 포함되나요?

A11. 부동산은 포함되지 않습니다.

Q12. 한국이 아닌 외국 국적 고객의 소속 국가의 해외금융자산 미신고에 따른 민사 형사상 제재는 어떤 것들이 있나요?

A12. 대표적으로 미국의 경우 고의성이 있는 경우 계좌잔고의 50%와 $100,000 중 큰 금액이 과태료로 부과됩니다. 미국 외 국가에서도 해외재산 미신고자는 세무조사 또는 형사상 제재가 가해질 수 있습니다.

> **조금 더 알아봅시다.**
>
> 국가별로 해외금융자산 미신고 시 부과되는 과태료는 상이합니다. 대표적으로 캐나다의 경우: Max(계좌잔고×5%, 25,000 CAD), 일본의 경우: Max(계좌잔고×5%, 500,000¥) 입니다.

Q13. 비거주자로 계좌를 개설하면 조세협약에 따라 제한(낮은)세율로 과세된다고 하는데, 제한세율을 어떻게 알 수 있나요?

A13. **국가별로 제한세율 적용신청서를 제출하여야 하며**, 제한세율 적용신청서를 제출하지 않으면 22%로 일괄 적용되어 과세 됩니다.

국세법령정보시스템(www.txsi.hometax.go.kr)에 접속하신 후 해당 국가별 조세조약을 참고하셔야 합니다. 미국의 경우 이자소득은 13.2%, 배당소득은 15.4% 세율이 적용됩니다.

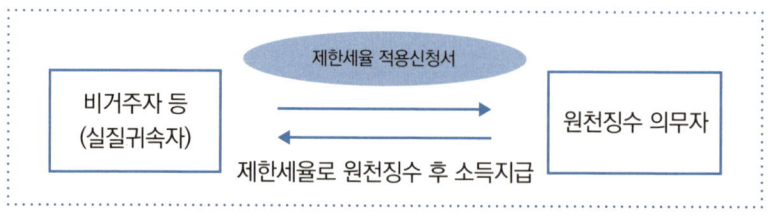

Q14. 외국국적 고객이 한국 국세청에 세금을 납부했는데 미국 등 국적 국가에 별도로 세금을 신고납부 하나요?

A14. 네. 한국 국세청에 세금을 납부하였더라도, 소속 국가 세무당국에 소득신고를 하고 세금도 납부하여야 합니다. 우리나라 거주자에 대한 소득세 과세원칙은 전 세계 소득과세입니다.

즉, 소득자가 한국 세법상 거주자일 경우 한국뿐만 아니라 전

세계에서 발생한 소득에 대하여도 한국에 세금신고를 해야 하며, 이 경우 외국에서 낸 세금에 대해서는 한국 소득세 신고 시 외국납부세액으로서 공제해 주는 구조입니다.

> **조금 더 알아봅시다.**
> **국가별로 세금구조는 모두 다릅니다.**
>
> 쉬운 예로 한국에서는 상장주식의 소액주주는 장내 주식매매차익에 대하여 증권거래세만 부담하지만 미국에서는 장내 주식매매차익에 대해서도 세금이 부과되므로 한국에서 납부할 세금이 없다 하더라도 미국에서는 세금을 납부해야 합니다.

Q15. 외국에서 세금 낸 것을 한국 국세청에서 동일하게 또 과세하는 게 이중과세 아니에요?

A15. 해외에서 납부한 세액은 한국에서 세금 신고할 때 이중과세 방지를 위하여 '외국납부세액공제' 등을 통하여 공제해 주고 있기 때문에 이중과세는 아닙니다. 즉, 대부분의 조세조약이 체결된 국가에 대해서는 이중과세는 없다고 보셔도 무방합니다.

Q16. 한국인의 해외 금융계좌정보가 한국으로 이첩되면 어떤 파급효과가 있을까요?

A16. 거주자의 경우 한국에서 미국원천 금융소득 신고 누락에 따른 종합소득세 및 가산세와 해외금융자산신고 불이행에 따른 과태료가 부과될 수 있습니다.

> **조금 더 알아봅시다.**
>
> 국외이자는 한국에서 원천징수 되지 않는 이자·배당소득을 지칭하며, 국외이자는 금융소득종합과세와 관계없이 무조건 합산과세 됩니다. 즉, 국외이자가 발생하면 종합소득세 신고의무가 발생되며 이로 인해 가산세를 포함한 추가 세금 및 세무조사가 수반될 수 있습니다.

Q17. 한국에 있는 금융자산을 타국으로 송금하려고 합니다. 국세청에 신고를 하거나 혹은 규제사항이 있을까요?

A17. 재외동포의 경우 연간 송금액이 $100,000을 초과하는 경우 한국 세무서(송금 금융기관 관할 세무서)에 자금출처 확인을 받아야 하며, 송금 규모에 따라 아래와 같이 국세청으로 자동 통보됩니다.

구분	국세청 통보기한
거주자가 1일 $10,000 이상 초과 환전 시	전산망에 의하여 자동통보
연간 $10,000 초과 증여성 송금	
연간 $50,000 초과 해외예금 송금	
연간 $100,000 초과 유학경비 송금	
거주자의 $10,000 초과 휴대출국	다음 달 10일
해외직접투자	다음 달 25일
해외 신용카드 연간 $10,000 초과 사용자	다음해 2월 20일
외국에서 외국 통화 인출 $10,000 초과자	
해외 유학생, 여행경비, 신용카드 실적 합계액 $100,000 초과자	다음해 3월 말

Q18. 한국에 거주 중인 고객이 해외에 보유 중인 부동산을 매각한

다고 합니다. 외국 부동산 매각인데도 한국 국세청에 양도소득세 신고를 해야 될까요?

A18. 한국에 계속해서 5년 이상 주소 또는 거소를 둔 자는 해외 부동산 매각 시 그 매매차익에 대하여 한국 국세청에 양도소득세 신고를 해야 합니다. 부동산의 경우 매매차익에 대해 6.6~49.5% 일반세율(지방세 포함)로 과세되며, 부동산 소재지국에서 납부한 세금은 외국납부세액공제를 통해 이중과세를 방지하도록 되어 있습니다.

즉, 일반적으로 한국 거주자의 해외 부동산 매각 시 부동산 소재 국가에서 세금 납부여부와 상관없이 한국 내 주소지 관할 세무서에 별도로 세금 신고를 해야 합니다.

한편, 19년부터 해외부동산 신고대상이 원화환산액 기준 2억원 이상인 부동산으로 개정되었으므로 취득, 운용, 보유, 처분 시 신고의무를 누락하여 제재를 받는 일이 없도록 유의하시기 바랍니다.

> **조금 더 알아봅시다.**
> **해외부동산에 대한 자료제출의무 강화(22년부터)**
>
> 기존에는 해외부동산 신고제도 중 취득, 운용, 처분 3가지 사항에 대하여 보고하였으나, 금년부터는 '보유'내역까지 매년 국세청에 보고해야 합니다. 금년까지는 과태료가 없으나, 내년 보고분부터는 취득가액의 10% 과태료가 부과되므로 유의하시기 바랍니다.

구 분	은행 및 세무절차	세무상 파급효과
해외부동산 취득계약 →	- 신고·수리를 위한 서류준비	
해외부동산 취득 신고 및 수리 (외국환거래은행 全영업점) →	- 외국환거래은행 한 곳 지정, 거래·사후관리(신고 및 수리은행의 영업점) →	1) 취득자금출처 조사(증여) : 타인으로부터 자금을 증여 받아 해외부동산 취득 시 증여세 신고·납부
취득자금 송금 후 3개월 이내에 「취득보고서」제출 (지정거래외국환은행) →	- 취득대금 해외 송금 시 납세증명서(전국세무서 발급) 제출(지정거래외국환은행) - 취득 다음연도 종합소득세 확정신고 기간 중 「해외부동산 취득 및 투자운용(임대)명세서」제출*(주소지관할세무서)	
신고 및 수리 후 일정시점마다 사후관리 서류제출 (지정거래외국환은행) →	- 해외부동산 임대소득에 대하여 다음연도 종합소득세 확정신고 기간까지 종합소득세 신고 및 납부 - 「해외부동산 취득 및 투자운용(임대)명세서」 제출(매년) →	2) 종합소득세 신고·납부 : 해외부동산 임대소득과 국내 종합소득 합산 신고 (외국납부세액은 세액공제 혹은 필요경비산입)
해외부동산 처분 (양도) →	- 해외부동산 처분(양도)한 달의 말일부터 2월 이내 부동산 양도소득세 예정신고 및 납부(주소지관할세무서) →	3) 양도소득세 신고·납부 또는 증여세 신고·납부 : 매각 또는 증여** 시(외국납부세액은 세액공제)
처분 후 3개월 이내 (수령시점)에 「처분보고서」제출 (지정거래외국환은행)		

*미제출 시 과태료: 2억 원 이상의 해외부동산에 대하여 취득, 임대, 처분가액의 10%(1억 원한도)

Q19. 한국 거주자의 해외금융계좌 신고의무가 뭔가요?

A19. 우리나라 거주자는 원화 기준 5억 원 초과(2018년 보유계좌부터)의 해외금융계좌를 보유하고 있는 경우 익년 6월 말까지 국세청에 해외금융자산 신고를 해야 하며, 미이행 시 금융계좌 잔고의 20%이하에 상당하는 과태료가 부과되고 세무조사 대상자로 선정됩니다. 미신고금액이 50억 원을 초과하게 되면 인적사항 공개 및 형사처벌 대상입니다.

Q20. 해외 계좌를 통해 현지 유가증권 시장에서 주식 및 채권을 매매한 내역이 있습니다. 한국 국세청으로 금융자료가 넘어왔을 때 바로 과세되나요?

A20. 국내 유가증권시장 등을 통하지 않는 주식, 채권투자는 장외거래로 간주하여 주식 매매차익에 대해서는 양도소득세를, 채권 매매차익에 대해서는 이자소득세를 부담하여야 합니다.

Q21. 국내 증권사 계좌를 통해 해외금융자산에 투자하고 있습니다. 이 경우에도해외 금융자산으로 보아 해외금융 계좌신고 등 국세청에 투자내역을 신고하나요?

A21. 국내 증권사를 통해 투자된 해외금융자산은 국내 자산으로 보아 국세청에 별도로 자산보유내역을 신고하실 필요가 없습니다. 매매 시 양도소득세 신고만 하시면 됩니다.

Q22. 해외금융 계좌신고는 어떻게 하나요?

A22. 해외금융계좌 신고는 해외에 매월 말 잔고 중 단 하루라도 5억 원 초과를 보유한 자에게 주어지는 의무로, 아래의 해외금융 계좌신고서 및 해외금융계좌 명세서를 국세청에서 다운로드 받아 주소지 관할 세무서장에게 서면 신고하시거나, 홈택스(www.hometax.go.kr)을 통해 전자신고 하면 됩니다.

작성은 어렵지 않으며, 계좌 명의자의 성명 등 인적사항과 계좌번호, 금융기관명, 계좌잔액의 연중 최고금액 등을 기재하면 됩니다.

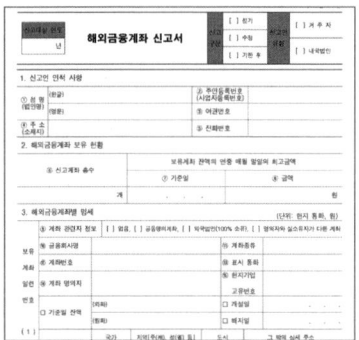

조금 더 알아봅시다!

보유하고 있는 각 계좌별로 최고잔액을 합산하여 5억을 판단하는 것이 아니라, 모든 계좌의 일별 잔고합산액이 5억을 초과하는지를 판단해야 합니다. 즉, 개인을 기준으로 일자별로 매월 말 잔고 합산 금액이 5억 초과 유무를 판정하면 됩니다.

Q23. 미국국적을 포기하는데도 세금이 발생하나요?

A23. 네, FATCA등의 시행으로 인하여 미국 국적을 포기하는 사람들이 많아지고 있어 국적포기에 대한 미국의 과세가 강화되고 있습니다.

우선, 국적을 포기하면 국적포기로 인한 수수료가 2천불 이상 부과되고, 미국의 경우 국적을 포기하는 순간 모든 자산을 자국(미국)에 양도하는 것으로 간주하여 많은 세금이 부과될 수 있습니다. 국적포기 전 반드시 미국 세무전문가와 상의하시기 바랍니다.

Q24. 우리나라에 체류하는 외국인이 본국으로 복귀할 때, 국외전출세를 신고해야 할까요?

A24. 외국인이 한국 세법상 거주자인 경우 출국일 10년 전부터 출국일까지 기간 중 국내에 주소를 두거나 거소를 둔 기간의 합계가 5년 이상인 경우에는 신고하셔야 합니다.

제4절 비거주자의 금융투자와 국제조세 자산관리전략

1. 금융계좌 자진 신고 권유(영주권 및 시민권 보유 고객)

자산관리의 정도(正道)는 준법이며, 차명계좌 활용, 신고 회피를 위한 일시적 자금 인출 등의 행위는 근본적인 해결책이 아님을 다시 한 번 생각해 보셔야 합니다. 특히 국제조세 분야는 해당사항 적발시 그 제재조치의 수위가 매우 높습니다.

예를 들어 미국의 경우 자진신고프로그램(Offshore Voluntary Disclosure Program: OVDP) 활용할 수 있는데, OVDP는 해외금융계좌 신고를 불이행한 미국인에게 자진신고 할 수 있게 해 준 제도입니다.

자진신고를 하면 각종 패널티 일부를 면제해 주는 바, 고객에게는 각 소속 국가의 자진신고제도를 파악해서 자진신고를 권유하는 것이 바람직합니다.

> **조금 더 알아봅시다.**
> 금융회사 임직원이 의도적으로 고객의 재산을 은닉하도록 권유할 경우 회사 및 임직원은 1천만 원 이상 과태료 등 심각한 제재를 받을 수 있습니다.

2. 해외금융계좌 신고 및 국내 금융기관 투자 권유

(1) 해외금융계좌 신고

해외에 직접 계좌를 개설하고 그 잔고가 원화 기준 5억 원 이상인 고객은 반드시 매년 6월 말까지 자진신고를 하도록 안내해야 합니다.

현재, 국세청의 화두가 국제조세탈루 포착인 만큼 정상적인 신고를 함으로써 고객이 불필요한 세무조사를 받지 않도록 하는 것이 중요합니다.

(2) 금융회사 계좌를 통한 투자 권유

해외 현지 계좌	→	국내 금융계좌

해외에 직접 계좌를 개설하면 해외금융계좌 신고 대상에 포함되지만, 국내 증권사 계좌를 통해 투자할 경우 국내 계좌로 분류되어 해외금융계좌 신고 대상에 해당되지 않습니다.

3. 세금회피 목적 비거주자 계좌 개설 금지

2015.01.12일부터 해외 거주자를 가장한 탈세를 방지하기 위하여 아래와 같이 거주자 판정기준이 강화 되었습니다.

▶ 거주자 판정기준 강화(소득법§1의2, 소득령§2, §2의2, §4, 상증법§1①)

현행	개정
□ 국내주소를 가진 것으로 간주 - 1년 이상 국내거주 할 것을 필요로 하는 직업을 가진 때 - 가족, 직업 등에 비추어 1년 이상 국내 거주 할 것으로 인정되는 때 □ 거주자로 되는 시기 - 국내에 주소를 둔 날 등 - 국내에 거소를 둔 날이 1년이 되는 날	- 183일 이상 국내 거주할 것을 필요로 하는 직업을 가진 때 - 가족, 직업 등에 비추어 183일 이상 국내 거주할 것으로 인정되는 때 - (좌 동) - 국내에 거소를 둔 날이 183일이 되는 날

신규계좌 개설시: 제한세율 적용신청서상 비거주자 판정기준표대로 정확한 정보를 확인한 후 계좌를 개설하여야 하며, 비거주자 여부가 불명확한 상태에서 비거주자 계좌 개설을 권유해서는 안 됩니다.

기존 비거주자 계좌: 금융회사 임직원은 비거주 계좌주에게 상기 비거주자 판정기준 강화 사실을 고지하고 비거주자 기준에 부합하지 않는 것으로 판단될 경우 거주자 계좌로 전환할 것을 유도해야 합니다.

Notice

세무서에서 종종 비거주자 계좌를 거주자로 판단하여 세무조사를 나오는 사례가 있습니다. 이러한 세무조사 발생 시 소속국가에 세무신고를 하지 않은 거주자는 '한국에서 세금을 납부'하든지 아니면 비거주자로서 '소속국가에 세금을 납부'하든지 어느 한쪽엔 무조건 세금을 내야 하는 상황에 처하게 됩니다. 즉, 국가 간 금융정보가 교환된다는 사실을 고객에게 안내하여, 적법한 절차로 세금을 내는 것이 절세란 점을 강조하시길 바랍니다.

참고문헌(References)

- 2022년 세제개편안, 기획재정부
- 금융감독원 전자공시시스템 기업공시 길라잡이, http://dart.fss.or.kr/info/main.do?menu=310
- 2022 지방세 실무해설과 사례, 씨에프오아카데미, 강진철
- 2022년 해외주식과 세금 개인투자자용, 국세청
- 2018년 금융상품과 세금, 김용민 외, 조세금융신문
- 소득세법 일부개정법률안에 대한 검토보고서, 기획재정위원회
- 보건복지부 보도자료 "건강보험료 부과체계 개편 예정대로 9월부터 시행", 2022.08.30
- 찾기쉬운 생활법령정보 http://easylaw.go.kr
- 대한법률구조공단 http://klac.or.kr
- 2022년 가업승계 지원제도 안내, 국세청
- 2022년 상속세증여세 실무, 박풍우
- 2019년 양도소득세 실무해설(권동용, 세연 T&A)
- 국세법령정보시스템, http://www.txsi.hometax.go.kr
- 국세청 홈페이지, http://www.nts.go.kr
- 2022 재미납세자가 알아야 할 한미 세금상식, 국세청
- Deloitte 세금안내 및 하이라이트, http://dits.deloitte.com/#TaxGuides

외 다수